上海社会科学院哲学社会科学
创新工程国际理论前沿丛书·第一辑
主编：黄仁伟 张兆安

U0731316

海外中国当代史
研究理论前沿

王 健 主 编
张秀莉 副主编

上海社会科学院出版社
SHANGHAI ACADEMY OF SOCIAL SCIENCES PRESS

上海社会科学院哲学社会科学创新工程国际理论前沿丛书概述（代序）

当前，社会科学领域正面临大量理论和实践问题，需要理论界的证明和创新。上海社会科学院作为国家哲学社会科学重要研究机构、党中央国务院的思想库和智囊团，近年来，围绕"国家战略和上海先行先试"高端智库建设目标，对"四个全面"战略布局、"两个一百年"战略构想、"十三五"规划、国家安全战略、全球治理等领域的若干重大理论和现实问题开展前瞻性、针对性、储备性政策研究，完成了一批中央决策需要的、具有战略和全局意义、现实针对性强的高质量成果。

在"创新工程"机制下，上海社会科学院结合研究生教学和高端智库建设方向，于 2015 年初正式启动"上海社会科学院哲学社会科学创新工程学术前沿"编撰和出版项目，力图反映相关学科最新研究成果和理论探索前沿，为硕士研究生理论积累和博士研究生阶段学习提供引导，也为授课教师提供基础性材料。此次组织出版的丛书，是 2015 年上海社会科学院"创新工程"和研究生院共同资助的第二批集中成果，重在梳理国际领域相关哲学社会科学近年的重要观点和成果。丛书以马克思主义、毛泽东思想、邓小平理论、"三个代表"重要思想、科学发展观和"四个全面"为根本指导思想，以习近平"5·17"讲话为原则，以我院 60 个创新团队为骨干力量编撰。

整个申报评审过程秉承了院"创新工程"公开竞争、择优选取、差额资助原则，所有立项申请均委托第三方组织评审，根据申报质量进行差额资助，确定通过名单向全院公示。为确保编撰质量，成立了院领导牵头、各研究所所长组织、创新团队首席专家领衔、院部相关处室协同"四位一体"的组织框架和工作机制，为丛书的顺利出版提供了保障。

丛书编委会
2017 年 4 月 15 日

目　　录

下编 专题研究动态

绪　　论

　　中华人民共和国已走过 68 年的发展历程,海外中国当代史的研究始终紧随中国历史发展的脚步,随着中国改革开放的推进和国际影响力的提升,研究热情日益高涨,地域分布和研究群体都大为扩展。海外中国当代史研究起点即中华人民共和国的成立,中国当代史与中国学是既有区别又有联系的两个范畴,中国学研究的领域要远远广于中国当代史,但在关涉当代中国的研究中又有重合之处。目前,中国学界对于中国当代史的研究也由少数部门和研究机构推广到大学中,并进入学科化、体系化逐步完善的阶段,研究队伍日益壮大。近年已出版了一批颇有分量的以国别或区域为中心的海外中国学研究成果,但对海外中国当代史研究的全面梳理依然付诸阙如。因此,对海外中国当代史研究进行系统梳理,采他山之石、琢本山之玉,正逢其时,也很有必要。海外中国当代史研究大致经历了三个历史阶段:

　　第一阶段是 20 世纪 50 年代—60 年代中期。主要是与中华人民共和国有特殊渊源的美苏两个大国对中国当代史的研究。由于中华人民共和国成立初期中苏之间的友好关系,苏联对中华人民共和国史的研究也最为积极。1954年以前,最初的研究筹备工作由莫斯科东方学研究所完成,1956 年创办中国学研究所,出版《苏联中国学》杂志,内容涉及中国现状尤其是经济情况的介绍。这一时期出版了一批关于中华人民共和国的实用性著作、文件集和手册。这个阶段最重要的事情,是出版了由苏联科学院中国学研究所的学者集体撰写的《中国现代史纲》,共 696 页,其中近 200 页是关于中华人民共和国的历史。在有关亚非国家的通史著作中也增补了关于中华人民共和国史的章节。苏联对中国经济建设的指导和援助也引起了学者对中华人民共和国经济的研究兴趣,出版了大量的研究成果。

与苏联截然不同的是,美国是在将中华人民共和国作为敌人和封锁目标的背景下开始了中国当代史的研究。这一时期的代表人物主要有历史学家费正清、史华慈、鲍大可①,社会学家傅高义②。这两位学者的贡献不仅是在于他们自己的高水平研究成果,而且在于他们对当代中国研究所带来的整体影响。费正清引领实现了传统汉学向当代中国研究的转型,而傅高义则因培养了怀默霆③、戴慧思④等诸多学者而蜚声当代中国研究学界。由于当时美国社会科学尤其社会学界占主流地位的是帕森斯⑤的结构功能主义,因此傅高义等人的研究受到帕森斯的极大影响。⑥

第二阶段是20世纪60年代中期—80年代初期。这一时期美苏两国依然是海外中国当代史研究的中心,其他一些国家对当代中国的研究开始兴起。中苏关系的恶化非但没有阻碍苏联学者对于中国的研究,反而是推出了更多的研究成果,其中不仅包括中国内部事务特别是经济问题的研究,而且加强了对中国与其他国家关系的研究。1972年中美关系的解冻,不仅使得美国对中国当代史的研究进入了新一轮高潮,而且也带动了其他一些西方国家的中国当代史研究。同时,在理论范式和研究方法上有所创新。由于此时帕森斯的结构功能理论已经日薄西山,这使得"大多数最聪明、最能言善辩的研究生都自豪地宣称他们唾弃帕森斯的思想"⑦,即不再将社会视为一个整合的、自我平衡的体系,这直接影响到当代中国的研究视角;而在研究方法和资料的收集手段上,由于20世纪70年代后大批的中国内地移民从各种途径拥入香港,其中有许多人或是农民,或是下乡知识青年,或是工厂工人,再或当过红卫兵,他们带来了自己丰富的人生经历和中国内情,这为西方学者比较深入地了解中国

---

① 费正清,美国汉学家、历史学家,哈佛大学教授,哈佛大学东亚研究中心的创始人。史华慈,哈佛大学历史与政治学教授。鲍大可,美国杰出的中国问题专家,美国当代中国学的开创者和奠基人。

② 傅高义,美国哈佛大学教授,精通日文,能说汉语,著有多部关于中国、日本和亚洲研究的著作。

③ 怀默霆,哈佛大学国际研究与社会学教授。

④ 戴慧思,耶鲁大学社会学教授,曾任耶鲁大学社会学系系主任,中国问题专家。

⑤ 塔尔科特·帕森斯,美国哈佛大学著名的社会学家,美国第二次世界大战后统整社会学理论的重要思想家,20世纪中期颇负盛名的结构功能论典范之代表人物。

⑥ 周晓虹:《西方和美国当代中国研究的历史与现状》,《南京大学学报》,2002年第3期;罗燕明:《哈佛大学的当代中国研究》,《当代中国史研究》,2004年第3期;仇华飞:《当代美国的中国学研究》,《贵州师范大学学报(社会科学版)》,2006年第1期。

⑦ 赵文词:《五代美国社会学者对中国国家与社会关系的研究》,涂肇庆、林益民主编:《改革开放与中国社会》,香港:牛津大学出版社1999年版。

提供了可能。

第三阶段是 20 世纪 80 年代初至今。中国的改革开放不仅对外打开了经济的大门,也为研究者打开了实地调研和研究的大门。随着中国经济的崛起和国际地位的提高,海外中国当代史的研究也日益繁荣,出现了世界各地相关研究百家争鸣的局面。形成了对中国政治、经济、社会与文化诸方面的多学科综合性研究高潮,在研究队伍、机构、经费、资料、成果等方面出现了质的飞跃,而且总体上越来越倾向于科学地重新认识中国,并逐渐形成一门区别于传统汉学的新学科。

本书在研究框架设计上从纵、横两个方面对海外中国当代史研究做了较为全面的梳理:上编为研究综述,分为四章,分别从美洲地区、前苏联和俄罗斯、欧洲、亚太地区等国别和地区入手,对从事中国当代史研究的机构、代表人物、研究成果、学术期刊等进行全面梳理与分析。下编为前沿动态,分为六章,从政治、经济、外交、思想文化等专题入手,对该领域的学术流派、前沿问题、代表人物、代表成果进行深入的解读与分析。兼顾内容全面和重点突出,以期为中国的当代史研究者和爱好者提供一个海外研究机构、学者、代表成果的概貌,便于按图索骥深入了解。中国当代经济史研究是重点领域,研究成果也最为丰硕,因此本书分为三章进行了介绍,帕金斯的研究主要梳理了改革开放前欧美等英文文献中关于当代中国研究的一些热点问题,他在文中特别强调没有关注苏联和日本同期的相关成果,因此本书专辟一章介绍了前苏联和俄罗斯关于中国当代经济史研究的代表学者和成果,还有一章专门介绍改革开放以来英文和日文的相关研究成果。

但必须承认的是,本书所呈现的内容相比于浩如烟海的中国当代史研究成果而言,难免挂一漏万,这只是我们此项工作的开端,随着中国当代史研究学科建设的推进,对海外相关研究的关注和总结也会向纵深推进。在此还必须强调的是,我们在阅读和借鉴海外相关研究成果时,必须注意辨识、商榷与批判。正如华盛顿大学华裔教授董玥所指出的:西方对于中国的研究作为西方关于中国的知识生产的一部分,受到西方意识形态、政治体系、社会结构、文化价值、学术传统以及历史经验之不同的影响,简言之,西方对于所研究问题的选择从来不是随机的,而总是在某个分析框架下做出的。[①] 因此,中国的当代史研究要建立与海外研究机构和学者的对话交流及合作机制,在国际学术界发出我们自己的声音。

---

① 董玥主编:《走出区域研究:西方中国近代史论集萃》,北京:社会科学文献出版社 2013 年版,第 1 页。

上编　研究综述

第一章　美洲地区的中国当代史研究综述

以美国、加拿大为代表的北美地区以及墨西哥等拉丁美洲国家对中国当代史的研究，整体上超越了欧洲，居于世界领先地位，其中尤其以美国的研究实力和成果最为突出，在中国当代史研究的很多领域都发挥着引领作用。

第一节　美国的中国当代史研究概况

自中华人民共和国成立以来，美国对中国事务格外关注，情报部门一直都在积极活动，中央情报局、国防部等机构差不多有一两千人研究中国，其中很多人研究中共高层和解放军，但也有关于中国社会、经济等方面的研究。在学术界，以费正清（John King Fairbank）、基辛格等人为代表的中国问题研究专家做出了卓越成绩。20 世纪 70 年代，中美两国实现了邦交正常化，一定程度上带动了国际社会对中国态度和认知观点的变化。西方社会科学研究者被允许进入中国进行田野研究和资料收集。1979 年后，一批从事中国研究的美国学者进入中国，其中包括历史学家孔飞力（Philip Alden Kuhn）和黄宗智、政治学家裴宜理（Elizabeth J. Perry）、社会学家戴慧思（Deborah Davis）等人，处在改革开放前沿的广东省政府更是在 1987 年邀请傅高义（Ezra F. Vogel）前来，在此基础上形成了一批新成果。

目前，在美国的大学和智库中大概有 3 000 人研究中国当代问题，其中华人学者不少于 300 人。一些著名的大学都有研究当代中国的中心或者项目，20 世纪 90 年代后，一些州立大学、地方大学、私立大学也开辟了中国研究领域。在当代中国研究上，中西方实现了对接，从而真正成为一个具有国际学术对话空间的研究领域。随着中国当代史研究成为"显学",①进入 21 世纪以来,这一领域的研究成果大为增加,许多相关论文开始出现在西方尤其是美国社会科学的主流刊物上。与此同时,在西方留学继而任教的华人学者出版或发表了一系列论著,获得了中美学界的承认。

一、美国从事中国当代史研究的主要高校

1. 哈佛大学

哈佛大学是第一家设置中国学的学校,也是最早开办中华人民共和国研究的学校,经过半个多世纪的发展,哈佛的当代中国研究已达到了相当大的规模,学术成果颇为丰厚。哈佛现有 11 个学院,其中三个学院从事当代中国的研究和教学,分别为文理学院、肯尼迪政府学院和法学院。文理学院除设有东亚语言文明系这样有关中国的人文课程外,还有一家著名的当代中国研究机构,即费正清东亚研究中心。

(1) 费正清中国研究中心。该中心历任主任有社会学家、人类学家、政治学家和历史学家,他们都对当代中国研究做出过巨大的贡献,如费正清和他的《伟大的中国革命(1800—1985)》,史华慈(Benjamin I. Schwartz)和他的《中国共产主义和毛泽东的崛起》。中心的专业研究人员一般保持在 10—30 名之间,此外还有若干科辅人员。研究范围包括东亚各国和港台地区,但重点在中国大陆。中心与哈佛的另一著名中国学机构哈佛—燕京学社在研究的时间段上有分工。前者突出当代中国研究,后者重点在古代和近现代中国研究。中心招收博士后和研究生,博士后享有每年 3.5 万美元的奖学金,每年还接待一定数量的访问学者。中心的资料室周一到周五对公众开放,里面藏有中国当代史、中共革命史和亚裔美国人的万余件中英文资料和 150 种期刊。中心的研究成果以图书和专题文集形式发表,出版有《哈佛东亚丛书》《哈佛东亚专题文集》和《中国论文集》。

现在活跃的代表人物如罗德里克·麦克法夸尔(Roderick MacFarquhar),中文名字马若德,他是著名中国当代史学家、哈佛大学终身教授、费正清东亚研究中心执行委员会委员。先后出任文理学院政府系主任、勒鲁瓦·威廉姆斯历史和政治学讲席教授,两次担任费正清东亚研究中心主任。他主要从事中国当

---

① 何培忠主编:《当代国外中国学研究》,北京:商务印书馆 2006 年版。

代史的研究,先后出版多部有国际影响力的著作,如《"文化大革命"的起源》(3卷本)、《剑桥中华人民共和国史》(第14、15卷)、《毛主席的秘密讲话》《当代中国四十年》《中国政治:1949—1989》《中国政治:毛泽东与邓小平时代》《中国后毛泽东时代改革的悖论》《中国政治》《毛泽东的最后革命》等。

再如傅高义,早期著有《共产主义制度下的广东:一个省会的规划和政治(1949—1968年)》《领先一步:改革开放的广东》等介绍中国当代社会发展的著作。最新出版的《邓小平时代》是他集十年之功而成,该书使用中国出版的官方档案,用大量篇幅详述了邓小平把中国引向富强之路的政治策略和方针措施,高度评价了邓小平的历史作用。该书重视调研和对亲历者的采访,积极采用新的权威资料,出版后便引发广泛关注,进一步激发了国内外学者重新解读邓小平历史贡献的学术兴趣。此外,该书还从一个新角度分析了在毛、邓两个时代的转换和对接中邓小平工作思路的调整,推动了国外邓小平研究新趋向的形成。

(2)肯尼迪政府学院。在当代中国研究领域,肯尼迪政府学院是近年崛起的一支重要力量。其当代中国研究集中在企业政府中心的亚洲项目组下,分为中国公共政策、香港地区的领导者和台湾地区的领导者三个独立项目。企业政府中心建于1982年,其中有亚洲项目组,研究人员占员工总数的四分之一,赛奇任组长,主持中国公共政策项目。1994—1999年,赛奇曾在北京任美国福特基金会驻华代表,在他推动下,2002年肯尼迪政府学院与中国国务院发展研究中心和清华大学公共管理学院在中国公共政策项目下,共同开办了以政府干部为招生对象的公共管理高级培训班,每年培养30名。

肯尼迪政府学院还有一个国际发展中心,也研究当代中国。这个中心原是肯尼迪学院与哈佛大学的国际发展研究所合办的,地址设在肯尼迪学院。国际发展研究所原名"发展咨询处",成立于1962年,1974年改为现名。这是一个与学院平级的研究所,研究范围包括发展中国家的经济政策、农业计划、农村发展、税务改革、农村和公共卫生、都市政策和都市计划以及公共事业及公共管理。所长德怀特·帕金斯是中国问题专家,著有《现代化的中国——毛以后的改革和发展》《中国经济改革透视》等著作。2000年1月,哈佛大学决定解散国际发展研究所,将其职能和未结项目移交给哈佛所属的各学院,而它与肯尼迪学院合办的国际发展中心也顺理成章地完全由后者管理了。原所长帕金斯参与到亚洲项目组的工作中。

（3）哈佛法学院。哈佛法学院的现代中国研究集中在东亚法律研究项目上。这是美国研究东亚各国法律史以及这些国家与美国互动关系的最早最大的学术项目，设立于 1965 年。立项目的在于比较中国、日本、韩国和东南亚的法律及法律文化。

由于中国学和东方学分散于各个部门，哈佛大学还设立了亚洲中心，共联络了 100 多名学者从事中国和亚洲研究。①

2. 哈佛—燕京学社

作为美国最早的汉学研究机构，哈佛—燕京学社久负盛名。哈佛—燕京学社通常被归在哈佛名下，实际上却是哈佛大学与燕京大学等学校共有的汉学机构。哈佛—燕京学社成立于 1928 年，初始资金来源于美国铝业大王霍尔捐赠给哈佛和燕京大学的遗产。燕京大学是设在中国的教会学校，1951 年收为国有，1952 年并入北京大学。哈佛—燕京学社的六任社长都是汉学家，他们是叶理绥、赖世和、佩泽尔、克瑞格、韩南和杜维明。与 1955 成立的费正清东亚研究中心相比，哈佛—燕京学社更专注于传统汉学。哈佛—燕京学社有一个东亚图书馆，现有藏书 100 多万册，其中中文图书占一半以上，另有微缩胶片 8 万多件、期刊 5 700 多种、报纸 32 种。这些资料以汉学的传统资料为主，但也包括中共党史和中国当代史资料，出版有学术刊物《哈佛亚洲研究杂志》。

3. 密歇根大学中国研究中心

密歇根大学中国研究中心在美国的中国学研究领域颇具影响，是"美国最杰出的研究和了解传统与现代中国的人文和资料中心之一"。该中心主要研究现代中国的经济和社会结构，中国的政治、法律、文化和艺术。很多研究人员长期担任美国国家政策部门、公众机构以及世界银行或其他重要国际组织的咨询顾问。美国国务院的中国顾问不少来自这个学校，美国政府对华的重要经济投资，首先要向该校的中国学专家咨询。

费正清的学生费维恺曾担任中心主任，除了参与编写剑桥中国史外，他还撰写和主编过《中共马克思主义史学》和《中共对中国近代史的研究》。中心的中国学研究人才荟萃，分别来自学校各系和研究所。墨菲教授是美国著名历史学家和地理学家，在上海史研究上有独到心得；诺玛·戴梦教授是人类学家，主要对中国社会的人种和少数民族进行研究。特别值得一提的是

---

① 罗燕明：《哈佛大学的当代中国研究》，《当代中国史研究》，2004 年第 3 期。

政治学和商学院教授李侃如（Ken Lieberthal），早期著有《中共中央文件与政治局政治》（1978 年）、《中国的政策制定：领导人、结构及程序》（1988 年），1978—1982 年是兰德公司的研究人员、顾问，1978 年以来一直是美国国务院顾问。曾任克林顿政府国家安全委员会东亚事务主管，是克林顿与中国"WTO"谈判特别助理，后担任白宫国安会亚洲部资深主任、美国国会的中国事务顾问等，是美国政界中国问题决策的重要成员，还出任多家跨国公司的顾问。

近年来，历史系助理教授阿曼达·史密斯致力于中华人民共和国早期的社会治理及收容教养政策研究，出版专著《思想改造与中国的危险阶级》，重点研究 20 世纪 50 年代初期北京市对包括妓女、乞丐、小偷等人群的收容与改造工作的实践，以及中共收容改造政策的形成和变化过程，探讨了收容改造工作与中国劳教制度的关系。

学校的亚洲图书馆藏书非常丰富，所藏的中文、日文、英文等资料数量与哈佛燕京图书馆的藏书相差无几。图书馆的中文部十分重视网络资源服务，1993 年开办了中文部图书服务网站，主要为学校教师服务。从这个网可以看到中国以及英、法、美等国家的主要学术杂志和报纸，还有很多针对中国研究的其他服务。为支撑研究的开展，学校设立中国数据中心（China Data Center），目标是建设一个研究和了解中国的、具有超前性质的信息网站。网站主页写道：中心扮演的基本角色在于——将与中国和世界诸大学、研究所合作；中心还试图建立这样的机制——调整各种分散的努力，形成标准化、档案化、一体化的数据库。网站利用地理信息系统综合中国历史、社会和自然科学的数据，有关空间和时间的信息都在数据库得到很好保存，在美国甚至在世界都有着重要影响。密歇根大学希望网站的建立有助于各学科对信息资源的利用，加强对中国问题的研究。

4. 加利福尼亚州立大学

加利福尼亚州立大学有多所分校，其中圣地亚哥分校是美国西部当代中国研究的重镇之一，该校中国研究中心集中了各院系的优秀中国学研究专家，20 名成员分别来自政治学、历史学、社会学、经济学、语言学、人类学等不同学科，在政治、经济、国际关系等诸方面，都有不俗的成就。

代表人物有社会学系教授赵文词，他早年研究中国农村，和陈佩华等人一起通过对香港移民的访谈，写成中华人民共和国史研究领域的重要著作《陈村：毛时代中国一个农村公社的近代历史》，以及博士论文《一个中国乡村的道德与权力》。20 世纪 90 年代后，他开始转向中国当代的宗教研究。历史学系教授毕克伟，主要从事 20 世纪中国农村、中国电影和中国社会史的研究，他和弗里曼、塞尔登合著的《中国乡村：社会主义国家》(1991 年)，是这个领域的代表作。这部著作在方法上的一个十分突出的特点是，试图通过描绘河北饶阳一个乡村(五公)的历史变迁(主要是 1949 年前后的 20 多年)，分析了中国共产党进行的一系列改革给农村社会及农民带来的影响，奠定了对中国农村研究的基础。历史学系教授玛莎·汉森主要进行中国科学和中国医学史研究，以及中国流行病、中国灾害问题研究等，目前的课题涉及对地方居民、医学文化和区域特点的探讨。期望通过跨文化的比较和对比，以互照互识的方法，研究中国历史、文化与社会；同时，通过科技的调整和整合，打破单一文化主宰制，达到中西文化的融会和渗透。

政治学系教授谢淑丽(Susan L. Shirk)，是前克林顿政府太平洋东亚事务署的官员(1997—2000 年)，圣地亚哥分校全球冲突与合作研究所所长，研究重点在中美两国的外交政策以及海峡两岸关系，著有《脆弱的超级大国》《中国如何对外开放：中华人民共和国外贸的政治胜利和投资改革以及经济改革的政治必然性》《强盛和繁荣：亚太地区经济与安全的纽带》《同志间的竞争：中国的职业刺激与学生战略》(1982 年)。她还担任美中关系全国委员会委员、《美国政治科学评论》编委、美国外交关系委员会委员等重要职务。人类学家焦大卫，主要从事大陆和台湾地区民俗问题的研究，撰有中国亲属问题、台湾地区孝敬问题以及祖先、鬼神问题等研究专著。音乐系的南希·戈教授的音乐研究颇有声望，他主攻东亚音乐，特别是大陆和台湾地区音乐，目前正进行台湾地区大众音乐和台湾地区土著音乐研究。

此外，加利福尼亚州立大学伯克利分校中国研究中心，也是美国西部很有影响的中国学机构，研究力量很强，比较关注上海史的专题研究。加利福尼亚州立大学洛杉矶分校中国研究中心，在中国近代史和文化史研究方面很有特色，有关中国教育史资料的收藏是其特色。

5. 华盛顿大学

华盛顿大学是美国西北部的中国学研究重镇。该校的中国学力量在 20

世纪 50—60 年代可谓如日中天,一度与哈佛大学齐名。① 近期代表人物有哈里·哈丁(Harry Harding),中文名何汉理,他是艾略特国际事务学院院长,是亚洲基金会的董事,长期研究中国大陆和中国台湾地区,著有《脆弱的关系:1972 年后的中国和美国》《组织中国:官僚主义问题,1949—1976》(1981年)、《八十年代的中国对外政策》(1984 年)、《中国的第二次革命——毛以后的改革》(1987 年)等。他的见解很受美国政府重视,被看作新生代中国问题研究专家的领军人物。艾略特国际事务学院教授罗伯特·萨特在《中华人民共和国对外关系:1949 年以来中国国际政治的遗产和局限》一书中,研究中华人民共和国自 1949 年成立以来的国际关系,详细分析了中国对外政策从“毛泽东时代”的 1949 年至 1969 年到中美关系恢复时期(1969—1989 年)再到后冷战时代的变化过程。

国际事务学院教授沈大伟(David Shambaugh),是著名的中国问题和中国台湾地区问题专家,他认为美中应该是“战略对手”而非敌手,美国应该“现实”“务实”地处理好对华关系。其专著《中国共产党:精简和适应》(2008 年),对1989 年以后的中国共产党进行了客观的评价,面对苏东剧变,认真从那些共产主义政权的错误中吸取教训,调整自身,积极应对,他认为中国共产党加强执政党建设、加快推进市场经济建设、重视社会问题、提出建设和谐社会等方针政策,都是积极应对的具体体现。

另外,布鲁斯·迪克森教授的《财富渗透权力:中国共产党对民营经济的接纳》,在多年收集调查数据的基础上,研究了中国民营经济政策,分析了中国共产党与日益壮大的中国民营经济间的复杂关系。中国共产党吸收民营企业家入党等一系列政策表明,其正努力将民营企业家转化成保护现存政治体制的一种力量,而不是把他们改变为引发政治变革的对立群体。作者进一步肯定执政的中国共产党在时代变迁中更具持久性、稳定性和调适性。

6. 康奈尔大学

康奈尔大学中国学研究的开展重视多学科并进,百花齐放。“东亚研究计划”(East Asian Program)负责组织领导、集中全校的中国学专家。他们在中国经济史的研究方面很有特色。许慧文(Vivienne Shue)教授是政治系的当代中国问题研究权威,主要进行中国慈善问题、国家权力、社会力量专题研究,出

---

① 　朱政惠:《美国主要的中国学研究机构》,《社会科学报》,2006 年 7 月 27 日。

版有《中国县的政治和经济》等学术专著。经济系的汤姆斯·莱昂斯(Thomas Lyons)教授,是中国经济史研究权威,常以地理信息系统作为处理中国经济数据的手段,代表作有《中国省内的不平衡:福建,1978—1994》《中国省内的不平衡:生产和消费,1952—1987》等。东亚系的爱德华·耿(Edward Gunn)教授,著有《当代中国媒体的方言》《重写中国:20世纪中国散文的风格和革新》等学术著作,关注改革开放后中国小说、广告、电视、电影、广播、文艺、戏剧等诸多领域的方言问题。华裔陈兼教授是该校中国与亚太项目研究中心主任,在冷战史和中美关系史研究方面有出色成果,他的一些著作被认为是国际"冷战史新研究"的重要组成部分。

7. 斯坦福大学

斯坦福大学胡佛研究所(Hoover Institution on War, Revolution and Peace)是美国西部的一个研究重镇,也是美国和世界上著名的中国问题研究机构。胡佛档案馆收藏有大量涉及20世纪中国变革的重要资料和文献。该校中国学专家分布在历史学系、东亚研究系等相关系所。人文科学院教授安德鲁·维尔德(Andrew G. Walder)著有《共产党新传统主义:中国工业中的工作与权威》(1986年),近年来致力于红卫兵运动的研究,他的《破裂的造反:北京红卫兵运动》将红卫兵运动的研究推向深入。他认为,学生冲突的强度与分裂的深度不过是权威主义政治结构的表现,这种权威主义政治结构对红卫兵运动中学生的动机和行动,持续施加一种不可抗拒的推动力。

此外,还有几个高校值得一提。耶鲁大学中国学起步相当早,是美国最早设立中文教学的学校。美国一些有重要影响的中国学家出自该校。耶鲁大学的藏书很有特色。雅礼协会(Yale-China Association)在沟通中美民间交往中起了重要作用。普林斯顿大学的中国学研究比较多地集中在东亚系,与该校在美国的地位一样,它的中国学研究在美国举足轻重。哥伦比亚大学东亚研究所(East Asian Institute)也是中国问题研究很强的机构,集中了一批重要专家。它的中国古代史和现代史研究很有特色,口述史学成就显著。夏威夷大学的中国研究中心,则在中国思想史方面有很多重要研究成果。

二、从事中国当代史研究的主要研究协会

1. 美国亚洲协会

亚洲协会是全美国最大的关于亚洲问题研究的协会组织,也是世界上

最有影响的关于亚洲问题的研究协会,其前身是远东学会。该协会的重要特点是每年召开年会,世界上有关亚洲问题的研究专家共同参与研讨,中国问题是其中最多和最主要的议题,美国中国学发展史上的一些重要学术问题和理论问题,往往会在这里找到探讨的踪影。该协会的 1979—1980 年度主席史华慈是哈佛大学东亚和中国问题研究方向的学术负责人,曾任哈佛大学东亚研究常务委员会主席、哈佛大学东亚研究中心副主任。他的努力使中国的声音遍布英语世界,他在中国问题研究方面的成就赢得了学术界的尊重。

2. 美中关系全国委员会

这也是研究中国当代史的一个十分重要的机构,创始人是鲍大可和斯卡拉皮诺,在中美建交过程中发挥了重要推动作用。① 费正清、史华慈、杨振宁等美国学界和政界的重要人士都曾经是这个委员会的成员。这个机构在当前中美关系中仍作用巨大。鲍大可曾先后在哥伦比亚大学、布鲁金斯研究所、约翰·霍普金斯大学任职,主要著作有《从全球看中国经济》(1982)、《中国的外交政策制定:结构与程序》(1985 年)、《中国的大西北:四十年来的变化》《重新认识中国:改革的动力与困境》等,被西方视为亲共派。

施乐伯(Robert A. Scalapino)是美中关系研究的泰斗型人物,与鲍大可、费正清并称为三大"中国通",是美中关系全国委员会首任主席。他的研究对美国历届政府有特殊影响。著有《亚洲内外安全问题》等。他认为美国应该和中国保持伙伴关系,"中国威胁论"和"中国崩溃论"都是极度夸张的,中国经济发展不会对美国构成威胁。②

约翰·霍普金斯大学中国研究中心主任、尼克松中心中国研究计划创办人戴维·兰普顿(David M. Lampton),是当今美国知名的中国问题专家和权威的"中国通"之一,曾任美中关系全国委员会主席,对中国友好。③ 他的政策建议长期受到美国决策层的重视,著有《同床异梦:驾驭 1989—2000 年的美中关系》等。最新专著《跟随领导人:执掌中国——从邓小平到习近平》,指出当代中国领导人面临的挑战,梳理了中国领导人的治理观及其变化。

① 李增田:《鲍大可与中美关系正常化》,《美国研究》,2004 年第 2 期。
② 刘杉:《为见证和参与中国的发展而自豪——纪念美国中国问题专家施乐伯》,《中国社会科学报》,2011 年 11 月 22 日。
③ 何雁:《兰普顿:美国的"中国通"》,《人民日报》海外版,2005 年 11 月 1 日。

3. 美国学术团体协会

美国学术团体协会是美国中国学发展中的一个重要学术组织机构。全美第一次中国学会议即由其组织,虽然该机构所协调的问题不只中国学,但中国学是其中的一个重要内容,它对全美中国学的发展有很大的调控作用。

1959 年,在福特基金会支持下,美国学术团体协会和社会科学研究协会中的当代中国委员会一起,组织了一个当代中国研究委员会。这是美国当代中国学发展进程中一个十分重要的学术事件,其成立对当代美国中国学的发展至关重要。当时,全美还处于麦卡锡主义肆虐后的阴影中,在如何复兴美国中国学、整合全国的研究队伍、切实开展工作等方面,都存在着诸多问题,尤其是如何由传统的汉学研究转向到现代中国学研究,困惑更多。委员会创建时,费正清起到重要作用,戴德华曾经是这个委员会的主要领导人。

从那时起,美国对中国的学术研究经历了几个发展阶段。美国学术团体协会的中国文明委员会与当代中国研究委员会维持资助学术讨论会的传统,这两个组织在 20 世纪 80 年代早期合并成当代中国联合委员会,支持较高质量的学术研究,保持了讨论会对中国史研究领域的重大影响。这一创举使得英语国家关于中国政治的研究变得比以前更加成熟。

三、美国从事中国当代史研究的主要智库①

美国的智库(以往学界多称为"思想库")数以万计,经过几十年的发展,不仅成为美国政府制定各项政策不可或缺的理论研究基地,也是培养和储备人才的摇篮。其中,有些大型智库对美国外交决策都有着重大影响力。

1. 兰德公司亚太政策中心

兰德公司是重要的智库,是独立的非营利性研究组织,也是美国最重要的综合性战略研究机构和美国最大的咨询研究机构之一。兰德公司关于中国的研究以经济、政治、军事和外交为主,主要是中美关系、中国安全战略、中国军事等,这与它作为美国政府智囊团的性质是一致的。进入 20 世纪 80 年代以后,有关中国经济发展和经济改革的研究上升到最重要的地位,对中国军事力

---

① 袁鹏、傅梦孜主编,中国现代国际关系研究所编:《美国思想库及其对华倾向》,北京:时事出版社 2003 年版。另可参考张树彬:《浅谈〈美国思想库及其对华倾向〉一书中的错舛》,《美国研究》,2005 年第 3 期。

量研究的比例也比 1980 年前有明显增加,反映出改革开放后的中国作为一个新兴经济和军事大国的崛起及其国际地位的提高和美国对中国的新的关注热点,折射出美国官方的主要聚焦所在。

兰德下设的亚太政策中心是针对美国和亚洲的关系以及亚洲面临的问题展开研究并提出政策建议的机构,研究重点是国际关系(特别是亚洲的重要战略和外交趋势),国际政治经济(包括亚太地区的贸易、投资和宏观经济走向)和人力资本问题(尤其是人口、教育和健康问题)。在亚太政策中心研究的九个重点问题中,有关中国的问题就有三项("创建美中政策新框架""对中国最大的经济挑战的分析"和"关于中国如何利用市场机制减少排放物的研究")。此外,有关信息革命对亚洲社会的影响的研究也与中国密切相关。由此可见它对于中国研究的重视。

对兰德公司的出版物进行统计分析的结果表明,在自其 1946 年成立到 1980 年以前的 34 年中,共出版有关中国的出版物(包括专著、论文和研究报告)169 种,其中有关外交的出版物 59 种(约占 34.9％),经济 39 种(约占 23％),政治 31 种(约占 18.3％),军事 19 种(约占 9.2％),台湾地区社会研究 11 种(约占 6.5％),中国研究资料 4 种(约占 2.4％),现代史 3 种(约占 1.8％),社会、技术和汉语教学各 1 种(约各占 0.6％)。而在 1980—2003 年的 23 年中,兰德公司共出版有关中国的出版物 86 种,其中有关中国经济的出版物 24 种(约占 27.9％),外交 18 种(约占 20.9％),军事和台湾地区社会研究各 16 种(约各占 18.6％),政治 9 种(约占 10.5％),社会、能源、民族问题各 1 种(约各占 1.2％)。

影响较大的出版物有《全球技术革命中国,深度分析》(*The Global Technology Revolution China*，*In-Depth Analyses*)、《中国海军的"新历史使命":扩充实力以重新成为海洋大国》(*The PLA Navy's "New Historic Missions"*：*Expanding Capabilities for a Re-emergent Maritime Power*)、《中国公司治理:历史与体制框架》(*Chinese Corporate Governance*：*History and Institutional Framework*)。

2. 其他智库

布鲁金斯学会成立于 1916 年,是独立的非营利性研究机构。它是美国对华政策研究的重要智库之一,有几十名专业研究人员,主要进行当代国际问题和美国国内问题研究,中国问题是所涉及的重要领域。

美国企业公共政策研究所（American Enterprise Institute for Public Policy Research,简称美国企业研究所）成立于 1943 年,与布鲁金斯学会等机构一样,被认为是华盛顿的重要"思想库",主要研究中国台湾地区问题、中国内政问题等。

传统基金会是美国保守派最大、影响力最强的公共政策研究机构,成立于 1973 年。在 30 多年推动保守运动的过程中,传统基金会"奠定了在美国和世界政策研究机构中的领导地位",不过有明显亲台现象。①

对外关系委员会是有影响力但无明显党派倾向的智库,20 世纪初成立。对 20 世纪美国对外政策的发展有重要影响。对华态度总体积极,主张同中国合作。

美国和平研究所（United States Institute of Peace）,1984 年成立,是重要的思想库,与美国政府和国会的关系密切。属于智库性质的研究机构还有如约翰·霍布金斯大学的高级国际研究学院、华盛顿大学的艾略特国际事务学院等。

美国国际经济研究所成立于 1981 年,是一个私营的、非营利的、无党派的著名智库,致力于研究国际经济政策。其高级研究员尼古拉斯·R. 拉迪（Nicholas R. Lardy,中文名罗迪）,主要从事国际经济政策和中国经济问题研究,并为美国政府和国际经济组织提供政策咨询。他曾在布鲁金斯学会外交政策研究中心任高级研究员（1995－2003）,同时也是美中关系全国委员会董事会成员、对外关系委员会成员,是美国为数不多的中国经济专家之一,兼任《中国季刊》《中国评论》《中国经济评论》和《亚洲商业期刊》等权威杂志的编辑。迄今为止,他已经出版了大量关于中国经济问题的论文和专著,如《中国现代经济发展中的农业》（1983 年）,在美中两国都有着广泛影响。在《超越毛泽东时代计划经济的市场经济:中国私营企业的崛起》一书中,他描绘了市场在经济中作用不断加强的图景,反驳了普遍存在的一种观点,即中国的经济发展依赖于政府对经济"制高点"——国家经济命脉的控制。

战略与国际问题研究中心（CSIS, Center for Strategic and International Studies）也是华盛顿政府的重要思想智库,主要进行中美关系、台湾问题、中国政治等问题研究,立场中间偏保守。坎博（Kurt Campbell）担任副总裁,他是

---

① 张焱宇:《美国思想库介绍——传统基金会》,《国际资料信息》,2001 年第 11 期。

国际安全项目主任,英国牛津大学博士,著有《平衡的力量》等,与台湾关系密切。2006 年 4 月 11 日,国际经济研究所和战略与国际问题研究中心联合出版《中国:决算表》一书,讨论中国崛起和美国对策。

卡耐基国际和平基金会成立于 1910 年,其中高级研究员斯威恩(Michael Swain)是著名中国安全问题专家。主要研究中国安全和外交政策、美中关系、东亚国际关系。他还曾是兰德公司研究员,著有《中国的大战略:过去、现在、将来》等。

智库的政治化取向呈上升之势,"具有意识形态和政治倾向、带有保守派、自由派、自由至上主义、民主党、共和党等标记的思想库增多。"①其在美国对华政策出台上的作用十分显著,如影响布什政府对华态度的几个重大报告,《阿米蒂奇·奈报告》(强调日韩盟国而非中国构成美国亚太战略的核心),兰德公司的《美国和亚洲:美国新战略和军事力量态势》《美国总统的全球议程》《美国需要对世界重要地区采取的对外政策》(作者扎尔梅·哈利勒扎德,鼓吹对华采取"遏制+接触"的混合战略)。不过,这些研究人员能否得到政府重用也因人而异,克林顿任内政府中的中国问题专家就明显多于小布什政府,像谢淑丽、坎贝尔、李侃如等,都各自主管着国务院、国防部、国家安全委员会的重要职能部门。但总体而言,除李侃如、奥克森伯格等少数重量级人物外,真正有机会进入政府任职的中国问题专家凤毛麟角。

实际上,美国政界、学界的研究是互补的,政府部门里的研究人员不可避免地大量求助于他们的学界同行,尤其在具体个案研究、长时间跨度研究、多方位理论解释以及大范围课题项目等方面,以满足政府决策之需;同时,学界的专家们在研究外交政策、军事政策、技术转让等大量与联邦政府密切相关的问题时,也必须从政府的研究人员那里摸准立场、获取信息,以避免研究出现盲目性。② 因此,美国政界与学界的研究人员之间一直有沟通频繁、互相借重、相得益彰的传统。但自 20 世纪 80 年代随着"中国问题"成为华盛顿的研究热点(有人称之为"中国学"爆炸性增长),政府和学界各自的中国问题专家积攒的越来越多,双方无形中开始形成某种竞争关系,在重大问题上越来越依赖自

---

① 任晓:《第五种权力——美国思想库的成长、功能及运作机制》,《现代国际关系》,2000 年第 7 期。

② 陈广猛:《美国思想库的发展和演变》,《贵州师范大学学报(社会科学版)》,2006 年第 1 期。

己的专家队伍而不屑听取对方的意见,互补性大有为竞争性取代之势。

目前,美国的中国史研究领域不断拓宽,老一辈学者逐渐被新一代精英取代,这些人有不少既是著名中国学专家,又是亲自参与或正在为美国制定对华政策出谋划策者。① 如傅高义和柯伟林(William C. Kirby)等对中国领导人和政治制度的研究。美国卡内基国际和平基金会高级研究员、前财政部东亚办公室副主任艾伯特·凯德尔(Albert Keidel)、加利福尼亚大学迪帕克·拉尔(Deepak Lal)主要关注研究现当代中国经济问题,有些研究成果成为美国政府部门进行决策的重要依据。美国战略和国际问题研究中心的兹别格涅夫·布热津斯基以及哈理·哈丁、沈大伟、李侃如、戴维·兰普顿等,经常活跃在国际国内学术舞台上,积极发表时政性评论,为消除中美之间的误解做了有益工作。② 另外还有不少研究当代中国军事战略问题的专家,如华盛顿国际评估和战略中心的理查德·费希尔(Richard Fisher)及斯威恩等人,尽管观点带有一定偏见,但他们也主张中美应在军事发展战略层面进行对话。

对这些著名中国学家进行个案研究,使研究的问题领域十分鲜明,也是研究美国的中国当代史的重要途径。考察美国的中国当代史研究既要重视理论与实践相结合、宏观与微观相结合、历史与现状相结合,对其做全景式综合考察,又要特别关注对重要学者的个案研究。特别是中青年学者中有些人已脱颖而出,成为美国研究中国问题的知名专家,例如卡内基和平基金会的裴敏欣、布鲁金斯学会的黄靖和李成、芝加哥大学的杨大力、哥伦比亚大学的吕晓波、杜克大学的史天健、麻省理工学院的黄亚生、丹佛大学的赵穗生、康奈尔大学的陈兼、纽约城市大学的孙燕等。③

另一方面,早在冷战背景下两大阵营的博弈中,美国和西方世界对中国共产党及其新政权开始重视,创办了专门研究中国的权威学术刊物,美国有《亚洲研究》、《近代中国》、《美国东方学研究》、《中国书评》等。中国改革开放以来,美国学界出现了一些新的刊物,如以研究中国经济为主的《中国经济评论》(*China Economic Review*)、以研究中国文化为主的《中国文学评论》(*China Literature Review*)、丹佛大学美中合作中心推出的《当代中国》(*Journal of*

---

① 仇华飞:《当代美国中国学研究特点论略》,《毛泽东邓小平理论研究》,2006 年第 12 期。
② 仇华飞:《当代美国的中国学研究》,《贵州师范大学学报(社会科学版)》,2006 年第 1 期。
③ 梁怡、王爱云:《西方学者视野中的国外中国问题研究——访美国乔治·华盛顿大学教授沈大伟》,《中共党史研究》,2010 年第 4 期。

Contemporary China）杂志等,弥补了跨学科中国研究刊物缺乏的遗憾,对推动中国当代史的深入研究多有助益。

第二节　加拿大的中国当代史研究概况

加拿大对中国当代史的研究起步较晚,大概是在美国出现麦卡锡主义后,一些专家从美国来到加拿大,这方面的研究才开始起步,真正的发展始于 20 世纪 60 年代。1968 年 10 月,加拿大亚洲研究协会成立,全国性的中国史研究初上轨道。中华人民共和国成立后,中加关系经历过一段曲折,影响到加拿大对中国事务的关注和学术研究的开展。自 1970 年中加建交,两国的学术交流得到推动,1973 年开始互派留学生。1980 年,加拿大社会科学人文科学研究理事会与中国社会科学院签订了学术合作的谅解备忘录,中加两国历史学家的交往日益加强。改革开放以来中国经济的迅速发展,中国移民的大量拥入,以及双方合作的展开与增多,加拿大开始重新审视中国,在此背景下出现了一批研究中国的学者和团队。

各大学和研究机构特别注意对相关资料的搜集和整理,以及对国外优秀人才的引进。20 多年中,一些研究成果卓著者从欧美国家或中国香港地区、台湾地区前往加拿大工作,为加拿大的中国史研究增添了有生力量。如原英国利兹大学中国史研究骨干、《剑桥中国史》的撰写者之一、国际知名学者陈志让来到约克大学后,主持该校中国史工作。原美国堪萨斯大学的魏安国来到加拿大英属哥伦比亚大学历史系工作。原英国剑桥大学的蒲立本、原美国威斯康星大学的施文林等都成了加拿大的中国史研究骨干,推动了相关研究。

一些曾从事对华外交工作的人士卸任后,到大学里主持教学和科研工作,为加拿大的中国史研究发挥了积极作用。如三次访华的前加拿大驻中华民国大使馆的外交官切斯特·朗宁,他是加拿大驻中华民国的最后一任外交官,1949 年初,他被任命为临时代办。中华人民共和国成立后,朗宁曾为促进中加建立外交关系做了积极的努力,不过由于美国和西方势力及国际形势的影响未能实现。反映这段历史事实的有《加拿大众议院辩论记录》1949 年第 1 卷,朗宁的《中国革命回忆录》第 12 章"关于加拿大承认中华人民共和国问题"。再如舍威尔教授于 20 世纪 70 年代初曾在加拿大驻华大使馆工作过,卸任后在多伦多大学伊尼斯学院任院长,并主讲东亚系"从共和国到人民共和国——1895—1949 年的中国革命"的课程,其专长是 20 世纪中国史和当代中国史的研究。

与其他国家相比,加拿大的中国史研究虽在研究广度和研究体系的完整性方面尚有不足,却有急起直追之势,逐渐发展成为美洲研究中国史的第二大重镇。目前涉及中国当代史的研究主要有华人移民史、新民主主义革命史和人物研究。高等院校是中国研究最集中的地方,在加拿大 30 多所大学里设有中国问题的教学和研究中心,主要研究和讲授中国近现代史,大学的教授和副教授占中国问题研究学者的半数以上,但研究当代中国的专家不是特别多。主要集中在多伦多和温哥华,其中以多伦多大学和英属哥伦比亚大学的研究实力最强。①

加拿大从事中国当代史研究的主要研究机构有:

1. 多伦多大学

多伦多大学是汇集中国问题研究学者最多的学校,研究当代中国的学者集中在东亚研究系和亚洲研究院。东亚系的前身是安大略省皇家博物馆的远东部,该博物馆在 1968 年前一直隶属多伦多大学。曾在中国河南省任加拿大中华圣公会主教的怀履光(William C. White)于 1934 年回到多伦多后成为博物馆远东收藏的管理人,并在多伦多大学开设了中国艺术与考古的课程。1968 年,多伦多大学评议会授权成立中国研究学院,怀履光成为第一任院长。

东亚研究系有历史学研究教研室,开设的有关中国的课程较为完善,侧重于古代与近现代中国史,主要研究 20 世纪的中国史和中国对外政策,包括对中国的史学家、政治家、国务活动家及知名人士的研究,也研究中国对外关系。与当代中国研究直接相关的学者较少,代表人物有吴一庆(Yiching Wu,研究兴趣主要是毛泽东时代的中国社会与文化、"文革"史)等。他的《边缘上的"文化大革命":危机中的社会主义》(*The Cultural Revolution at the Margins：Chinese Socialism in Crisis*,Harvard University Press,2014)一书,从制度层面讨论"文化大革命"中草根阶层的全面造反,侵蚀国家机器的运

① 梁怡:《国外研究中国革命史的历史考察——加拿大部分》,《北京联合大学学报》,2000 年第 2 期。

转,并动摇国家的基础制度。该书出版后获得美国社会科学历史学会最佳学术著作奖。社会学系也有学者进行中国社会结构、政党、民政和军事官僚制度的研究。

2001 年,多伦多大学将原本分散在各系的有关亚洲研究的项目集中起来,成立了亚洲研究学院。目的在于集中有关的资源与力量,使学校在亚洲研究方面取得更好的成绩。亚洲研究学院的学者来自人文科学和社会科学院系以及其他专业学院,以该研究院为平台,大力开展跨学科和跨文化的教学研究和交流合作活动。学院的 113 位研究人员中从事中国研究的专家有 22 名,涉及中国的研究领域相当广泛,包括中国国家权力、公民社会、商业文化、历史、宗教、文学、环境与发展,甚至电视节目等,且主要侧重于当代中国方面。

此外,该校的蒙克国际事务学院是加拿大外交部的智库,该学院的亚洲研究所,也涉及部分中国事务研究。在资料方面,学校的郑裕彤东亚图书馆虽以中国古籍善本为特色,但其馆藏期刊、方志、报纸、缩微资料、地图、政府报告也颇为丰富,可供研究当代中国的学者使用。

2. 英属哥伦比亚大学

英属哥伦比亚大学把中国研究作为其亚洲研究的开端,是加拿大主要的中国问题研究中心之一,在人员或资料方面都名列前茅。1957 年开设了第一门汉语课程,并从那时开始制订出北美地区最具综合性的中国研究计划。1978 年成立亚洲研究所,提供大量关于中国文化、历史和语言的本科生课程,培养研习中国语言、文学、历史、宗教等学科的硕士和博士,是该校最大的东方学机构。2005 年 8 月 18 日,亚洲研究所所长彭德(Pitman B. Potter)教授应邀到中国社会科学院民族学与人类学所访问。他是国际著名汉学家,精通汉语,长期研究中国的法律和政策,已出版 5 本关于中国的专著,发表了一系列中国研究文章。代表作《中华人民共和国的法律体系》(*The Legal System of the People's Republic of China*, Polity Press, 2013),近年来主要关注中国的西藏研究。

为加强对当代中国的了解,英属哥伦比亚大学鼓励和协调对中国大陆及港澳台地区、海外华人社区的研究以及加拿大同上述地方关系的研究;促进从事中国研究的教师、研究生和访问学者间的相互交流;加强本校中国学家与亚洲学者间的联系;加深加拿大人对中国的理解。1992 年,正式建立中国研究中心,这是加拿大研究中国问题的主要机构,目前有 40 多位研究人员。近年来与当代中国相关的研究课题有 20 世纪中国的教育与社会,改革开放以后中国农村的非农业发展,台湾地区的市民社会,关于香港远程教育意义的后现代观点,台湾地区的政治自由化,中国的民法、仲裁与市民社会,改革开放以后中国的技术转让,中国南方的农村改革。从这些课题可以看出,英属哥伦比亚大学在关注当代中国问题的同时,仍投入相当的力量从事传统意义上的汉学研究。不过,中国研究中心近年组织的各类学术会议和研讨会的主题却大多是当代中国问题。

中国研究中心现任主任为雷勤风(Christopher G. Rea),近期研究集中于中国文学家、喜剧文化等。代表作有《不敬的年龄:笑在中国的新历史》(*The Age of Irreverence: A New History of Laughter in China*, University of California Press,2015)。研究当代中国的代表学者有齐慕实(Timothy Cheek),他是较早开展毛泽东资料整理翻译和研究的西方学者之一,主要研究方向为中国知识分子、中共党史,最新专著为《现代中国历史上的知识分子》(*The Intellectual in Modern Chinese History*, Cambridge University Press,2015)。历史系的魏安国教授则重点进行中国近代史、华侨史的研究与教学。

此外,该中心研究领域还涉及中国与全球事务研究(保罗·埃文斯[Paul Evans]),中国移民、地区民族与宗教(李友华[Diana Lary]),西藏地区研究等(高岛谦一[Ken-ichi Takashima])。另有一些学者对中国的内外政策、中国与周边国家的关系,特别是中日关系、中苏关系的研究颇为重视。该中心很重视与中国的交流合作,如与华东师范大学思勉高等研究院联合创建现代中国与世界联合研究中心,以工作坊、学术会议、访学等方式开展合作,还与中央民族大学等高校进行互访交流等。并且出版有《太平洋事务》(*Pacific Affairs*)季刊,专门刊登相关学术文章,影响较大。

英属哥伦比亚大学在中国研究上的地位还体现在维真学院中国研究部。该研究部成立于 1985 年,主要为基督教硕士研究生提供跨学科的中国研究课程,并开展多种多样的活动促进基督教与中国文化的沟通。学院与中国内地的大学共同设立教育项目,并设立专门的研究团体开展有关中国问题的研究。其宗旨在于关注基督教与中国文化在各个层面的交流,以独特的课程、讲座、研讨会、论文和学生培养方式,帮助学生理解中国文化的传统意识、当今问题及未来走向,并确立基督教与中国文化交流的研究方向。有自己的出版物《维真学刊》(*Regent Chinese Journal*,半年刊)。

资料方面,英属哥伦比亚大学图书馆馆藏丰富,藏书量在北美洲位居前列,值得关注。亚洲研究所里有一个中国学图书馆,中文资料图书在加拿大首屈一指。

3. 麦吉尔大学东亚研究系

麦吉尔大学东亚研究系现有教师 21 名,主要集中于传统汉学研究,涉及当代中国研究的学者不多。主要领域包括后毛泽东时代与新传媒历史文化、冷战、共产主义中国与苏联等。东亚研究中心隶属于东亚研究系,有 9 位学者从事与中国学相关的研究,当代中国的研究在中心获得发展,对当代中国的关注领域包括"中国的性别问题""中国的发展问题"以及"中国社会主义经验的特色"等方面的研究。

代表人物有华裔林达光教授,主要研究毛泽东思想。国际关系史助教吕德量(Lorenz M. Lahti)于 2008 年出版的专著《中苏关系破裂:共产主义世界的冷战(1956—1966)》引起了学术界的重视。作者利用近年来解密的苏联、东欧国家、中国以及美国的档案文献和新的研究资料,围绕中苏关系破裂这一冷战中的重大事件,解析 20 世纪五六十年代的中苏政治,研究中苏关系破裂对两国经济发展、政党关系、外交政策的重大影响。其认为中苏分裂不仅对两国,而且对社会主义阵营产生了极为深远的影响,并关系到不结盟运动、全球冷战和越南战争。

4. 蒙特利尔大学东亚研究中心

蒙特利尔大学的东亚研究中心成立于 1976 年,现隶属于东亚研究系,其主要任务是通过各级学位课程鼓励研究活动,促进中国研究的发展。中心以研究中国史为主,关注中国社会和思想体系的演进、中国共产主义运动的发生和发展问题。目前,蒙特利尔大学已是加拿大法语地区中国研究的中心,教师、学生、工作人员、图书资料和研究经费都有显著增长,并成为能够与多伦多、温哥华的中国研究中心相媲美的研究机构。

该中心从事当代中国研究的学者较少,代表学者有安德烈·拉里伯蒂教授。他认为,自从 1978 年以来,中国经历了两次政府工作重点的转型:第一次发生在 1978 年,中国政府工作重点的基础从意识形态和道德激励或者领袖的个人魅力转向经济表现和物质激励或者革命遗产;第二次发生在 20 世纪 90

年代初,中国政府工作重点基础逐渐转变为经济增长、社会稳定和捍卫国家主权。当前,中国正在面临着第三次"政府工作重点转型的关口"。部分学者涉及中国当代政治、中国的宗教团体合法性及其与政府的关系等,如玛丽·伊芙瑞妮(Marie-Ève Reny)等。

5. 约克大学亚洲研究中心

该中心研究人员来自约克大学社会科学、人文科学和商学院,其研究领域多涉及艺术、文学、健康、法律等相关专业。研究当代中国的学者有 20 余位,不过中国研究最多只是其研究领域之一,或只是研究中偶有涉及。其中傅尧乐(Bernie Michael Frolic)是中国当代历史、政治学(民主、人权、公民社会)、中加关系研究的代表;格利高里·陈(Grigori Chen)的主要研究领域是国际关系、中国的政治经济、人民币国际化等。其他研究方向有中国移民社群、商业活动(如露西亚·罗[Lucia Lo]),中国妇女(盖德·曼[Guida Man]),性别、劳动市场(瓦莱丽·普雷斯顿[Valerie A. Preston]),中国女性小说(徐雪晴[Xueqing Xu])等。

6. 加拿大亚太基金会

亚太基金会是加拿大联邦议会于 1984 年设立的独立的、非营利性的国家智囊机构,总部设在温哥华,并在加拿大的其他地区设有办公地点。它得到了来自联邦、各省和私人机构的资助,包括来自加拿大外交部、加拿大国际开发署和加西经济多元发展署的经费支持。其活动集中于加拿大在亚太地区的贸易活动,但与学术界有着密切的联系,并将学术融入到具体活动中。因此是一个既服务于政策制定、商界活动,又从事学术研究的机构。其目的是为加拿大公众,特别是商界、公共政策制定部门和学术研究机构提供信息、咨询和相互交流等服务,以帮助其更好地了解亚洲的发展,更加有效地参与到亚太地区事务之中。

中国是加拿大在亚洲地区的重要经济伙伴,因此,对中国及相关问题的关注和研究是亚太基金会的工作重点之一。与高等院校和其他中国研究机构的不同之处是,由于服务对象与目的的原因,基金会成员基本从事当代中国研究。该基金会的专家学者数据库中收录约 400 名专家学者的资料,其中从事与中国相关研究的有 174 位,其研究领域包括当代中国的政治、经济政策、文化等,范围广泛,目前集中于促进贸易、投资和创新,调动能源资产等方向,其研究成果对政界、商界均有较大的影响。该基金会有多种出版物,包括《加拿大亚洲述评》(*Canada Asia Commentary*，双月刊)、《加拿大亚洲评论》(*Canada Asia Review*，年刊)、《加拿大亚太基金会年鉴》(*APF Canada Annual Review*，年刊)、《亚洲展望》(*Asian Outlook*，季刊)、《亚太公告》(*Asia Pacific Bulletin*，周刊)等。

7. 加拿大亚洲研究协会

1968 年 10 月成立的亚洲研究协会是加拿大最大的中国学研究机构，其中从事中国近现代文史研究的专家占中国学研究者的一半。它是一个国家性的独立非营利机构，下设东亚委员会，协会办有《新闻通讯》，定期发简讯，还吸收中国的学者和单位参与。曾多次举办年会，如 1977 年年会宣读和研讨的题目之一是"毛泽东以后的中国"。不过组织较松散，没有连续举行并形成一定规模，因此影响不大。

除上述机构外，有一些学者独立从事智库型研究，代表人物有麦克尔·盛(Michael Sheen，著有《毛泽东与斯大林：对手还是同志？》)，迈克尔·弗罗利克、维克托里·福尔肯海姆和林达·赫什科维茨。福尔肯海姆探讨的是地区内的发展和不平等问题，著有《中国的地区发展：趋势与含义》(1994 年)。弗罗利克则关注长江三角洲的发展，著有《中国的第二次发展浪潮：长江地区》(1994 年)。赫什科维茨研究城市化趋势，著有《中国的地区变化：多维城市》(1995 年)。因为他们的这些文章是为政府官员提供咨询，因此，多是对其他学者的研究成果的综合，而非原创性的。

在中国人物研究方面，引人注目的是罗纳德·基思著的《周恩来的外交生涯》、柯让的《周恩来外交》。这两本书已被译成中文出版。基思把周恩来的外交风格称为"理性外交"和"现实主义"精神合作的产物。他认为早年旅欧和 20 世纪 30—40 年代同国民党和美国特使的接触、谈判使周恩来成为中国共产党的外交创始人和革命外交家，及中华人民共和国外交的奠基人。他称赞周恩来是 20 世纪最伟大的外交家，有"谜一般"的外交风格。

《出自中国的叛逆：文幼章传》是传主之子文忠志所著。文幼章一生七次访问中国。1983 年，84 岁的文幼章在中国人民大学做了"我在中国革命中的经历和看法"的演讲，他说："我一生同中国革命和中国人民结下了不解之缘。"《文幼章传》生动地记述了从 1898 年到 1978 年间文幼章关心、支持、参与中国人民革命的情况，以及 1949 年后，为促进中加友好而做出的积极贡献。这部书的资料来源，除作者文忠志同父亲的谈话或私人信函和家庭文件外，主要依据 1966 年加拿大广播公司与文幼章的晤谈记录,多伦多维多利亚大学的加拿大联合教会华西差会的档案,渥太华外交部历史科的档案,华盛顿国家档案馆保存的美国联邦调查局的档案,报纸、杂志、众议院的辩论记录,私人印发的小册子,以及对亲友和各国友人关于文幼章生平事迹的访谈记录。这是一本有相当史料价值的历史著作。

近年来,加拿大涌现了一批研究成果突出的中青年学者,值得关注。代表人物如西蒙弗雷泽大学(Simon Fraser University)现代中国史副教授杰米·布朗(Jeremy Brown,中文名为周杰荣),他在《毛泽东时代中国的城乡分裂》一书中,通过档案、个人日记、未公开的政府案卷以及对中国北方城市和农民的访问调查,并以天津为例,反映了毛泽东时代包括"大跃进""文化大革命"时期城乡分裂状况下的个人生活和命运。

加拿大学界的当代中国史研究团队构成比较复杂,主要分为三类:第一类,具有历史学科背景,以 20 世纪整体史为出发点从近代中国延伸至当代。代表人物如英属哥伦比亚大学的齐慕实;第二类,国际关系学出身的学者或智库专家,其目的主要是以学术研究成果为政府官员提供咨询,代表人物如麦克尔·盛、曹沪华(Huhua Cao)和利德蕙(Vivienne Poy),后者编著有《中国挑战:21 世纪的中加关系》(*The China Challenge:Sino-Canadian Relations in the 21st Century*)等;第三类,非历史学但从事跨学科研究的当代史学者,如多伦多大学的吴一庆近年比较活跃。概括来说,加拿大对当代中国的研究呈现出相对分散的态势,且大部分学者并不为国内学界熟知,以特定项目为单位进行的团队整合尚未真正实现。[①]

自 20 世纪 80 年代中加学者交流项目设立,除资助加拿大研究生和学者到中国进行研究活动外,近年由中方出资或加拿大的省级合作项目逐渐增多,中加学界交往频繁。一些新的学术网站的建立也值得关注,如中国互联网(China Net)刊登专门学术信息,从会议到书籍、就业无所不包,为中加学术繁荣提供了便利。总体看来,加拿大的中国当代史研究起步较晚,主要集中在中加关系和中国政府的政治经济政策、在华外资企业等方面。从特点上讲,由于与美国的地缘以及政治上的关系,其研究深受美国影响。在学术渊源上,相当一部分加拿大学者毕业于英美高校,其研究方式打上了英美烙印。加拿大注

---

① 何培忠主编:《当代国外中国学研究》,北京:商务印书馆 2006 年版。

重为相关人才创造良好的学术环境,使中国当代史的研究有了较快发展。在此基础上尝试立足于本国实际,发展出相对独立的研究思路和框架,是当前及今后相当一段时间内的目标。

第三节　拉丁美洲的中国当代史研究

拉丁美洲地区只有两个国家的中国问题研究做得比较好,一个是墨西哥,一个是阿根廷。此外,巴西、秘鲁、哥伦比亚有一些零星研究,在对中国当代史的研究上,相对北美洲而言,拉丁美洲的研究状况比较薄弱。墨西哥"对中国的关注较早、研究较多,是西半球除美国、加拿大之外研究中国问题的另一个重要国家"。[①]

一、墨西哥的中国当代史研究概况

近些年来,墨西哥出现了"中国热",越来越多的学者加入到中国问题的研究行列,公开发表和出版了许多研究成果。这些研究成果不仅在墨西哥本国有着广泛影响,在拉丁美洲和加勒比海地区的其他国家也产生了一定影响。半个多世纪以来,墨西哥的中国问题研究大体经历了四个阶段:

(1)1949—1959年,有墨西哥人到中国参观、访问,回国后报道介绍中国情况。20世纪50年代,墨西哥学者开始少量翻译和出版关于中国的书籍。如1950年,维森特·高斯(Vicente Gaos)翻译的《中华民族简史》于1954年、1966年和1978年三次再版,最后一次再版时的名字为《中华民族史:从起源到1967年》。

(2)1960—1979年,墨西哥学者翻译出版了许多关于中国的书籍,也有一些学者撰写了少量的专著,发表了少量的文章。书籍主要分为:

介绍中国的基本情况,如《人民中国及其经济》(1961年)、《中国的生活》(1964年)、《当代中国:河的另一边》(1965年)、《中华帝国》(1973年)、《人民中国》(1977年)、《1949年后的中国与世界:其独立、现代化和革命的影响》(1979年)等。

介绍中国革命和社会主义建设,如《中国的社会主义建设》(1966年)、《中

---

①　王爱云、谢文泽:《墨西哥的中国问题研究述评》,《当代中国史研究》,2006年第1期。

国：另一个共产主义》(1966 年)、《中国的革命与反革命》(1972 年)、《革命战争》(1971 年)、《中国共产主义简史》(1976 年)等。

反映"文化大革命"情况,如《中国的"文化大革命":文献选编》(1971 年)、《"文化大革命"后的中国》(1972 年)、《中国的无产阶级"文化大革命"史》(1979 年)等。

关于毛泽东的研究,如《毛氏真理》(1967 年)、《毛主席语录》(1973 年)、《历史中的毛泽东》(1980 年)等。

这些译著为墨西哥了解中国提供了最基本的素材,也为学者们研究中国问题奠定了初步基础。

(3) 1980—1990 年,墨西哥当代中国研究的起步阶段。20 世纪 80 年代,墨西哥学院亚洲和非洲研究中心初步形成了一支研究中国问题的队伍。这一时期的主要译著(由英文译成西班牙文)有《"文化大革命"与中国的工业组织》(1981 年)、《当代中国的国家与社会》(1989 年)等。主要著作有墨西哥学院亚洲和非洲研究中心罗默·科奈郝(Romer Cornejo)撰写的《中华人民共和国的政治趋势》(1986 年)。史学家和自由作家费尔南多·拜尼特兹撰写的《中国之船》(La Nao de China,1989 年),是其中的重要著作之一。继 20 世纪 50 年代初访问中国后,他于 80 年代初第二次访问中国。《中国之船》介绍了 16—19 世纪中国商船前往墨西哥和其他拉丁美洲国家的航海路线、中国的改革开放、1989 年的政治形势以及东北、华东、华南的一些城市。特别值得一提的是,他对上海附近的一个农村公社进行了纵向对比分析,介绍了这个公社改革开放以后的情况以及与 20 世纪 50 年代初相比生活水平、生活方式、思想观念等方面发生的巨大变化。

(4) 20 世纪 90 年代以来,是墨西哥当代中国问题研究的快速发展阶段。20 世纪 90 年代以来,中墨两国交往的快速推动,中国改革开放和经济建设的巨大成就,大大促进了墨西哥中国问题研究的发展。在中国问题研究领域,逐渐形成一支研究队伍。据不完全统计,目前墨西哥研究中国问题的学者有 50 多人,虽然不是很多,但他们发表和出版了不少研究成果。

墨西哥学者对中国的改革开放给予了极大的关注,中国政治、经济体制改革的成功引起了他们的浓厚兴趣,通过研究中国改革来对比中墨两国的异同是其研究的重点。如胡安·冈萨雷斯·加西亚教授(Juan González García),多年来主要研究中国经济,已发表了多篇研究论文:《中国的第二轮经济改革》(1996 年)、《中国的对外贸易及其经济增长：市场之路》(1966 年)、《1979—1996 年中国的对外贸易改革及其对外贸易的演变》(1997 年)、《中国的劳动力市场：现状及展望》(1999 年)、《20 世纪末的中华人民共和国：走向21 世纪的成就与挑战》(2001 年)、《经济制度改革与外向型发展模式：中华人民共和国和墨西哥的异同(1980—2000 年)》(2002 年)等。其代表作《中国：经济改革与对外开放》(2003 年)，运用新制度经济学理论，对中国的改革开放进行了较系统的研究和分析，通过与墨西哥改革相比较，他认为中国改革之所以能够取得巨大成功，有三个基本原因：第一，中国的改革是循序渐进式的，而墨西哥的改革是突飞猛进式的；第二，绝大部分中国百姓从改革和经济发展中获得了好处，生活和收入水平普遍提高，贫困人口大幅度减少，而墨西哥则不然，改革以来的贫困人口不减反增；第三，中国政府在改革进程中一直发挥着主导作用，而墨西哥政府则丧失了应有的功能。

罗默·科奈郝以研究中国政治、经济体制改革而闻名，发表的主要论文如下：《中国的经济特区》(1985 年)、《乌托邦及其对中国政治改革的限制》(1986 年)、《中国政治改革的制约因素》(1987 年)、《中国革命的历史地位》(1996 年)、《中国的经济改革：成就与挑战》(1999 年)等。1993—1999 年，他在墨西哥学院《亚太》杂志开辟"中国"专栏，连续发表了一系列研究、介绍中国政治经济改革、中墨关系以及中国社会状况的论文，产生了重要的影响。

研究中国的经济体制改革的还有玛丽亚·戴莱莎·罗得里格斯·罗得里格斯(María Teresa Rodríguez y Rodríguez)。其主要论文有《1949—1986 年中国计划体制的制度变化》(1987 年)、《中国的经济改革：由社会主义经济走上市场经济》(1995 年)、《中国农村地区的工业化》(1998 年)等。她与国立墨西哥自治大学经济研究所的另一名研究员、教授伊莎贝尔·卢埃达·培伊罗(Isabel Rueda Peiro)合著的《面对全球化的中墨成衣业》，是一部在墨西哥产业界有重要影响的著作。此外，矣亥尼奥·安吉亚诺(Eugenio Anguiano)于1997 年发表了《中国：从近期的经济改革走向后邓小平时代》一文。

这些研究成果对墨西哥学术界、政界及产业界产生了重要影响。2003 年10 月，墨西哥国家对外贸易银行行长何塞·路易斯·罗默洛·伊克斯应墨西哥对外贸易协会中国—墨西哥分会的邀请，做了《中国：挑战与机遇》的报告；2004 年 5 月和 9 月，联合国拉丁美洲和加勒比经济委员会驻墨西哥办事处公布了其研究报告《中国：墨西哥和中美洲的机会与经济挑战》。

除中国的政治、经济体制改革外,中墨关系和中国的历史、文化及社会状况也是墨西哥学者关注的领域。如罗默·科奈郝与玛丽塞拉·高妮丽(Marisela Connelly)于 1992 年合著的《中拉关系的源头与发展》,概述了中拉关系的发展脉络。该书分为四部分:第一部分介绍了中国与拉美的交往史、中国与拉美国家建立外交关系的开始情况以及在拉美地区的华人;第二部分介绍了 1950—1970 年中国对拉美的外交政策;第三部分介绍了 1971—1990 年的中拉外交关系;第四部分介绍了拉美在中国对外贸易政策中的地位,认为中拉经贸领域的竞争大于合作。1994 年,罗默·科奈郝又与弗罗拉·波顿(Flora Botton)合著了《同居一室:中国的传统家庭及其危机》一书。

中国当代史研究上的代表性成果之一是玛丽亚·戴莱莎·罗得里格斯·罗得里格斯的专著——《中国的 20 世纪》,在墨西哥发行量很大,影响十分广泛。该书认为中国的 20 世纪是一个多灾多难又富有变革的世纪。通过简述 20 世纪中国革命和变革的历史,认为中国的 20 世纪是中国共产党的世纪。实践证明,中国共产党有能力克服自身的困难和问题,有能力提高中国人的物质生活水平,这是中国共产党在苏联东欧共产党垮台后还能继续执政的根本原因。同时,该书认为中国共产党面临着许多挑战,如"自由主义的'污染'";中国经济的国际化;类似资本主义的生产、分配和资源配置方式日益威胁其执政能力;资源短缺、污染和环境破坏严重威胁中国经济的可持续增长;地区发展的不平等既制约着经济增长,也威胁着社会安定;能源短缺已成为经济增长的"瓶颈"等。

矣亥尼奥·安吉亚诺于 2001 年主编的《当代中国:1949 年以后的国家建设》,基本体现了墨西哥对中国当代历史研究的现状。该书共 6 章,分别论述中华人民共和国 50 年的建设史、第 8—15 届中共中央委员会及历届党代会的主要决策、中华人民共和国 50 年的外交史、中国的知识分子、农村发展和中国的经济建设成就。该书将中华人民共和国 50 年的历史以 1978 年为界,分为两个历史时期:第一个历史时期(1949—1978 年)为"真正的"社会主义建设时期;第二个历史时期(1979—2000 年)为社会主义改革时期,介绍了改革的成就和改革带来的问题。对于中华人民共和国 50 年的外交史,则分 5 个阶段进行研究,即 1949—1969 年(中苏关系)、1970—1976 年(政治开放)、1976—1982 年(转型时期)、1982—1992 年(邓小平时代)和 1993—2000 年(冷战后的中国外交政策)。论述较为系统、全面,是墨西哥中国当代史研究方面的集大成之作。

二、主要研究机构及代表人物

1. 墨西哥学院亚洲和非洲研究中心

研究中心成立于 1964 年,是墨西哥最主要的中国问题研究机构。关于中国问题的研究领域主要有中国古代史、中国近代史、中国当代史、文学、思想、经济、社会以及中国的对外关系等。

主要代表人物有矣亥尼奥·安吉亚诺,研究当代中国政治与经济;利丽安娜·亚索夫斯佳(Liliana Arsovska)研究中国近代史;弗罗拉·波顿研究当代中国社会与思想;玛丽塞拉·高妮丽研究中国近现代史、中国经济社会史、中国的外交政策以及与拉丁美洲的关系、中国台湾和香港问题;罗默·科奈郝研究中国当代经济社会史。

2. 国立墨西哥自治大学经济研究所

国立墨西哥自治大学已有 400 多年的校史,1910 年开始使用现名,注册学生 20 余万,是墨西哥最大的高校,也是拉丁美洲地区最大的大学之一。在该校的政治与社会科学系、经济系、历史系均有学者研究中国问题,但相对而言,经济研究所的中国问题研究比较集中。

经济研究所成立于 1940 年,1968 年正式成为国立墨西哥自治大学的一个独立研究机构。近年来,该研究所每年都举行几次关于中国问题的专题学术报告。2006 年,经济研究所成立墨西哥首家中国问题研究中心"墨西哥—中国研究中心",研究中国经济的持续快速增长和中国社会的多样性。目前,在经济研究所的研究人员中,比较关注中国问题研究的有两位教授:伊莎贝尔·卢埃达·培伊罗研究中国的经济改革与社会发展、中墨制造业比较、中国中小企业的发展以及中国沿海地区的发展;玛丽亚·戴莱莎·罗得里格斯·罗得里格斯研究 20 世纪中国经济史、中国的经济改革、工业化以及中国农村地区的发展。

3. 科利马大学亚太经济合作研究中心

该中心成立于 2000 年,设有中国问题研究组,其组长是胡安·冈萨雷斯·加西亚。他发表的研究成果较多,目前主要从事中国和墨西哥经济的比较研究,进行的研究项目有中墨港口比较研究,中墨消除贫困的政策比较,中墨吸引外国直接投资的政策比较,中墨小企业比较分析。[①]

三、值得期待的未来研究走向

从总体上看,墨西哥对中国问题的研究是值得肯定的,主流观点较为客观、准确,在墨西哥及其他拉丁美洲国家的影响是积极的。对待墨西哥学者所进行的中国问题研究,我们既要看到其客观、积极的一面,也要注意其研究的不足、某些观点的偏颇。墨西哥的中国问题研究虽然规模不大,但在墨西哥乃至拉丁美洲地区产生了重要影响,需要引起我们的重视。应加强中墨两国学术界的交流和沟通,促进双方的互相了解,以引导他们对中国问题的研究进一步走向客观和深入。

阿根廷有两所高校在对当代中国的研究上比较著名,即国立萨尔瓦多大学和国立拉普拉塔大学。萨尔瓦多大学设有中文系,其主任豪尔赫·马莱纳是比较知名的中国问题研究学者。拉普拉塔大学于 1996 年 3 月成立中国问题研究中心,目前他们约有 40 个学生在学习中国经济、政治、社会、外交等。[②]另外,哥伦比亚有一个规模较小的大学开设了中国问题研究中心,秘鲁的天主教大学也在此间设立有东方研究中心等。

第四节　美洲中国当代史研究的特点和趋势

从 20 世纪七八十年代开始,各国逐步开展对中国当代史的研究。80 年代末,对当代中国研究的新潮流初见端倪,研究者们更倾向于把中国的现实问题和执政的共产党作为一个整体来研究。20 世纪 90 年代以来,则明显地偏重于对中国现实问题的研究。与此同时,他们的研究热点转向比较快。如美国学术界在 20 世纪 80 年代有不少人热衷于研究"文化大革命"。然而,他们很快醒悟到,这种研究"欠缺用宏观的眼光来关照和解释其结构和变化"。于是,在 90 年代中后期问世的成果中,关于邓小平的研究、关于改革开放政策给中国社会各方面带来影响的分析逐渐增多起来。应该说,这样的学术眼光是务实的,

---

① 王爱云、谢文泽:《墨西哥的中国问题研究述评》,《当代中国史研究》,2006 年第 1 期。
② 梁怡、王爱云:《西方学者视野中的国外中国问题研究——访美国乔治·华盛顿大学教授沈大伟》,《中共党史研究》,2010 年第 4 期。

研究领域也不再局限于政治方面,对中国经济和文化的研究近年在逐渐升温,法律、军事、环保等也逐渐被列入其研究范围。① 可以说,现实中国问题研究近10年来升温速度很快,而且相关内容越做越细,其原因主要是改革开放以来中国产生的巨大变化和持续的经济快速增长。

美国是对中国当代史研究最重要的国家,不仅只有历史学关注,也吸引了其他学科参与其中。以社会学的两份主流期刊《美国社会学杂志》(*American Journal of Sociology*)和《美国社会学评论》(*American Sociological Review*)为例,在1978—1987年的10年间,所刊登的文章没有一篇是关于中国社会的;但1988—1992年则刊登了5篇,而到了1993—1997年间,有关中国的论文增加到15篇。在政治学和经济学中,也能够看到同样的趋势。② 这些动向不仅说明中国的发展和变化引起了西方学者的更多关注,同时也说明当代中国研究已经进入美国社会科学的主流学术圈。不少成果相当深入,值得关注,进入21世纪以来更为繁荣,出现新的特点和趋势。

一、治国理政与中共领导人

治国理政是外国学者分析中国当代史的一个重点,与此相关联的是中共执政合法性和治理有效性的问题。麦克法夸尔用“铁三角”理论、李侃如用“国家治理”套路、沈大伟用精简与适应的表述,从不同角度分析中国共产党。国外学者以局外人的身份研究中国,既有旁观者的优势,也存在跨文化的差异;既有鞭辟入里的冷静分析,也有政治思想和意识形态的偏见。由于欧美学术范式导致的先入为主的局限,“西方中心论”的影响依然存在,隔靴搔痒的情况也在所不免。有的国外学者受政治因素和冷战思维的影响,对中国的发展前景充满揣测和不安,其研究结果表现出一定的局限或偏颇。

盛慕真(Sheng Michael)的《毛泽东与中国20世纪50年代的精英政治:高岗事件再回顾》,重点研究了毛泽东运用精英政治加强自己领袖地位的问题。亚历山大·库克的《第三世界的“毛主义”》,认为在第三世界如同在中国一样,“毛主义”被证明是一个非常有效的军事理论,但却不是一个有效的统治的意识形态。莫里斯·迈斯纳所著《毛泽东:政治家与知识分子的肖像》,把

①　沈大伟、张小溪:《美国中国研究六十年》,《国际社会科学杂志》,2009年第2期。
②　周晓虹:《当代中国研究的历史与现状》,《南京大学学报》,2002年第3期。

毛泽东的马克思主义中国化思想作为审视毛泽东非凡政治生涯的关键。书的第一部分着力描写毛泽东在 1949 年前的领导生涯,尤其是五四时期自由主义思想和无政府主义思想对他的影响,他接受马克思主义、列宁主义的过程,以及他对农民拥有革命潜能的信念。第二部分分析了毛泽东作为早期国家统一者和现代化的领导者所取得的胜利及其在社会主义建设中的失误,试图剖析毛泽东行为背后的思想根源。

德国学者韩博天和美国学者裴宜理主编的论文集《毛泽东的看不见的手:中国适应性治理的政治基础》提出了一个重要思想,即当下中国仍然与中国的革命经验密切相关,对当下中国成就的解释,必须基于中国的革命遗产。无论正面的经验还是反面的教训,最终都会对执政的适应性产生重要影响。麦克法夸尔在《毛泽东的最后革命》中认为邓小平抛弃了毛泽东的现代化努力,而断然选择进入已被证明是成功的西方式现代化的潮流。这个分析显然脱离中国实际情况,得出的结论令人难以信服和接受。

研究改革开放的文章很多,具代表性的有沃纳·德拉贡主编的《中国的发展奇迹:起源、改革与挑战》、阿尔菲拉德·霍的《中国的改革与改革者》、金德芳的《中国政治体制:现代化和传统》、詹姆斯·王的《当代中国政治》、杨大力的《中国改革 30 年:挑战与展望》、阿里夫·德里克的《重访后社会主义:反思中国特色社会主义的过去、现在和未来》的系列文章等。

在人物关系上,李侃如认为,邓小平和陈云是 20 世纪 90 年代初的两个重要人物,二人都早在 20 世纪 20 年代就加入中国共产党,不论是邓小平还是陈云,都没有想过要打击对方。傅高义则从邓小平与陈云在性格、政策主张上的不同以及在改革开放中所起的不同作用切入进行比较分析。他认为,邓小平能做到"举重若轻",而陈云则以办事慎重闻名,属于"举轻若重"的人。对邓小平及其理论的研究已成为一个世界课题,20 世纪 90 年代末进入一个高峰。

21 世纪以来,学者在关注当代中国发展问题过程中,对邓小平及其理论的研究既有量的变化,也有质的升华。如亨利·基辛格的《论中国》、傅高义的《邓小平震撼世界》和《邓小平时代》、沈大伟的《国务活动家邓小平》、康拉德·赛茨的《中国:一个世界强国的复兴》《后邓三十年:改变中国的人》,罗伯特·劳伦斯·库恩的《中国 30 年:人类社会的一次伟大变迁》、李侃如的《治理中国:从革命到改革》、夏伟和鲁乐汉的《富强:中国通向 21 世纪的长征》等,都是产生了一定影响的论著。其中,《治理中国:从革命到改革》引证了大量的事实、数据和结论,许多来自于作者本人及其西方同行近 30 年来在中国调研的"活材料",学术价值较高。①

美国波士顿大学国际关系与政治学教授傅士卓多年来一直研究中国的政治改革问题,在西方学术界有一定影响力。他的《中国政治改革的逻辑与局限》一书,选取了浙江省温州市的行业协会发展、温岭市的参与式预算和民主恳谈会,以及四川省步云乡的公推直选等案例,分析了当代中国政治改革的进展与成效。

近来,分析中共"十八大"以来的路线、预测习近平为总书记的新一届党中央治理方略的效果和前景的研究较多。这些预测者自称可分为悲观论、中间论和乐观论三类,而其研究的视角,较普遍的是以西方的价值观、西方中心论为出发点的。

二、社会运动与外交关系

中华人民共和国成立后的历次运动以及对外交往,也是一个重要研究内容。加拿大学者杰米·布朗和美国学者毕克伟主编的《胜利的困境:早期的中华人民共和国》,分《城市接管》《占领外围地区》《文化适应》《家庭策略》四章,收录了政治学、社会学领域的中国研究专家撰写的 15 篇论文。文章使用一些最新资料和口述史料,对 1949 年至 1953 年中共取得政权初期部分地区的政治、文化、社会和经济,从不同角度做了较全面的研究。

《中国农村的灾祸与斗争:毛泽东的"大跃进"与大佛村反抗的起源》一书,是美国布兰迪斯大学教授戴瑞福于 1989 年至 2007 年间在河南一个村庄进行了近 400 次深入访谈的基础上,运用回忆录、政治学、口述史方法完成的一部著作。全书重点记录"大跃进"时期当地村民的遭遇,试图反映"大跃进"对个人家庭和集体所造成的伤害,也考察了直到 20 世纪八九十年代"大跃进"对人们的心理所产生的影响。加利福尼亚大学伯克利分校历史学副教授亚历山大主编的《毛泽东的小红书全球史》一书收集了多国学者关于毛泽东语录研究的论文 15 篇,探讨了《毛主席语录》得以全球传播的渠道,以及该书在多个国家政治和人民生活中发挥的作用和影响,这是一本书籍史、社会史与政治史相结合的重要研究文集。

---

① 李侃如:《治理中国:从革命到改革》,北京:中国社会科学出版社 2010 年版。

董国强与斯坦福大学教授安德鲁·维尔德合著《失败的 1967 年南京"一月革命"：省级夺权的内部政治学》，通过对 1967 年江苏省夺权运动的个案分析，细化了对"文革"初期派系斗争的演化及其特征的研究。

美国学者戈尔斯坦的新书《西藏的"文化大革命"，1969 年尼木事件》收集了中国政府方面的大量档案文件和当事人的口述史料，重点考察了"文化大革命"期间的西藏尼木事件。呈现出"文化大革命"中西藏农民的经济地位和遭遇，指出公社化和粮食政策是尼木事件发生的一个重要原因，认为尼木事件不是一个民族反抗事件，和汉藏问题没有关系。作者指出，尼木事件的形成，一方面是"文化大革命"中群众组织的派性，这和全国各地风行的武斗一样；另一方面，是一派群众组织"造总"的个别头目，利用藏民对转世神灵的迷信来达到夺权的目的。

中国与外界交往方面的研究，也有一些新的动向。美国学者南希塔克的《中国威胁：二十世纪五十年代的记忆、神话和现实》一书，追溯了冷战早期艾森豪威尔政府的对华政策。美国国务院历史办公室的历史学家克里斯图塔在《冷战转折点：尼克松与中国，1969—1972》中利用美国、中国、欧洲和俄罗斯的新解密档案，包括尼克松录音和基辛格谈话记录，揭开尼克松政府和中国政府开创的新关系是如何戏剧化地改变了冷战轨迹，说明早期美中关系的复杂性。美国奥多明尼昂大学副教授奥斯汀·杰西尔德的专著《中苏同盟：国际关系史》，作为"新冷战史"系列丛书之一，对中苏分裂提出了自己的看法。该书将研究视角放在苏联和东欧援华专家对中苏关系的反应和影响上，从社会和文化视角研究中苏同盟及中苏分裂。

内华达大学政治学教授伊东真弓所写的《推动中日关系的先驱者：廖承志与高碕达之助》，讲述了 1962 年 11 月 9 日廖承志和高碕达之助如何克服战争影响签署《中日长期综合贸易备忘录》的来龙去脉，填补了该项研究空白。美国得克萨斯技术大学历史学副教授劳拉·卡尔金斯所著《中国与第一次越南战争，1947—1954》，分析了越共与中共间的关系怎样对越南共产党与法国殖民者间的第一次越南战争产生影响。

美国新泽西薛顿贺尔大学副教授王政（音译）的《勿忘国耻：中国政治与外交关系中的历史记忆》，描述了中共如何把百年耻辱的历史作为教学的重要内容，从意识形态方面对未来将领导中国这个崛起大国的年轻爱国者的思想进行引导。近来，中国的牛军与美国的麦克·韩特（Michael H. Hunt）合作，研究中国共产党对外关系史。

三、经济变革与发展

通过微观考察体现宏观思考是 20 世纪 80 年代以来美国中国学发展的一大特点,哈佛大学费正清研究中心的"中国讨论会"在这方面表现得尤为突出。学者们运用人类学、社会学、政治学等理论方法,对中国社会各阶层的方方面面,如妇女、知识分子、计划生育、老龄化、青年人口以及农民问题等进行研究。如维尔德的《中共的新经济主义》、埃米利和赫沙特的《八十年代的中国妇女》、谢淑丽的《同志间的竞争:中国的职业刺激与学生策略》、戴维士的《中国老龄人口与共产主义革命》等著述,开拓了美国中国学研究的新视野,也为运用不同的理论方法研究中国提供了尝试。

20 世纪 90 年代初,中国的经济体制改革获得巨大发展,但同时导致物价迅速上涨,引发通货膨胀,并出现广泛的贪污腐败现象。美国的中国学家们对中国改革开放的经济环境进行研究,出版了许多重要著述。如佩内洛普·哈特兰·桑伯格的《中国的十年经济改革:未来的挑战》、巴里·诺顿的《中国经济中宏观政策及其结果》、德怀特·帕金斯的《中国:亚洲的下一个经济巨龙》、简·普里波拉的《中国的改革与其他社会主义经济》、布鲁斯·L. 赖诺尔德的《中国的经济改革:深度与速度》、奥克森伯格和雅各布森的《中国参与国际货币基金组织、世界银行和关贸总协定》等。学者们将研究的视角对准中国经济改革中出现的困境,如物价、市场发展、企业行为、企业体制改革、决策权力分散、改革中的宏观经济等问题。

影响较大的如巴里·诺顿的《中国经济:转型与增长》,被评论界称为是"任何想深入理解中国经济成长的读者所需要的一本全面地、成熟地反映中国经济发展的极具价值的资料"。它反映了西方经济学家对中国 1949 年以来经济发展史的一个较为宏观和概括的认识。

美国鲍尔州立大学荣誉教授郑竹园所著《中国的经济发展,1950—2014:根本性转变与长期展望》,是作者多年对中国经济研究的汇集,涉及多个领域,作者在探讨中国经济发展的思想背景时着重强调三个方面:一是东亚国家现代经济发展背后的文化因素,二是孙中山的思想,三是毛泽东的经济思想。该书以简洁明了的阐述和系统全面的介绍得到国外学术界的肯定。

《中国伟大的经济变革》是由加拿大多伦多大学经济学教授洛伦·勃兰特

和美国匹兹堡大学经济学教授托马斯·G.罗斯基主编的论文集。该书把中国经济改革放在世界经济发展的大背景下,分析中国在过去 30 多年中不平凡的经济转变。研究揭示了中国经济大繁荣的起源与扩张机制,考察了中国制造业和研发能力的运行轨迹,展示了中国是如何通过结合政治体制与非公经济、全球化以及跨经济区域的资源转移等诸多因素来刺激经济飞速发展的。该书还分析了中国经济高速发展与制度缺陷错综复杂地纠结在一起的现实,重点论述了财政、法律和金融体制方面的发展与弱点。伯克利大学的杰拉德·罗兰认为,这本书将是未来数年里理解中国在世界经济中发展情况的最有价值的参考书。

《中国之外:关于中国经济改革的比较视角》是美国学者斯科特·肯尼迪主编的一部文集,目的是把中国政治学和政治经济学更直接地放在政治学中的比较政治学研究子领域中。文集由前言、7 篇论文和结论组成。通过与法国、韩国、印度、印度尼西亚、巴西、南非和俄罗斯等国进行比较,作者把重点集中在两个方面:一是中国的经济政策和经济实践,二是权威主义背景下利益群体行为的资源支持和结果。内容则相对集中在与日韩等东亚发展型国家的比较和与俄罗斯及东中欧后社会主义国家的比较。

曾在中国工作、生活多年的美国人詹姆斯·麦克格里格所著《前无古人,后无来者:中国威权资本主义的挑战》,赞同把中国模式看作一种独特的体制、一种特殊的自我道路。同时指出其缺陷,认为当前的发展证明它与全球贸易和商业治理存在矛盾,需要进一步改革以推动经济增长,维护社会稳定。

四、学术史梳理与话语权掌控

美国早就重视对中国当代史研究的学术梳理。1993 年,美国出版了沈大伟主编的《美国的当代中国研究》。该书汇集了哈里·哈丁等 18 位中国学研究者的成果,大致以 10 年为一个阶段,从多个侧面评介了美国研究当代中国的情况,对 21 世纪西方国家研究中国的趋向做了较为细致的分析和展望。这是对当时美国中国学的全面总结性的论著,收录《中国社会研究》《中国政治研究》《中国经济研究》《新汉学家的中文训练》《当代中国研究的图书馆资源》《学术交流和美国中国学》等多篇学术论文,涉及社会学、经济学、历史学、语言学、图书馆学、政治学等多个学科。他们认为,21 世纪的中国研究应扩大到一个大中国的概念,即从中国大陆、中国台湾地区、中国香港地区、海外华人及他们之间的影响来看中国。当代中国研究重点将放在地方社会、知识和文化、经济史的领域，研究的焦点将转向地方的政权、人口等各种社会因素的分析。[①]

美国匹兹堡大学张海惠主编的《北美中国学——研究概述与文献资源》，是一本于 2010 年出版的重要工具书。历时 31 个月，共 51 篇文章 100 万字。全美有 78 名学者和相关人员参加了编撰，涉及北美及世界各地中国研究的学术成果 3 552 种。涉及的学科和问题很多，选入的文章如《北美大学中国研究专业设置历史与现状》《北美中文图书馆简史》《北美近现代中国社会经济文化史文献考察》《美国中国地方史研究及其文献资源》《北美中国妇女研究文献资源综述》《美国中国法学资料的收藏与概况》《北美中国艺术史研究文献资源概述》《电子资源在北美中国学界的应用和影响》《中国人口、经济与环境研究资源暨密歇根大学中国信息研究中心介绍》《英文中国学研究期刊：30 年历史考察与现状分析》《亚洲研究网上资源》《从博士论文资源看中国研究在美国的发展》等。[②] 这是一项涉及多个学科领域的有关中国学研究的成果，包容了 21 世纪诸多新科技手段和方法的运用及其重要相关信息。据知，裴宜理、叶文心等很多权威学者都有所贡献。

哈佛大学政治系教授塞缪尔·亨廷顿（Samuel P. Huntington）用一种最新又似乎是最常见的模式来解释后冷战时期的国际关系。他认为，新世界冲突的主要根源"不是意识形态的和经济的"而是"文化上的"，"全球政治的主要冲突将发生在不同文明的国家和集团之间"。他指出，"随着冷战结束，国际政治越过了自身的西方阶段，其核心部分是西方文明与非西方文明，以及非西方文明之间的相互作用"。因此，需要将中国与其他社会主义国家相比较；中国与其他第三世界国家相比较；中国改革前后各种体制的比较研究等。此外，政治学、历史学、社会学、经济学等不同学科的合作研究在学者间逐渐形成共识，学科交叉研究中国和中国共产党的成果也在不断出现。

当下，美洲的中国学研究仍有以西方尺度和模式揣度中国的特质。在西方的中国当代史这一研究领域，美国居于主导地位，无论是在政治还是学术方面，其他西方国家的研究大多紧跟美国。不过，受时代背景、政治环境、政府和

---

① David Shambaugh（ed. and contributor），*American Studies of Contemporary China*，M. E. Sharpe and the Wilson Center Press，1993.

② 张海惠主编：《北美中国学——研究概述与文献资源》，北京：中华书局 2010 年版。

基金会对研究经费的投放比例等因素影响,学者队伍及其研究兴趣也有所变化。从总体来看,随着新档案的公布和学术交流的增多,全球范围的中国当代史研究还有很大的进展,存在着广阔的研究空间。因此,国内"对海外汉学、中国学研究的重视及其研究力度确实还需要加强"。①

重视中国当代史研究话语权是海外中国学研究发展的需要,更是中国史研究者的责任所在。应考虑如何把海外中国史研究的话语权落在实处,通过公开真实的历史档案,发布国内学者的权威研究成果,澄清一些因外国学者使用非权威数据进行研究而歪曲的史实,驳斥某些错误结论。同时掌握世界性重大历史纪念活动等关键节点的话语权,在国际政治、国共关系、历史人物评价等诸多热门问题上,掌握传播和表达方式的话语权,把握好舆论导向。因此,准确把握国外的研究动态,有助于掌握国际话语权,提升国内的研究水准。

---

① 朱政惠:《学术史研究能告诉我们什么?——以美国汉学、中国学发展的研究为例》,《国际汉学》,2014 年第 1 期。

第二章　前苏联及俄罗斯的中国当代史研究综述

　　由于中苏之间的特殊关系,前苏联及俄罗斯学术界对当代中国研究给予了很高的重视,从苏联时期开始,就成立了以中华人民共和国为研究对象的学术机构,并产生了诸多该领域的著名学者。在这些被称为"中国学"或是涵义更为宽泛的"东方学"的领域内,多数学者的研究侧重于中国的历史和文化,时间段上又多集中在中华人民共和国时期。许多从事中国问题研究的专家同时也是中国当代史的权威。

第一节　学术史回顾与总结

　　21 世纪以来,许多国内学者曾就俄罗斯学术界有关中华人民共和国历史的研究进行过学术史的梳理和总结,这些文章均从不同的视角入手,揭示了俄罗斯中国当代史研究的一些面相。[①] 而在俄罗斯国内,由俄罗斯科学院远东研究所研究员、当代著名汉学家符·尼·乌索夫撰写的前苏联时期及俄罗斯学术界关于中华人民共和国史的研究总结,最为系统和全面,几乎涉及当代中国研究的各个领域。在文中,他以中华人民共和国成立的 1949 年作为起点,将俄罗斯的当代中国研究分为四个阶段,并详细梳理了各个时期具有代表性的机构、刊物以及学者。他的这一总结对于了解俄罗斯乃至其他国家和地区当代中国研究均有着很高的学术价值,也因之被许多国内外学者广为征引。本文摘其要者如下:

---

　　①　这些文章包括白云飞:《苏联的中国学研究》,吉林大学 2009 届博士学位论文;施雪华:《国外中国学的历史、特色、问题与走向》,载《上海行政学院学报》,2013 年第 3 期;王爱云:《海外当代中国学研究的机遇与挑战》,载《北京联合大学学报》,2013 年第 4 期;何培忠:《30 年海外当代中国研究的嬗变》,载《中国社会科学报》,2013 年 9 月 6 日。

第一阶段:1949—1957 年。

根据乌索夫的分析,中华人民共和国成立后,受毛泽东"一边倒"政策的影响,中苏两国迅速进入蜜月期,与新成立的中国科学院重视有关苏联的研究一样,苏联政府也开展了以中华人民共和国为研究对象的一系列研究。这一阶段,苏联学者侧重于搜集和积累有关当代中国研究的资料,并在出版物上发表了大量介绍性文章。此类文章的作者大多是苏联政府派驻中国的记者或是其他援建人员,诸如符·奥弗琴尼柯夫、莫·达玛卡茨基、列·杰留辛、符·波良柯夫、尼·斯特拉霍夫、阿·柯任等人,他们所写的短评和随笔有助于苏联民众对中华人民共和国的了解。这个时期,符·阿瓦林、格·阿斯塔维耶夫、格·叶菲莫夫、叶·科瓦略夫、符·柯里沃措夫、阿·马斯列尼柯夫、弗·玛秋里斯基、阿·别列维尔泰勒、莫·尤里耶夫等汉学家也发表了不少关于中华人民共和国的论文。苏联出版的中国通史著作中,开始出现中华人民共和国史的章节。

1954 年以前,研究中华人民共和国史的最初的筹备工作,是由莫斯科东方学研究所完成的。该机构是 19 世纪 20 年代创建于莫斯科的拉扎列弗斯基研究所的继承者,在苏维埃时期更名为莫斯科东方学研究所,1954 年被撤销。1956 年 9 月 14 日,苏共中央书记处通过组建苏联科学院中国研究所的秘密决议:(1)为了深入地、全面地研究中华人民共和国的社会主义建设的成就和经验以及中国的历史、经济、语言、文学和文化,通过苏联科学院主席团关于组建苏联科学院中国研究所的决议。(2)中国研究所的主要任务:一是对中华人民共和国的国家、经济与文化建设及其历史、语言、文学和国际关系进行科学研究并撰写研究著作。二是翻译并筹备出版历史和文学回忆录以及中国当代的历史、经济和社会政治著作。三是中国研究所可于 1957 年出版学术杂志《当代中国学》,一年 6 期,每期 15 个印张。该杂志后于 1958 年以《苏联的中国学》作为刊名正式出版。(3)委托苏联科学院主席团在人员和工资总额的范围内,研究并确定中国研究所的结构和规模,规定给予中国研究所必要的外汇拨款,以供获取学术著作和到中国出差的费用。(4)批准任命阿·别列维尔泰洛为中国研究所所长。(5)作出主席团决议。

第二阶段:1958—1966 年。

关于这一阶段,乌索夫借用了历史学家符·尼·尼基法洛夫创作的概念,即所谓"特写"时期。其特点是学术界陆续推出了一批关于中华人民共和国的实用性著作，以及文件集和手册等。其中，由苏联科学院中国学研究所的学者集体撰写的《中国现代史纲》共 696 页，其中近 200 页是关于中华人民共和国的历史，该书堪称这一阶段最为重要的当代中国研究成果。而在一些关于亚非国家的通史著作中，也增补了关于中华人民共和国史的章节。此外，有学者专门就中共党史和共青团历史进行了特别研究。

第三阶段：1966—1979 年。

乌索夫认为"文化大革命"的爆发，不只引起了苏联学者和政治家的关注，普通苏联群众也对当代中国历史产生了浓厚的兴趣，大家都试图搞清楚中国正在发生着的和即将发生的事情。学者们试图分析导致苏中两党、两国对抗的深层次原因，以及中国"文化大革命"的动向。1966 年，也就是"文革"爆发当年，苏共中央通过决议，组建了苏联科学院远东研究所（后来的俄罗斯科学院远东研究所）。该所主要任务就是研究中华人民共和国的历史。从 1969 年开始，远东所定期每年出版《中华人民共和国》一书（至 1972 年印有"内部用"，1973 年至今为公开发行）。该书详尽阐述中国的政治、经济、文化问题。而苏联科学院东方学研究所中国部也从 1969 年开始，每年都以"中国社会与国家"为主题举办学术研讨会，并把会议发言的提纲和论文结集出版，每期 200—250 个印张。这个研讨会已持续了 30 多年，参加研讨会的中国学家有列·谢·杰留辛、列·谢·别列洛莫夫、阿·尼·哈赫洛夫、奥·叶·聂波宁、符·阿·卢宾。从 1976 年起，远东所也开始每年举办关于中国当代史的学术讨论会并出版论文提纲，这些论文经常阐述有关中国当代史的问题。1972 年，远东所的学者还集体出版了《中国现代史·1917—1970 年》。该书在新的文献和材料的基础上详细地研究了中华人民共和国的历史，堪称中国当代史研究的一个重大突破。

苏联科学院的其他研究所也通过各种形式，开始更多地关注中国当代史的研究。1968 年，苏联科学院亚洲民族研究所和非洲研究所出版了三卷本的中华人民共和国简史。此外，阿·莫·鲁缅采夫在自己的专著中，研究了毛泽东思想的起源和发展；列·谢·古扎什金撰写了关于中华人民共和国的1949—1966 年思想运动的专著；世界社会主义体系经济研究所出版了《中华人民共和国的经济：可能与现实》；扎·阿·穆拉采夫出版了关于中国工业化的专著，还出版了第一批关于"大跃进"研究的著作。1974 年，莫斯科大学亚非学院出版了基础教材：《中国从远古到现在的历史》，其中简要地叙述了中华人民共和国的历史。

远东所的历史学家在中华人民共和国成立 30 周年前夕，与保加利亚、匈牙利、民主德国、古巴、蒙古、克罗地亚和保加利亚等社会主义国家的学者一起，出版了《中华人民共和国简要史纲》。远东所的学者们在这个时期还出版了一批关于中华人民共和国史专题领域的著作，包括内政和外交、政治体制等。该所从 1972 年开始出版《远东问题》杂志，经常发表关于中国的文教、经济、政治以及"文化大革命"的论文。乌索夫在文中还特别强调指出：苏联学者对于"文化大革命"的研究要早于中国。在乌索夫看来，俄罗斯的当代中国研究水平在这一阶段最高，所涉及的领域也最为宽泛。

第四阶段：1980 年至今。

乌索夫认为，从 20 世纪 80 年代以来，随着中国改革开放政策的确立，先是前苏联、后是俄罗斯学者对中国当代历史的研究日趋细化，具体表现在专门史的研究及特定时间段历史的研究方面。如符·布洛夫撰写的从中华人民共和国成立之前到 20 世纪 70 年代的中国哲学科学发展简史；埃·卡尔巴什对中国经济建设的研究；符·古尔巴托夫对中国社会的阶级结构以及民族政策所做的研究，他还就苏联专家在中国军事工业体系的建设中所起的作用进行了分析。

这一时期，远东所的学者们出版了多本有关中国当代特定阶段历史的著作，涉及哲学、经济、农业、现代化等多个方面，并定期翻译和出版规范的中华人民共和国文献。学者们把很大的精力集中在中华人民共和国的外交和俄中关系上面。俄罗斯外交部编写并出版了《1949—1999 年俄中谈判集》。这一时期，俄罗斯学术界多次举办关于中国当代史研究的学术研讨会。远东所连续举办"中国与世界：历史、现代、未来"国际研讨会并出版论文提纲，参加研讨会的除了苏联学者外，还有来自中国、美国、欧洲、朝鲜的学者。①

乌索夫的这篇文章撰写于 2004 年，当年 9 月，他应邀出席在北京举办的"当代中国与它的外部世界——第一届当代中国史国际高级论坛"，该文是他提交的大会发言稿。会议结束后，他对文章又做了进一步的完善。今天距离这篇文章发表已经过去了十多年时间。十多年来，俄罗斯学术界对中国当代

---

① 乌索夫著，丁明译：《苏联与俄罗斯学者关于中华人民共和国史的研究》，载《当代中国史研究》，2004 年第 5 期。

史的研究又出现了一些新的特点,具体表现在中俄两国学者的学术交流和合作更加紧密,在一些重大的历史纪念点上,两国学者还联合举办了专题研讨会,如2015年5月纪念第二次世界大战胜利70周年之际,俄罗斯科学院远东所和上海社会科学院举办了一系列学术交流活动,远东所的学者和历史所的学者就中华人民共和国史的研究进行了友好切磋。[①] 两国学者联合开展课题合作或是专题研究已成为当前的一个新趋势。

第二节　主要研究机构及研究领域

一、研 究 机 构

俄罗斯从事当代中国研究的科研机构,主要以科学院系统和高校系统为主。其中,前文提到的俄罗斯科学院,是当今俄罗斯国家人文社会科学研究的主力军,该机构下设的东方学研究所(包括在圣彼得堡设立的分所)以及远东研究所,是俄罗斯当代中国史研究领域最为权威、成果最丰富的学术机构。

1. 俄罗斯科学院远东研究所

该所于1966年9月由苏联科学院主席团批准,创建于莫斯科,迄今已有整整50年的历史。所内曾有多位具有历史学背景的科研人员,如担任过学术副所长的历史学副博士 М. А. 阿斯拉诺夫,担任过所学术秘书的历史学副博士 А. А. 科兹洛夫等。成立半个世纪以来,许多俄罗斯汉学和东方学的创始人,都曾经在这里工作过,如著名的东方学家和汉学家 Н. И. 比丘林、В. П. 阿列克谢耶夫、В. М. 阿列克谢耶夫、Н. И. 康拉德、М. И. 斯拉德科夫斯基、В. А. 克里夫佐夫和 Е. Ф. 科瓦廖夫等。目前,远东所内的知名中国学家有俄罗斯科学院院士 С. Л. 齐赫文斯基和 В. С. 米亚斯尼科夫、俄罗斯科学院通讯院士 М. Л. 季塔连科,以及获得俄罗斯自然科学研究院院士称号的 Л. С. 佩列瓦洛夫和 Э. П. 波沃瓦罗娃。

远东研究所出版了许多和中国当代史研究相关的学术成果,诸如 М. Л. 季塔连主编的《中国的现代化与改革》(1999年)、С. Л. 齐赫文斯基的《中国所

---

① 上海社会科学院历史研究所:《历史所举办"苏联卫国战争与中国"学术研讨会》,见该所官网2015年5月9日。

走的联合与独立之路(1898~1949)》(1995年)、B. Я. 波尔佳科夫的《中华人民共和国：社会经济发展道路的探索(70年代—90年代前半期)》(1995年)、B. C. 米亚斯尼科夫的《20世纪的俄中关系》(2000年)、P. M. 阿斯拉诺夫等合著的《中国共产党：历史与现代问题》(2001年)等。①

2. 俄罗斯科学院东方学研究所

东方学研究所的总部位于莫斯科,其成立可上溯至沙皇时代。1818年,俄罗斯皇家科学院亚洲博物馆在圣彼得堡成立,这也是东方学所的前身。亚洲博物馆最初主要收藏来自中国、日本及朝鲜半岛的各种文物和文献。鸦片战争前夕,俄罗斯探险家将其在中国新疆和甘肃等西北地区大肆掠夺来的珍贵文献和文物交给亚洲博物馆保存,其中"敦煌特藏"和"黑城遗书"极大地充实了其馆藏,也使得该馆成为世界知名的东方学文献收藏和研究中心。

到苏联时期,1930年,苏联科学院设立了东方学学科,并在亚洲博物馆佛教文化研究所、东方学家委员会和突厥语文学研究所的基础上组建了东方学研究所。1950年,东方学研究所迁往莫斯科。1956年,在原东方学研究所东方手稿部的基础上成立列宁格勒分所,即今天的圣彼得堡分所。1960年至1967年间,东方学研究所曾短暂更名为亚洲民族研究所。东方学研究所是传统的汉学研究及当代中国研究的重镇,在国际汉学界具有重要影响。

东方学研究所的历史上曾出现过许多著名人物。1987—1994年任所长的 M. C. 贾丕才是著名外交家,曾任苏联外交部副部长和驻外大使。还有致力于中苏关系研究的著名中国问题专家费德林,翻译《史记》的著名汉学家 P. B. 维亚特金等,都曾在东方学研究所工作。

东方学研究所的一项任务就是开展有关中国历史的研究。1950年以后,该所开始注重中国现当代史的研究,其中最引人瞩目的是自1970年起,每年定期举办的题为"中国的社会与国家"的专题研讨会。与会者主要是俄罗斯国内的汉学家,苏联解体后,从20世纪90年代开始,独联体及其他国家的学者也开始与会。会议不设置主题,现当代中国历史及历史人物等都有涉及,如 B. C. 库兹涅佐夫的"当代中国宗教——思想生活的一些方面"等。

东方学研究所的国际联系十分广泛,是欧洲汉学学会和全俄东方学家协会的集体会员。该所出版了 B. Π. 库尔巴托夫的《中华人民共和国的现实问

---

① 于文兰:《俄罗斯中国学研究机构——科学院系统》,载《国外社会科学》,2003年第3期。

题：人口、农业和生态》(1996 年)等中国当代史研究专著,以及包括中华人民共和国历史的通史性著作。位于圣彼得堡的东方学研究所分所,也很重视关于中国当代史的研究,曾担任该所学术领导职务的多位学者拥有历史学博士或副博士学位。①

3. 高校系统

(1) 莫斯科大学亚非国家学院

该学院成立于 1956 年 6 月 24 日,前身是莫斯科大学东方学院,1972 年改用现名。进入 21 世纪以来,该院一直维持着 250 位教员和研究人员的规模,其中教授 30 人,副教授 73 人。学院共设 3 个部：语文学部、历史学部和社会经济学部。学部下设 18 个教研室,其中汉语教研室、中国史教研室以及跨校汉学系,既是俄罗斯联邦培养高级中国学家的主要教育机构,也是重要的汉学研究中心。该院历史学部中国史教研室从事各个历史阶段的中国史研究,中国史教研室的研究人员和教师们不仅培养出许多优秀的汉学家,而且著述颇丰,涉及中国当代史研究的有 A. B. 梅利克谢托夫的《中国革命的胜利(1945—1949)》(1989 年)、M. B. 卡尔波夫的《中华人民共和国经济改革和政治斗争(1984—1989 年)》(1997 年),以及 A. B. 梅利克谢托夫主编的教科书《中国历史》中有关于当代中国历史的章节。

(2) 圣彼得堡大学东方系

该系成立于 1944 年,前身是 1819 年成立的彼得堡大学东方语言部,1855年发展为东方语言系,1944 年该校将有关东方语言和历史文化的几个部门改组合并成为东方系,后于 1949 年成立了东方系近东国家史和远东国家史教研室。该系是俄罗斯最古老的东方学中心之一,很多杰出的汉学家都是由这个系培养出来的或曾在该系任教,如 B. M. 阿列克谢耶夫、H. И. 康拉德、B. C. 斯皮林、Б. Л. 李福清、C. E. 亚洪托夫、齐一得(И. Э. 齐佩罗维奇)等。该系现有教师 102 人,其中有 32 名教授和博士(3 名俄罗斯科学院院士和通讯院士)、49名副教授和副博士。全系共有学生近 500 名,分 30 个专业。系下设 12 个教研室,其中研究中国问题的教研室有两个：中国、朝鲜和东南亚语文教研室和远东史教研室。在这两个教研室里工作的俄罗斯中国学家共有 17 人,其中 6

① A. A. 博格沙宁：《俄罗斯科学院东方学研究所的中国研究》,载《国外社会科学》,1993 年第 8期。

名教授和博士、8 名副教授和副博士、1 名高级教师。俄罗斯中国近代和现代史、历史编纂学和史料学专家 Л. А. 别廖兹内教授和 Б. Г. 多罗宁教授,汉语专家 Т. Н. 尼基京娜教授和 В. С. 潘菲洛夫教授都在此任职。中国、朝鲜和东南亚语文教研室以及远东史教研室经常召开或联合召开有关中国问题的学术会议,近年来有关当代中国社会史的研究有所加强。

(3) 远东大学东方学院

该学院成立于 1899 年 10 月 21 日。起初称东方学院,1920 年在东方学院的基础上改为国立东方大学,后为国立远东大学,1930 年停办,1962 年恢复,1994 年在原国立远东大学东方系的基础上重建国立远东大学东方学院。该学院下设汉学系和日本学系两个系和一所朝鲜学高等专科学校,以及 8 个教研室。其中,汉学系是俄罗斯汉语研究和汉语教学的重要机构,下设有两个教研室:汉语教研室和中国文明史教研室。汉学系的主要任务是培养汉学教学和研究当代中国问题的专门人才,重视国际间关于当代中国问题的研究,曾举办"人文科学国际合作"国际学术会议(1999 年)。此外,《国立远东大学学报》近年来也有刊发涉及中国当代史的论文。①

二、研 究 领 域

21 世纪以来,俄罗斯学术界有关当代中国的研究出现了新的趋势,主要表现在:研究地位显著提高;研究机构与定期出版物明显增加;研究队伍在经受了一度的青黄不接之后也稳中有升,一些从事当代中国研究的青年学者,汉语水平明显好于前辈,这使得他们更易获取和利用中文第一手资料;研究领域不断扩展,许多学者越来越关注与现实相关的个案研究;特别值得一提的是,从事当代中国研究的学者的话语权也日益提高。俄罗斯科学院季塔连科院士曾很诙谐地说:"我们说他们(指政治人物)要与中国友好,他们就会和中国友好。"②

2013 年 7 月 4 日,应北京联合大学海外中国学研究中心之邀,俄罗斯科学院远东研究所斯米尔诺夫研究员就俄罗斯学术界有关当代中国研究的情况做

---

① 于文兰:《俄罗斯中国学研究机构——高校和图博系统》,载《国外社会科学》,2003 年第 4 期。

② 乌索夫(В. Н. Уcob)著,慕丹、李俊升译:《俄罗斯学术界最近十年对新中国历史的研究》,载《当代中国史研究》,2010 年第 2 期。

了专题讲座。斯米尔诺夫(Смирнов Д. А),是俄罗斯著名的中国问题专家,汉学功底深厚,中文流利,曾任俄罗斯科学院远东研究所中国当代历史与国情研究中心主任达 7 年之久,对俄罗斯的当代中国史研究有着权威分析和见解。他的讲座信息量大、观点鲜明,基本上反映了俄罗斯学术界长期以来有关中国当代史研究的主要研究方法和理论。这次讲座之后,该校中国学者将其讲演稿进行整理,并经他本人同意后发表。本文在此援引斯米尔诺夫这次讲座中的部分内容。

1. 中共党史研究

俄罗斯学术界关于中国共产党问题的研究主要集中在远东所,研究重点如下:

(1) 改革开放以来的中国特色社会主义道路。远东所的学者认为,中国走的特色道路是完全正确的,搞经济体制改革是对的。在他们看来,与中国改革相比,戈尔巴乔夫虽进行了经济改革,但因为他太多地听从西方人,宣传西方的价值观念,在搞经济改革的同时,改变了政治体制。1988 年修改宪法,取消苏联共产党在国家的核心地位,提出苏共的权力是否合法需要民众投票等重大问题。结果,苏联崩溃了,而中国现有的政治体制保证了经济体制改革的稳定性,从而保证了全国的稳定。

(2) 关于中国共产党的领导能力。斯米尔诺夫总结道:俄罗斯有很多政治派别,特别是自由派有很多的支持者,在中国新的中央领导机构及其走向这一问题上,各派都十分关注,并存在不同意见及态度。对最高层领导班子的设置问题,如谁为总理,谁为副总理,他们代表谁的利益等非常关注。在评价中国共产党的领导权威和成就问题上,斯米尔诺夫指出,有的学者,全部否认中国共产党、否认中国民主,认为中国的发达,必须靠接近西方发展模式来实现,但这是少数。多数学者认为,应客观研究中国,承认中国共产党是领导力量,对中国共产党提出并实施的改革开放、管理体制改革的进程,都要给予客观对待和研究。大部分学者支持俄罗斯共产党的立场,认为应该向中国学习,借鉴中国的经验。

(3) 关于中国共产党领导下的中国社会,俄罗斯学者总体认为是很稳定的,但也存在一些问题。问题之一是两极分化;问题之二是中国社会结构越来越复杂。毛泽东时代较简单,现在出现中产阶级。这是否是社会主义,或是中国特色的资本主义,还是利用毛泽东、邓小平、马克思、列宁名义的资本主义,在这方面他们的观点存在争议；问题之三是中国的发展到底是为了提高经济效益还是官僚的需要，抑或是提高老百姓的生活水平；问题之四是中国社会的贪污腐化成为导致中国政治、社会不稳定的一个危险因素。

综合上述情况，斯米尔诺夫指出，俄罗斯学者评价中国社会发展时，因代表不同的政治派别，也有不同的看法，大多数学者对此持肯定态度，但自由派则采取完全否认中国发展的态度。尽管如此，他们也承认中国取得的成绩，也认为需要研究中国社会的发展。在自由派眼中，中国是把马克思主义当作信条的国家，中国没有民主，但这种观点不是主流。斯米尔诺夫认为，对于成立于1921年的中国共产党进行恰当公正的评价，要考虑到很多方面的因素。对中国共产党作为中国社会的领导力量，要用新的态度、新的方法来研究，而不能按自由派那样简单处理。

2. 关于当代中国经济发展的研究

斯米尔诺夫详细地介绍了俄罗斯学界对中国经济发展的热烈讨论。其中既有对中国经济发展成绩的肯定，也指出了中国目前经济发展中遇到的问题。

（1）对中国经济发展的评价。在俄罗斯学者看来，20世纪90年代和2005年，都有人预言中国经济将会很快崩溃，但是2008年出现世界范围的金融危机，中国差不多是损失最小的国家。中国经济发展速度依然很快，中国有自己的模式，证明了"北京共识"是成功的。在全球经济低迷的背景下，中国始终保持着社会经济高速发展的态势，发展速度一直处于世界领先地位，这是中国共产党带领全中国人民取得的伟大成就。这一切充分证明，中国共产党的施政方针是正确的。大多数俄罗斯的学者认为中国经济有很好的潜力。

（2）中国经济发展中的问题。斯米尔诺夫指出，中国经济发展取得了很好的成就，但也存在着诸多问题，如社会保障问题，全体老百姓的社会保障体系网络的组建很不完善，还有很大的环境保护问题。这些问题解决起来有难度：首先，恢复老百姓正常的生存环境、禁止不合法的运转、保持老百姓的健康都需要很多资金；其次，中国经济发展缺乏具有高级教育水平的干部、专家、学者，缺乏一些现代化的发明，将来应努力发展科学技术以促使中国经济增长方式的转变，尤其是在知识经济方面。他又强调，俄罗斯学界认为，中国如果不能保持很快的速度发展，会引起社会问题。经济发展速度是客观的，但又不能发展太快，解决中国经济结构的问题需要时间，还需要投资。从经济发展来看，这些问题很复杂棘手，需要用综合性的态度来分析。

3. 关于中共领袖人物的研究

（1）开国领袖毛泽东。21世纪以来，俄罗斯对毛泽东研究很少。主要成果是潘佐夫对毛泽东的研究。潘佐夫对毛泽东做了深入的文献研究，他专门到北京看材料，通过大量的调查资料，对毛泽东的生活进行生动的描述。他的《毛泽东》一书，可以说是俄罗斯学术界一部对毛泽东研究最全面的著作。斯米尔诺夫本人在《中国现代化理论：从毛泽东到邓小平》一书中，对毛泽东也有一定的研究。但是，俄罗斯学者目前不太专门研究毛泽东，在论及相关问题时，也会涉及毛泽东和毛泽东思想。之所以如此，原因是多数学者热衷于研究当代中国政治、经济、历史，或研究当代问题，也不是所有人都理解毛泽东对当代中国的影响，他们认为毛泽东只是一个历史人物。在斯米尔诺夫看来，毛泽东对中国革命和发展做出了很大贡献，对毛泽东的研究一定要继续下去、一定要发展。

（2）改革开放总设计师邓小平。作为研究邓小平的专家，斯米尔诺夫说，俄罗斯科学院远东研究所下属的当代中国历史与政治研究中心，专门研究当代中国意识形态和思想理论，研究毛泽东思想、邓小平理论及其他中国领导人的理论思想。此外，远东所下属的社会经济研究中心也专门对邓小平关于经济方面的论述和理论进行研究。仅仅在远东所，从事邓小平思想理论研究的专家就有十五六位，远东所所长季塔连科院士等许多中国问题专家对邓小平理论的研究颇有造诣，发表了一系列学术文章和专著。

斯米尔诺夫从20世纪70年代末开始研究邓小平。他认为要研究好中国发展的理论和实践，必须研究邓小平，邓小平对现代中国的发展做出了杰出贡献。只有对邓小平进行研究，才能弄清他是如何带领中国走出贫困、摆脱落后的，才能探讨中国改革成功的原因和经验。21世纪以来，斯米尔诺夫多次来中国交流访问，在接受《国际先驱报》《百年潮》等报刊采访时都谈到了邓小平。在他眼中，邓小平具有谦虚朴实的品质、杰出的工作才能、过人的智慧和强大的政治意志，特别是邓小平理论在中国发展史上所起的作用是巨大的。邓小平思想的伟大之处体现在两个方面：一是一切从"国家发展"的立场出发，二是从本国实际出发。他所提出的口号是走适合中国发展的道路，"建设有中国特色的社会主义"。他的思想精髓就是"发展"，不论在政治思想领域、教育科技领域，还是经济等领域的改革，都是为了发展，为了提高国家综合国力。此外，邓小平为解决中国的统一大业开创性地提出了"一国两制"的构想。在外交方面,还提出了"和平与发展是当今世界两大主题"的思想。另外,他还谈到俄罗斯人对邓小平的态度,他说各种政治力量对邓小平的看法不完全一致,但绝大多数俄罗斯人对邓小平是非常崇敬的。可以说,所有俄罗斯人,不管是左派还是右派,都知道邓小平、尊敬邓小平,因为谁都不得不承认他所取得的成绩。有些自由派对邓小平理论的一些观点并不认同,但他们不能否认这样的事实:中国有十多亿人口,资源相对贫乏,但在邓小平理论指导下,中国经济建设取得了巨大成就,而俄罗斯却没能做到这一点。邓小平实行的改革获得了巨大成功,中国已成为一个在经济、文化、科学、教育等各领域全面发展的大国。

4. 关于中国共产党执政理念的研究

(1)"三个代表"重要思想。"三个代表"是中国共产党在19、20世纪之交提出的执政理念,斯米尔诺夫对之进行了系统研究后,阐发了他独到的见解。斯米尔诺夫认为,"三个代表"重要思想的提出,既有国内现实因素的影响,也有国外因素的影响。从国内因素看,在实行社会主义市场经济方针20年后开始的新的历史阶段,在进入与以往的社会心理和思想道德氛围完全不同的新的社会环境后,中国共产党领导人必然会重新思考执政党在中国现代化进程中的作用和地位、领导方式和方法,以及能否适应业已形成的新的客观现实,并起到推动作用的问题。从国际影响看,在制定"三个代表"重要思想时,也注意和考虑到苏联解体和东欧剧变的历史教训。

在斯米尔诺夫看来,进入21世纪,随着改革的不断深入,中国社会体制内的腐败和堕落以及信仰危机,体制外中国共产党在社会经济因素综合状况日益复杂的情况下能否满足社会阶级的利益。面临"执政党威信的严重挑战",在21世纪确立执政党政治合法性的基础是一种"客观必然"。解决合法性的途径有四:一是根据当今时代的要求和特点来不断完善思想体系,提高社会主义思想体系的整合;二是发展和加强民主和法制建设;三是完善政治体制和机制;四是遏制党内的腐败和堕落。最后,他得出的结论是,"三个代表"重要思想作为国家意识形态基础被通过,意味着中国共产党的思想政治纲领的发展进入一个新阶段。

(2)对科学发展观的研究。斯米尔诺夫对科学发展观也有自己的看法,他说科学发展观是胡锦涛为代表的中共高层直接领导下,在中共"十六大"后开始研究论证的。科学发展观拒绝追求经济指数的数字增长,而是要着眼于社会整体的发展,要走社会生活各个领域的平衡、协调发展,经济效益和资源保护优先之路,把中国转变成创新型国家,解决长期积累的重要问题,消除城乡之间、沿海与内地之间存在的社会经济发展的差距。在他看来,"科学发展观"是中国共产党现代思想理论纲领不可或缺的重要部分,进一步加强了党的传统和思想理论现代化的道路。

(3) 中共"十八大"。斯米尔诺夫指出,"十八大"的召开强烈吸引了俄罗斯学者的目光,俄罗斯学者对中共"十八大"和产生的新一届领导班子的评价很高。如季塔连科院士认为,中共"十八大"的召开是中国发展进程中的一个重要里程碑。中国正处于一个新的发展阶段,需要创造新的社会关系模式。当前中国面临的重要任务是形成中国式的生活方式、中国特色文化和精神价值体系,实现中国建设目标。他说,当下中国成功的原因在于中国共产党能够遵循时代条件的变化,及时平稳地调整党和国家的发展政策,用不断创新的中国化马克思主义指导实践。"十八大"的召开将会进一步加强中国共产党在思想、政治、组织上的统一团结。"十八大"将延续俄中友好战略合作关系,实现中俄两国共同繁荣的目标。除了留意"十八大"对于中国未来发展趋势的相关内容以外,新一代中共领导层的产生也是俄罗斯学者们非常关注的话题。对于中共"十八大"产生的新一届领导层,俄罗斯学者认为,中共新领导层的产生是一个多赢的结果,相信在新领导人的率领下,中国会有着光明的前景,而这对于俄中关系未来的发展以及世界的和平与稳定都有着积极作用。对于新任领导人习近平取消官僚主义、呼吁改变工作作风的政策,俄罗斯人很赞同。俄罗斯学者的基本态度是,中共"十八大"的召开具有十分重要的意义。"十八大"后的中国现代化建设道路将更加广阔,中国的发展前景将更加美好。

5. 中俄关系

(1) 全方位的互信合作。俄罗斯学者认为,目前俄中关系是友好的。斯米尔诺夫强调,邓小平对中俄关系的友好发展起到了非常关键的作用。他说两国之间关系紧张,使双方都消耗了巨大而宝贵的力量和精力。邓小平主持工作以后的 20 世纪 80 年代初,在中苏双方的共同努力下,两国关系出现缓和迹象,双方都向关系正常化方向迈出了试探性步伐。1989 年两国正式实现了关系正常化。邓小平在与时任苏联总统戈尔巴乔夫会晤时讲到,我们应当结束过去,开辟未来。这是原则性的一步,它对双方经济、政治、文化关系的发展都有着极其重要的意义。

斯米尔诺夫谈到新一届国家领导人习近平主席把俄罗斯当作中国的第一访问国,说明中国看重中俄关系的重要性,这对双方关系的发展有利,可以推动双方互利合作。大多数俄罗斯人对中国的态度是友好的,他们看到今天中国发展的成就,中国农业发展速度很快,俄罗斯把中国当作第一个外贸伙伴,对于这些老百姓心里也很清楚。

此外,俄罗斯很多学者还关注中国的"三农"问题,对此有专门的研究。如"三农"问题是如何影响经济发展过程等。远东所的经济学家、中俄关系的专家注意到中国与俄罗斯经济的发展、边境贸易、双方的经济贸易的交流,已经通过几个主要的研究报告来促进俄中合作和经贸合作。

(2)俄国媒体的对华态度。斯米尔诺夫特别谈到俄罗斯媒体对中国的看法和导向作用。他指出,俄罗斯媒体对中国的报道也可以部分地反映出俄罗斯对中国的态度,主要有关注、支持中国和妖魔化中国两种态度。

斯米尔诺夫认为,目前在俄罗斯除了学术界对中国问题高度关注外,俄罗斯的媒体也不断关注中国的发展。多数媒体是支持中国的,认为中俄需要全面的友好关系,如经济、科学、技术、人文等方面。俄罗斯一定要与中国在国际社会中互相帮助,俄罗斯在美俄关系处理方面要依靠伟大的中国,他们注意到了俄中发展和俄中关系的重要性,所以大部分电视节目支持俄罗斯政府对中国友好的最高政策。斯米尔诺夫指出,确实有一些党派,他们缺乏对中国的了解抑或是完全不了解中国的情况,他们对中国的印象停留在过去,他们至今还在疑惑"中国是否全部老百姓能吃饱? 是否都有住房? 老百姓的住房与俄罗斯比较,他们认为今天的中国依然很落后,不相信中国的发展"。斯米尔诺夫强调这种态度是不对的,这是个很大的问题。另外,有的媒体节目,在老百姓不知道真相的情况下只选择一些中国有问题的内容播出,如报道在俄罗斯工作的中国农民从事贩毒活动,或是在利用俄罗斯的资源发财。这些媒体要求政府取消这些不合法的流民。实际上,在俄罗斯从事这些活动的人里面有不少是激进的伊斯兰教徒,并不是中国人。这种节目的播出,无疑会让部分不明真相的俄罗斯民众对中国产生不好的印象。

总的来说,斯米尔诺夫认为俄罗斯学界对中国问题非常关注,并就很多问题展开了较为深入的研究,俄罗斯的中国学发展得很广、很深,但是也存在一些问题。在斯米尔诺夫看来,语言的障碍可以说是重要的阻碍因素。他解释说因为俄罗斯学者用俄语发表文章,又很少被翻译,这是很大问题。最近10

年之内,不少俄罗斯学者也用英文做报告。如他本人近年在一些研讨会上用英文做报告,题目分别为《邓小平 1992 年南方讲话》《毛泽东新民主主义与孙中山三民主义的分析》。一些经济学家、哲学家到法、美、日等国也用英文做报告。其中有些学者水平不太高,这些需要时间来慢慢改变。这种情况坚持下去,定会对国际社会准确了解俄罗斯学界对中国的认识和态度起到积极的作用。①

斯米尔诺夫对俄罗斯学者的当代中国研究的介绍,主要是从宏观层面上进行的总结,基本涵盖了传统意义上俄罗斯学术界对当代中国研究的主要方面。

第三节　专题研究的深化与细化

21 世纪以来,国际地缘政治发生了巨大的转变,而中俄两国在重大议题上越来越密切合作,两国关系和交流层面不断深化和拓展,在有关国家核心利益方面相互支持,赋予了两国之间全面战略协作伙伴关系的新内容。随着双边合作的加强,俄罗斯学术界对当代中国的现实问题愈发重视。总体来看,俄罗斯学术界有将当代中国研究发展为人文科学和社会科学相结合的一门综合学科的趋势,在对现实问题的研究过程中,往往会衍生出与之相关的历史背景分析,如圣彼得堡国立航空航天大学企业经济学院近两年立项了关于中国雾霾问题的研究,在课题的开展过程中,该校学者将研究范围扩展到了中华人民共和国成立之初,就 20 世纪中叶以来中国政府在不同时期针对环境治理出台的政策及措施进行比较分析。

随着近年来中俄之间在政治、军事、经济、社会、文化等多个领域的合作,从事当代中国历史研究的俄罗斯学者在以上领域日益拥有话语权,其关于中国问题的解读经常为俄罗斯新闻媒体所援引,这在一定程度上促进了俄罗斯普通民众对中国历史文化的兴趣,在俄罗斯许多高校中间,汉语专业及中国现当代史课程越来越受欢迎。其中和当代中国息息相关同时又带有前苏联及俄罗斯元素的中苏关系史、中共党史、中国革命史所占比重明显增大,在俄罗斯科学院及圣彼得堡国立大学的学者也对中华人民共和国的三线建设、“大跃

---

① 刘晓云、梁怡:《俄罗斯对中国问题研究热点聚焦》,载《北京联合大学学报》,2014 年第 1 期。

进"、中共"八大"、一国两制、沙漠化防治及治理,以及刘少奇、张闻天、师哲等党史人物的研究很感兴趣,曾多次邀请中国学者组织工作坊或是发行研究通讯,以互通学术动态。

俄罗斯学术界对当代中国的普遍关注也衍生出了越来越细化的研究专题,在政治方面,继20世纪末推出对中华人民共和国成立50年的发展历程总结性阐述和研究的力作《现代化与改革征途中的中国(1949—1999)》之后,俄罗斯中国问题研究者又陆续推出一批关于中国改革和现代化进程的研究成果,如齐赫文斯基的《文明对话中的中国》,柯卡廖夫的《中国的政治制度与现代化》,维诺格拉多夫的《中国的现代化模式——寻找新的认同》,库泽克和季塔连科等编著的《中国—俄罗斯2050:共同发展战略》、论文集《世界和地区政治中的中国—历史与现实》、《当代世界中的中国与俄罗斯》等。其中《中国—俄罗斯2050:共同发展战略》一书影响最为深远,该书在理论上提出了中国中长期政治发展的三种基本前景,并指出了对中俄战略合作可能产生的影响。作者还就权威主义及民主进程在中国的历史做了追溯及详尽分析,提出了深刻的见解。

在经济方面,中国经济的高速发展吸引了众多俄罗斯中国问题研究者的关注,纳乌莫夫的《中国的经济增长与生产力发展问题》、日古廖娃的《从计划到市场——1978—2005年中国价格体系改革的经验》、诺沃谢罗娃的《中国的投资政策与经济改革》等成果从经济体制、市场机制、宏观政策等方面对中国特色发展道路进行了分析研究。拉林的《中国与俄罗斯远东的地区协作问题》、亚历山德罗娃的《改革时期俄罗斯与中国的地区经济协作》等对中俄两国东部毗邻地区的合作发展问题进行了探讨。帕先科的《中国的经济改革与民法》更是填补了俄罗斯对中国法制史研究在民法方面的空白,具有学术里程碑式的意义。

除了上述专业的中国问题研究成果之外,还有一个现象值得关注,即汉语教学教辅类书籍的大量发行出版,这些汉语教学主要以中国编印的对外汉语教学课本为蓝本,所选用的范文也多是和当代中国历史文化有关。可以说,俄罗斯近些年来兴起汉语热,可以为当代中国研究在俄罗斯日益得到重视做出最好注脚;另一方面,汉语热也促进了俄罗斯当代中国问题研究的人才梯队建设,如前文述及的从事当代中国研究的俄罗斯青年学者大多具有良好的汉语水平,在此方面要远好过他们的前辈。

　　此外,从研究机构来看,俄罗斯科学院远东研究所,东方学研究所及其圣彼得堡分所,远东分院远东历史、考古与人类学研究所,圣彼得堡国立大学以及国立远东联邦大学等科研机构,作为传统的当代中国研究领域的权威机构,依然在中国问题研究中拥有巨大优势。其中,俄罗斯科学院远东研究所作为俄罗斯最大的中国问题研究中心,聚集了多名权威的中国问题专家。远东所是长期为俄罗斯中国问题研究领域提供重要理论和分析文献的主要机构,除了中国政治史、社会经济史、中俄关系、中共党史、中国社会经济改革、中国哲学、宗教伦理、社会文化等方面的基础研究工作之外,远东所也密切关注着中国新时期政治、经济、社会等各方面的动态,并不断拓展和中国科研机构的合作关系,和中国社会科学院当代中国研究所、北京联合大学海外中国研究中心,以及上海社会科学院历史研究所等都建立起了很好的学术交流和合作机制。近期,两国学者在中国法律研究、中俄政治发展比较研究、马克思主义中国化、中国特色社会主义建设等领域也保持着良好的互动。同远东所相比,以俄罗斯科学院东方学研究所圣彼得堡分所和圣彼得堡国立大学为代表的圣彼得堡中国问题学派始终以深入研究古汉语和现代汉语而著称,其主要研究方向是中国古代历史、近代社会思潮、中国传统思想和文化等。远东地区的俄罗斯科学院远东分院远东历史、考古与人类学研究所和国立远东联邦大学因其自身的地缘优势,主要研究方向是中俄两国东部毗邻地区的地区史、双边及多边关系史以及新时期的合作发展问题。[1]

第四节　特色研究与学派化趋势

　　值得一提的是,最近几年,在当代中国研究的主流机构之外,俄罗斯一些科研机构也根据自身学科特点开辟了极具特色的当代中国研究的新方向。在此就圣彼得堡的俄罗斯科学院社会学研究所的中俄比较社会史研究,以及圣彼得堡国立航空航天大学企业经济学院的当代中国金融史研究进行专门介绍。

　　众所周知,俄罗斯科学院是当今世界上最重要的研究机构之一,拥有体系完整的科研机构以及专业素质优秀的科研人员。作为国家学术机构,俄罗斯

---

[1]　引自滕仁:《新世纪的俄罗斯中国问题研究》,载《中国社会科学在线》,2013 年 9 月 7 日。

科学院下设的各个研究所都有特定的研究领域划分,长期以来各个研究机构很少有跨领域的突破或是合作。20 世纪 80 年代后期,在著名社会学家亚多夫主持下,当时还属于苏联科学院的列宁格勒社会学研究中心已就社会转型的一系列问题进行了深入的研究,其中就有涉及中国的论述,并逐渐形成了自己的研究特色。近年来,在伊莲娜院士主持工作期间,该所与上海社会科学院研究所进行了一系列的课题合作及科研人员的互访活动,并形成了学术交流的常规机制。上海社会科学院还组建了俄罗斯研究中心,由亚多夫指导的研究生潘大渭博士担任该中心的主任。

近十年来,圣彼得堡的俄罗斯科学院社会学研究所(与莫斯科的社会学研究所无隶属关系)先后立项了有关上海的婚姻家庭、国企体制改革、中国的反腐等多个研究课题。随着研究的深入开展,俄罗斯学者日益对中华人民共和国不同历史时期的婚姻关系、社会保障,以及市场经济等产生了兴趣,原本单纯的社会学研究演变成为中华人民共和国的社会史研究,尤其以改革开放以来中国社会转型的研究最为俄罗斯各界瞩目。如有学者通过对中国 20 世纪 70 年代末以来的改革开放的研究,特别是上海这一中国大城市的若干个案调查及跟踪,对中国社会转型的成功提出了一系列令人信服的解释,让俄罗斯学术界及普通民众颇感惊诧,在肯定中国改革成功的同时也提出让俄罗斯各界有点难堪的话题——俄罗斯向何处去?对于这一设问,有学者通过对中国政府在确立改革开放的方针以后,一直坚持“中国特色社会主义”道路,以及坚持“两手抓”的治国理念,分析指出俄罗斯在苏联解体后,怀着真挚的感情和急切的心情企图走上完全西化的道路,但却迷失了自我。而从历史来看,不同于中国“大一统”的历史文化积淀,俄罗斯具有沉重的包袱,由于自身的民族文化兼有东西方两种文化的传承,从而在近几百年的发展过程中始终像是钟摆一样徘徊于东西方之间,常使人难以捉摸,远期的彼得改革、斯托雷平改革以及近期的戈尔巴乔夫改革、叶利钦改革,无不是带有“撕裂”声自上而下迫使社会接受,尔后又出现社会的反弹。对比中国,俄罗斯并不具备社会内在的积极性和改革动力。①

可以说,在中俄转型期社会研究及中华人民共和国社会史研究方面,俄罗斯科学院社会学研究所已经占据了先机,成为该领域的一面旗帜,其科研实力

---

① 潘大渭:《转型的阵痛仍在持续》,载《社会科学报》,2003 年 12 月 18 日。

及研究成果已经得到学术界的普遍认可。2008 年,该所与上海社会科学院学者联合开展的"转型期中俄社会结构与社会认同比较研究"课题,融合了历史学和社会学的基本理论和方法,得到了学术界的好评。在课题开展过程中,研究团队还曾在莫斯科新闻中心召开了中期成果联合发布会,包括新华社驻莫斯科记者站在内,还有其他 7 家俄罗斯境内和境外的媒体都前来采访。在新闻发布会上,用中俄两国学者实地调查取得的数据,向外界展示了中国改革开放给中国带来的进步和成就。发布会结束后,中国驻俄罗斯大使馆对该课题予以高度评价,称之为既有学术价值又具有对外宣传的积极意义,俄中两国学者是在用实际数字和建立在事实基础上的科学结论向外界介绍当代中国。为表示感谢和支持,中国大使馆还专门给上海社会科学院发来明码电报,予以表彰。[1] 可以说,俄罗斯科学院社会学研究所近年来的异军突起是俄罗斯学术界在当代中国研究方面的一个缩影,这种兼备历史学和社会学元素的研究理论及方法也生动诠释了霍华德的"历史是过去的社会学,社会学是目前史"这一著名论断。

再以圣彼得堡国立航空航天大学企业经济学院的当代中国金融史研究为例。

俄罗斯圣彼得堡国立航空航天大学成立于 1941 年,是一座有着六十多年办学历史的蜚声国际的理工科大学,该校设有 10 个学院系部,50 多个专业方向,13 个研究所和研究中心,大多数专业具有军事工业背景。一直到 21 世纪初,该校还属于保密单位,并不接受国外留学生或是访问进修生。普京执政后,中俄两国教育部门达成合作协议,该校成为中国政府首批承认学历的俄罗斯高校之一,随后该校的经济学、信息管理系统、航天仪器制造、无线电技术、计算机技术等若干专业开始接受中国留学生、研究生及访问进修生,其中在企业经济学院就读的中国学生人数最多。

尽管圣彼得堡国立航空航天大学传统上并不是一所以人文和社会科学见长的俄罗斯高校,但是由于该校与中华人民共和国有着深厚的历史渊源,因此在当代中国研究方面也堪称独树一帜。20 世纪 50 年代,就在中华人民共和国成立后不久,根据中苏两国政府达成的合作互助条约,该校许多学者和专家受苏联政府委派,参与组建了北京航空航天大学以及西北工业大学等高校的航

---

① 潘大渭口述,高俊整理:《上海社会科学院专家口述历史:潘大渭》,未刊稿。

天学科。20 世纪 90 年代以来，尽管俄罗斯社会经历了剧变，经济水平一落千丈，但由于俄罗斯的歼击机技术及空天技术等在国际科学界依然具有巨大优势，对外武器出口及空间技术合作也成为拉动俄罗斯国家经济的一大引擎。普京执政以后，中俄在以上领域的合作日益紧密，有该校背景的学者还直接参与了对华军工技术的输出及谈判工作。近两年，企业经济学院在布戈多夫教授的主持下组建了当代中国经济及金融史研究的队伍，并且编写了当代中国金融史的教材，这些教材被一些俄罗斯的高校大学采用，在俄罗斯的图书馆里也可以查阅到该学院学者撰写的当代中国问题的著作。

总体而言，该校学者从事的当代中国金融史研究的理论和方法与国内学者差别并不是很大，如关于中华人民共和国金融体制的演化阶段基本上也和国内学术界一样，主要是从计划经济时代和市场经济时代两个部分进行论述。在 1949 年至 1979 年这一时期，俄罗斯学者认为当时中国政府的金融体制改革措施主要以苏联金融模式为蓝本，为此所采取的措施包括：（1）没收一切官僚资本财产为国有，逐步建立社会主义金融体系的基本框架；（2）对私营民族资本采取赎买政策，逐步通过国家资本主义形式对其进行社会主义改造；（3）取缔外国在华银行的特权，使其主动退出中国金融体制；（4）在农村发展供销社、农村信用合作社，建立农村集体金融组织。俄罗斯学者认为，即便是 1958 年后中苏大论战及"文化大革命"时期，中国金融改革都是参照了苏联范式。中共十一届三中全会之后，在中国政府倡导的开放搞活思想指引下，金融体制开始摒弃此前统得过死的弊端，逐步开放搞活金融市场，建立宏观调控体系以构建新的金融体制。有学者还就中国第一家证券公司——深圳特区证券公司的成立进行了个案研究。俄罗斯学者认为中国金融体制改革的重头戏是 1992 年邓小平南方讲话之后，中共"十四大"正式确立了建立社会主义市场经济作为中国经济体制的改革目标，第二年中国政府正式发布了关于金融体制改革的决定，以此为标志中国的金融体制改革进入了历史新阶段。[①]此外，如前文提及，从 2013 年开始该校学者还就中国的雾霾问题及中华人民共和国成立以来各个不同时期的环境保护政策和措施等进行了较为深入的研究。

除了圣彼得堡的俄罗斯科学院社会学研究所的社会史研究，以及圣彼得

————————

① 关于该学院学者的科研情况可参见学院官网：http://www.suai.ru/university-structure/?ELEMENT_ID=185。

堡国立航空航天大学企业经济学院的金融史研究之外,俄罗斯还有许多科研机构及社会团体也根据自身特点开展了形式多样的当代中国研究,如俄罗斯中国汉学家协会、俄中友好协会等。值得关注的一点是,由于专业科研机构和中国问题专家发表出版的论文著作专业性过强,内容晦涩难懂,导致受众面过窄,无法满足中俄关系发展和俄罗斯民众的现实需求,因此近年来"民间中国问题"研究悄然兴起。作为一种"简单化的中国问题"研究,其研究成果更符合大部分民众的阅读兴趣。"民间中国问题"更便于在广泛的俄罗斯民众中推介中国,使其加强对中国文化的认同感,有助于增进两国人民友谊,为中俄两国关系的健康发展发挥积极作用。[1]

与美国大学中在当代中国史研究领域有所谓加州学派、伯克利"上海帮"等带有明显学派化色彩的研究群相似,俄罗斯近年来兴起的当代中国史研究团队也具有学派化发展的趋势,如上述圣彼得堡的俄罗斯科学院社会学研究所的当代中国社会史研究,以及圣彼得堡国立航空航天大学企业经济学院的当代中国金融史研究,均有别于俄罗斯科学院远东所、东方所,以及莫斯科大学亚非学院、圣彼得堡东方学系等传统的主流研究范式,这些新兴科研队伍往往走的是"小而精"的道路,倾向于开展和本学科有着深厚渊源的中国当代史研究,成员也大多以本机构的科研工作者为主力军。这样一则能发挥自身学科特长,开拓出一个独具特色的研究领域;一则方便在研究过程中的分工和协调,让每个成员能基于研究兴趣探索出一片"学术自留地"。事实证明,这种学派化的发展已经收到了良好的效果,可以预测在不久的将来,学派化发展仍将会是俄罗斯学者开展当代中国史研究的一大趋势。

第五节 对中国学者关于当代俄罗斯研究的关注

在从事当代中国问题或中华人民共和国史研究的俄罗斯学者中间,存在着一个非常有趣的现象,亦即他们对于中国学者如何看待和诠释当代俄罗斯也有着很大兴趣。在一定程度上,对当代中国的俄罗斯研究这一学术史的梳理,已经成为俄罗斯中国当代史研究不可或缺的一部分。

2013 年,莫斯科大纲出版社出版了俄罗斯国立人文大学教授、历史学博士

---

① 引自滕仁:《新世纪的俄罗斯中国问题研究》,载《中国社会科学在线》,2013 年 9 月 7 日。

亚·别兹博罗多夫主编的《国外俄罗斯学》一书,全面介绍了国际俄罗斯学的过去和现状。该书刚一出版就受到学术界的广泛关注,被列为历史学、政治学及国际关系等专业研究生的教学参考书。作者不仅分析了美、英、德、法等西方主要国家的俄罗斯研究的流变,也专门列出了一章介绍中国的俄罗斯学研究状况。有关中国的部分由俄罗斯著名汉学家、历史学博士尤·加列诺维奇执笔撰稿。加列诺维奇认为,中国的当代俄罗斯学在很大程度上反映了中国执政者对苏联历史以及当代俄罗斯问题的观点。对于俄罗斯而言,这些观点非常重要,这一方面可以加强对中国的了解,另一方面也可以使俄罗斯更好地了解自身。在他看来,由于历史文化以及当今社会制度和政治思想等方面的差异,中俄两国正在渐行渐远,传统的友好关系以及相互信任正在被"新人"抛弃,俄罗斯的中国问题专家和中国的俄罗斯问题专家们必须调整好自己,去适应新形势和新问题,他们必须意识到俄罗斯和中国的大多数人已经由新的几代人组成,在这些"新人"眼中,21世纪初发生的一切都是过去的历史,这些当代人都很务实,只想今天的利益,而且对待外部世界的态度也十分生硬。但在事实上,两国又需要共存,需要和平共处。对于一对地缘政治中的邻居而言,这是令人担忧的现象。该学者的许多观点不乏偏颇之处,但援引了许多新资料,具有一定的参考价值。

加列诺维奇还分析指出,四百年前俄国"遇见"了中国,从此两国成为邻居,尽管双方都在寻找思想意识上相互了解的途径,而实际上两国交往的形式是各不一样的,俄罗斯在与中国的交往中体现出了一种国际化的特征,而中国更喜欢闭关锁国,偶尔还会像对待其他周边国家一样,对俄罗斯显示出作为"文化中心"的优越感。他认为,直到20世纪,中俄两国建立起来了一种非常独特的关系,其独特性体现在四个方面:第一,两国根本利益是一致的,都追求永久和平,追求真正意义上的独立自主与平等;第二,在20世纪的大部分时间里,两国的共产党都处于执政地位,共同的指导思想使他们走向联合,并在几十年间发挥作用;第三,20世纪上半叶,两国不同程度地都受到过日本侵略的威胁,也受到日本在不同历史阶段以不同强度、不同方式先后挑起的战争威胁,为抵御这一威胁,中俄两国具有成为盟友的基础;第四,从1992年以后至今的20多年间,中国与俄罗斯走上了不同的发展道路,各自实行不同的社会制度、政治经济结构,在宗教政策上也有差别。因此,一项新的任务摆在作为执政党的中共领导人面前:理解在俄罗斯发生的一切,也就是苏联解体和苏共垮台,同时必须向中共党员和中国人民解释这一切,并说服民众相信中共过去及现在所走的道路都是正确的。为此,中共领导下的思想及意识形态宣传机构从苏联解体后就已经开始承担这一重担,到目前为止,这些研究机构已经就苏联解体以来中俄关系史及当前俄罗斯社会现状等形成了一套系统的理论。这些机构有:(1)中国社会科学院世界社会主义研究中心,该机构主要从事与俄罗斯和世界社会主义相关的思想政治以及历史问题的研究;(2)中国社会科学院俄罗斯东欧中亚研究中心,该机构主要任务是分析并介绍当今俄罗斯及其周边地区,如中亚和中东欧的情况;(3)中俄关系史研究会和中国俄罗斯东欧中亚学会,此类学会的目的是把中国俄罗斯学研究者组织起来。在形式上,这些学会与研究其他问题的学会是一样的,并没有特殊性,中国的民众也是这样看的。而事实上,这些学会一直在对苏联解体问题以及中俄关系进行不断深入的研究,从未间断。

加列诺维奇在书中还透漏,根据中共中央有关部门制定的规划,中国正在出版一系列有关中俄关系的历史和现状以及关于当代俄罗斯社会及其历史的丛书。为了让俄罗斯读者有机会了解中国当代的俄罗斯研究情况,这套丛书将推出中国当代俄罗斯学领域一些专家最有影响力的代表作。在对当代中国俄罗斯学的研究方向及主要成果的评析时,加列诺维奇认为,当代中国的俄罗斯学有两个主要方向:第一个方向是基于中国以及中国政府、中国共产党与不同国家、不同政治力量和不同地区的双边及多边关系中意识形态和宣传的需要,并立足于中国在世界舞台上的整体对外政策方针,来研究中俄关系的历史与现状;第二个方向主要是出于中国共产党在中国国内进行思想宣传的需要,从历史与现状上研究俄罗斯国内情况。在加列诺维奇看来,这项工作的目的主要是让中民众意识到,中国共产党过去是、现在仍是并将永远是走在时代前列指引中国人民沿着正确道路前进的带路人,俄罗斯在1991年"栽了跟头"并"倒下了",经过20年时间的洗礼,现在俄罗斯人民已经"醒悟过来"并且"正在重新认识"已经发生的事情。他认为,总体来看,在中国这种认识是中俄两国官方代表之间相互理解的共同基础。基于以上分析,他得出结论,要了解当代中国的俄罗斯学研究情况,应当首先从中国对苏联解体和苏共灭亡问题的解释入手。①

近十年来,俄罗斯学术界对于中国国内有关当代俄罗斯研究的出版物也

---

① *Александр Борисович Безбородов: Зарубежное Россиеведение. Учебное пособие, Проспект 2013.*

颇为关注,此类作品往往都会得到较为及时的介绍和评述,如 2007 年社会科学文献出版社出版了《2006 年世界社会主义黄皮书:世界社会主义跟踪研究报告——且听低估新潮声》,该书由李慎明主编,收录了多位中国学者关于俄罗斯历史与现状的研究成果。同年,社会科学文献出版社出版了李慎明的专著《中国和平发展与国际战略》,书中登载了纪录片《居安思危——苏共亡党的历史教训》的解说词。当年出版的《李慎明自选集》,其中绝大多数文章都与苏联(俄罗斯)有关,另一部书《历史的风:中国学者论苏联解体和对苏联历史的评价》也在这一年出版,是由 30 多位中国学者的文章组成,也是由李慎明主编。2009 年,中国科学出版社出版了安·菲利波夫主编的《俄国现代史(1945—2006):教学参考书》(莫斯科教育出版社,2007 年版)的中译本。时任中国社会科学院马克思主义研究员党委书记吴恩远、中国社会科学院世界社会主义研究中心特邀研究员张树华和张达楠等人完成了该书的翻译。此外,中国高校使用较多的关于中俄关系的一些教材,诸如黄定天的《中俄关系通史》、外交学院用来培养年轻外交官的《百年中俄关系》(杨闯、高飞、冯玉军等著),以及由中国前驻俄罗斯大使李凤林作序、姜长斌专著的《中俄国界东段的演变》等,都得到俄罗斯学者的普遍关注。①

为及时了解中国学术界的最新科研动态,俄罗斯学者对于开展两国学术交流非常重视,特别是最近几年在纪念一些历史节点上的成功合作,使得俄罗斯学者更加看重有关中国学术情报的搜集工作,如笔者所在的上海社会科学院"中国当代史创新团队"经社科院官网报道后,俄罗斯科学院伊莲娜院士及其领导的课题组对本团队的研究计划和所取得的阶段性成果表示了极大的兴趣,并表示希望能与本团队合作开展中国当代史研究。此外,中国社会科学院当代中国研究所主编的《中华人民共和国史稿》,也得到了俄罗斯科学院及圣彼得堡国立大学、圣彼得堡国立航空航天大学等科研机构的重视,并予以跟踪报道和评述。历史地看,中俄学者在开展当代中国研究以及当代俄罗斯研究方面有着巨大的合作潜力。

---

① 粟瑞雪编译:《中国当代俄罗斯学研究一览》,载《俄罗斯东欧中亚研究》,2014 年第 2 期。

第三章 亚太地区的中国当代史研究综述

亚太地区作为中国的周边国家与地区，是海外中国学研究的重镇之一。本章旨在对亚太地区中国当代史研究力量、重点项目以及近年来重要研究成果等进行一个全面的回顾。考虑到研究实力与区域代表性，本章选取了如下几个国家做重点介绍，东亚地区以日本、韩国为代表，太平洋地区以澳大利亚为代表，南亚地区以印度为代表，东南亚地区以越南和新加坡为代表。

第一节 日本的中国当代史研究

在众多的亚太地区国家当中，日本的中国当代史研究首屈一指。由于历史、地缘等关系，日本对中国的研究关注由来已久，有着深厚的传统和学术积累。①

一、主要研究机构及项目

日本文部省（2001 年起更名为"文部科学省"）是制定科研政策和对科研项目提供资助的政府部门，设有"重点领域研究"项目，该项目支持在学术和社会上有强烈需求的课题，是日本政府科研资助中经费最高的项目。从 20 世纪 90 年代中期开始，当代中国研究开始成为"重点领域研究"项目的资助对象。1996 年度批准的"重点领域研究"课题将"现代中国的结构变动"列入其中。文部省资助了 5 亿日元。该课题下分 7 个研究小组，从政治、经济、社会、环境、历史、国际关系等角度探讨改革开放后中国的变化。2000 年，"现代中国的结

---

① 有关日本中国研究的发展历程，可参见何培忠主编：《当代国外中国学研究》，北京：商务印书馆 2006 年版，第 398—429 页。

构变动"的研究成果开始出版,到 2001 年共出版了 8 卷本,各卷标题为《观察大国中国的视角》(毛里和子主编)、《经济——结构变动与市场化》(中兼和津次主编)、《民族主义——从历史上探讨》(西村成雄主编)、《政治——中央与地方的构图》(天儿慧主编)、《社会——与国家的共生关系》(菱田雅晴主编)、《环境——能否成为增长的制约》(小岛丽逸主编)、《中华世界——自我统一性的重组》(毛里和子主编)、《国际关系——亚洲太平洋的区域秩序》(田中恭子主编)。这一成果在日本中国学界影响很大。1997 年,日本文部省还批准成立了爱知大学现代中国学院;2002 年,对爱知大学国际中国学研究中心和早稻田大学现代亚洲学研究基地等也给予了数亿日元的资助。近些年来,凡涉及中国问题的重大研究,日本政府都给予了大力支持与资助。

日本最具代表性的当代中国研究机构是中国研究所,该所成立于 1946 年,在此之前日本的中国研究都被称作"支那研究"。中国研究所是战后日本最先开始研究中国问题的民间研究机构,出版刊物《中国资料月报》。1951 年,以中国研究所为母体的现代中国学会宣布成立,研究所的刊物移交给学会,1953 年更名为《现代中国》。学会每年召开一次全国学术大会,主题都与中国社会发展密切相关,例如 1951 年第一次大会的主题为"新中国的文化特征"、1959 年为"人民公社"、1967 年为"文化大革命"、1980 年为"转折期的中国"、1992 年为"中国改革开放的新阶段与社会主义的方向"、1999 年为"毛泽东、邓小平时代与 21 世纪"。如今,现代中国学会已成为日本中国学界最具影响力的学会之一。

设立于爱知大学的国际中国学研究中心是近年来日本颇受关注的另一个当代中国研究机构。该中心是日本文部科学省于 2002 年启动的"21 世纪重点科研基地 COE 工程"之一,是以爱知大学中国研究专业博士课程为核心形成的现代中国学国际性研究教育机构。其致力于与世界各主要大学、研究机构合作,相互建立远程多边的教研交流系统,共同构建以该中心为中枢基地的国际性学术网络,从而推进世界各国中国学研究教育的发展。为支持国际中国学研究中心的教育和研究活动,爱知大学还同日本国内外各合作大学共同协作,建立了涵盖日本全国及世界各地的现代中国学综合数据库。

除了以上两个研究机构外,日本还有多家从事中国研究的机构,或多或少地涉及当代中国研究。如日本规模最大的区域学会组织"亚洲政经学会",会员已过千人,其中有近半数的学者研究中国问题。另一个以亚洲研究为主的研究机构——东方学会，也以研究中国问题的学者占多数。学会出版有《东方学》(半年刊)，至今已发行 100 余期。

日本民间文化研究机构是大学共同利用机构法人研究机构之一。2007年，日本民间文化研究机构联合相关大学与研究机构制订了一项为期 5 年的"当代中国地区研究"计划。该计划有四项具体任务：一是优秀研究者及机构研究活动的整合和组织化；二是综合人文、社会、自然等学科，分析发生巨变的中国的现状及将来；三是培养年轻一代的研究者，加强各研究机构及教育机构的合作；四是在诸多当代中国研究机构建立信息网，整合散失在各处的信息与数据，并为研究者提供方便。几所大学与研究结构分工如下：

(1) 早稻田大学现代中国研究所以"中国发展的可持续性"为中心课题，下设两个研究小组，总负责人为毛里和子教授。第一研究小组指出，虽然中国农村近 20 年代来一直保持着 10％的增长速度，但"三农"问题愈加严峻，中国面临着政治和经济体制改革的紧迫局面。该小组着力探讨 2020 年之前中国可持续发展的可能性。第二研究小组认为，随着经济市场化的加速以及与世界经济联系的加强，中国国内的阶层差距不断扩大，出现利益多元化现象。该小组意在探讨 2020 年之前中国实现和谐社会的可能性。

(2) 京都大学人文科学研究所现代中国研究中心的中心课题是"从人文学视角分析当代中国的深层结构"，总负责人为森时彦教授。下设两个研究小组，第一小组通过分析"社会主义文化"的状况来研究现代中国"新"与"旧"的深层结构，第二小组致力于在中华民国与中华人民共和国的连续性中理解中国政治，研究中国政治的意识形态及中国社会体系与政治的关系。

(3) 东京大学社会科学研究所当代中国研究基地着眼于中国的经济问题，其中心课题为"中国经济的成长与稳定"，总负责人为田岛俊雄教授，下设"经济发展与制度政策"与"对外经济关系与产业结构"两个研究小组。

(4) 庆应义塾大学东亚研究所当代中国研究中心的中心课题为"中国的政治统治"，下设 3 个研究小组，分别是"政治体制转换：一党体制转变的可能性""政治社会结构中历史的延续性与非延续性"和"中国与东亚国际关系"，总负责人为国分良成教授。该研究认为，在现今众多的当代中国研究之中，以"崛起的中国"这样乐观的态度来分析中国的为数不少，但不管是表面的还是潜在的，现在的中国在政治、经济、社会、安全保障等各方面都面临着诸多问题；对中国体制转换问题的实证研究，不仅对中国本身，对日本的将来都是急需的。

(5)财团法人东洋文库现代中国研究资料室,以"日本国内现代中国资料信息和研究中心的建构:通过对资料进行长期和系统性的分析阐明现代中国的变迁"为课题。该课题有三项任务:第一,通过和其他研究机构的合作对现代中国的相关资料进行系统的收集、整理和公开;第二,对资料进行长期系统的分析,在此基础上推进以阐明现代中国变迁为目的的实证性研究;第三,通过和各机构合作促进对现代中国相关资料的利用,培养包括研究生在内的年轻研究者对于资料收集和利用的能力。

(6)综合地球环境学研究所中国环境问题研究基地以"中国的社会开发与环境保护"为中心课题,主要考察中国的经济开发对文化、社会及环境带来的各种影响。总负责人为中尾正义教授。

"当代中国地区研究"项目已于2012年结束。紧接着,又启动了第二期同样是为期5年的研究计划,目前增加了三个研究机构,一个是爱知大学的国际中国学研究中心,一个是法政大学的中国基层政治研究所,另一个是神户大学的现代中国研究据点。各据点围绕着"当代中国的跨学科研究——如何把握理解新兴大国?"这一中心主题正在进行新一轮的中国研究。

日本的中国研究底蕴深厚,但由于大部分研究成果用日语发表,在国际上的影响力受到很大限制。意识到将日本的研究成果介绍给国际学界的紧迫性,作为"当代中国地区研究"项目的核心基地,早稻田大学现代中国研究所负责编辑发行英文和中文学术刊物各一种。英文刊物《当代中国研究杂志》(*The Journal of Contemporary China Studies*),创刊于2012年,迄今为止已发行9期。每期都有一个特定的主题,最新一期(2016年第2期)的主题为"中国的'一带一路'战略与亚洲"。中文刊物为《当代日本中国研究》,已在日本国内编辑发行6期,①2013年开始通过社会科学文献出版社在中国出版,已出版5期。《当代日本中国研究》着重介绍中青年学者的研究成果,每期收录数十篇论文及书评。作者中既有学界的领军人物,也有正在成长的新生力量。对于想要了解日本的中国研究最新成果的读者来说,《当代日本中国研究》将是一个有效的途径。

---

① 可在日本人间文化研究机构当代中国地区研究官网(http://china-waseda. jp/chinese/publications)下载。

二、近年来重要研究成果

早些时候,日本的中国研究一般分为古代、近代和现代三个阶段,明末清初前的中国研究称为古代中国研究,鸦片战争至五四运动为近代中国,此后的中国研究统称为现代中国研究。不过,这种划分并不十分严格,尤其是近代中国和现代中国的边界常常十分模糊,有的学者将近代中国的下限延伸到1949年中华人民共和国的成立,有的学者则更喜欢用“近现代中国”这一说法。近些年,为避免断代史研究的局限,“20世纪中国史”这一新的研究框架成为日本学界的共识。比较有代表性的如青木书店出版的“中国的20世纪丛刊”,收录石岛纪之的《云南和近代中国》、西村成雄的《20世纪中国的政治空间》、安井三吉的《日本帝国与华侨》、高桥孝助的《饥荒与救济的社会史》、上原一庆的《民众与社会主义》、末次玲子的《20世纪中国女性史》等7部中国研究专著。由“岩波新书”推出的“中国近现代史系列丛书”也涵盖了整个“20世纪中国史”,已出版有吉泽诚一郎的《清朝与近代世界：19世纪》、川岛真的《近代国家的摸索：1894—1925》、石川祯浩的《革命与民族主义：1925—1945》和久保亨的《社会主义的尝试：1945—1971》等。

由饭岛涉、久保亨、村田雄二郎编撰的《丛书20世纪中国史》,也是一部以“20世纪中国史”为视角的丛书(共4卷)。需要重点介绍的是第3卷《全球化与中国》。事实上,日本的20世纪中国史研究并不局限在中国范围之内,而是有意识地观察中国与世界的联系,将中国史置于全球史的视野当中。高桥伸夫在《社会主义的党、国家和社会》一章中认为,共产党和社会的关系是“散漫的党组织与强势的农民”的关系。中国社会内部没有自律性的中间阶级存在,因此赋予了党的超越性地位。在这一点上,共产党和国民党是有相似性的,但是这种情况在全球化的过程中已发生了变化。党和国家唯有顺应全球化潮流,才能维持政治权力的再分配结构和对内的政治合法性。在其他各章中,高见泽磨、水羽信男、中村元哉、富泽芳亚、小浜正子等学者分别就近代法制、自由主义、企业制度、计划生育制度等在20世纪中国的形成、扎根与发展展开讨论。以上各章都表明了对内的政治合法性与新制度的内在化之间具有一定的关系。

此外,久保亨在《统制与开放的经济史》一章中,讨论了自20世纪30年代至70年代中国的国际地位与经济政策。他指出,战时中国效法苏联向战时统制经济倾斜,战后一段时期为顺应布雷顿森林体系采取经济开放政策,1948年以后又转为实行关税保护政策。中华人民共和国成立后经历了从新民主主义经济到苏联型计划经济的转型,进而进入了"急进社会主义"时期。用统制与开放这一视角来观察20世纪的中国经济,同样超越了以1949年为分期点的局限。

中兼和津次编著的《从历史的视角审视当代中国经济》,是另一部旨在探讨20世纪以后中国经济发展历程的专著,目的是要寻找改革开放后中国经济获得飞速发展的主要原因。本书的更大意义还在于跨越了中国当代经济史研究与近现代经济史研究之间存在着的鸿沟。正如编著者在序章中指出,日本现有的关于中国近现代经济史的研究,大都止于1937年或1949年。中兼和津次在《中国市场经济化的进展——主要从价格观察市场整合》一章中,着眼于从价格变动探讨从清代至当代中国的市场化进展。作者分别对清代的米价、中华民国时期(1930—1936年)与中华人民共和国成立后(1950—1955年)的农产品与工业产品、改革开放时期(1992—21世纪前10年)的农产品与工业产品价格进行了比较分析。作者认为,当代处于延续数百年以上的市场经济发展的悠悠潮流之中,从历史上来看,毛泽东时代(1953—1978年)只是极为短暂的"市场压抑时代"。如何定位从1949年至1978年约30年的计划经济时期,是本书的一个研究重点。作者们普遍认为,在分析中国经济的长期发展时,计划经济时期的存在是不可或缺的重要因素,这一时期出现了对市场经济的否定或者排斥,源于所有制的公有化等重大制度变更。

田岛俊雄、加岛润与中国学者朱荫贵编著的《中国水泥业的发展:产业组织与结构变化》,是东京大学社会科学研究所当代中国研究基地国际合作项目的系列成果之一。该项目计划对中国的化工、电力、水泥、钢铁、农机等产业进行系统研究,在此之前已完成并出版有《20世纪的中国化学工业——永利化工、天原电化及其时代》和《现代中国的电力产业——"短缺经济"与产业组织》两种。《中国水泥业的发展》分历史篇和现状篇两大部分,在历史篇中,作者认为,计划经济时期的非市场环境造成资金、劳动力等生产要素的不可流动性,从而形成农村市场和城市市场、农村市场和农村市场、城市市场和城市市场之间相互隔绝的局面,这是水泥产业分散的重要原因。由于水泥的运输费用较高,是一种适合分权管理的物资,因此在管理体制上逐渐分割为中央主管的"大水泥"和地方发展的"小水泥"。再加上中央政府调整了计划内水泥的分配方式,允许地方政府把地区内生产的部分水泥保留为地方物资,调动了地方的积极性,促进了包括"小水泥"在内的"五小"工业的发展,"小水泥"的产量最高时占全部水泥产量的三分之二。

顾琳(Linda Grove)的《中国的经济革命:二十世纪的乡村工业》最初是用英文写作的,于 2009 年出版了中文版。该书将中国乡村工业置于一个世纪的发展轨道中,以小企业为主的高阳织布工业为例,通过探讨这种小企业的典型特征,以及这些特征与以往商业惯例之间的联系,从而解读中国小企业的运行机制及其所代表的另一条实现当代经济增长的路径。作者认为,乡村工业化是一种可以替代"城市集中的大生产"的生产方式。

除了经济史,重构 20 世纪中国政治史图像是"20 世纪中国史"研究的另一个重点。日本学者如何评价 20 世纪中国的政治体制,这里重点介绍两部著作。一部是西村成雄和国分良成撰写的《党与国家——政治体制的轨迹》,它是丛书《中国的问题群》的第 1 卷。另一部是深町英夫编撰的《中国政治体制100 年》,它是中央大学政策文化综合研究所主办的研讨会论文集。两部著作都试图描绘出 20 世纪中国政治体制的连贯性,尽管国民党和共产党用意识形态和武力进行了对立和斗争,但二者在实现国家、政府和党的一体化构造("党国体制")方面并无二致。

中国的"党国"和社会之间的关系是日本研究中国政治的学者们最为关心的问题之一。早在 1993 年,毛里和子就在她出版的第一部著作《当代中国政治》中,强调了党、国家和军队作为中国政治体系主要构成的重要性,她试图分析这三者的结构特性和相互关系。在 2004 年的修订版中,作者新加了《比较视野下的中国政治》一章。在这一章中,她尝试用比较政治学的视角分析当代中国的政治体制。她认为,政府和执政党的一体化,以及执政党对行政资源的独占式使用,是中国政治体系的特征。

国分良成对中国官僚体制的研究,集中于作为中国指令性经济核心部门的国家计划委员会。在《当代中国政治与官僚体制》一书中,国分教授通过对计划委员会的行动分析,指出了中国政治体系的核心问题,他认为,中央计委在国家领导人的频繁干预下未能发挥其专业功能。1978 年以后,随着"计划"从中国官僚机构的词汇中消失,中央计委最终被国家发展与改革委员会所取代。

事实上,在很长的一段时间里,日本的中国政治研究一直受到学者们对华政治立场的影响。中国政治研究在日本的政治化,妨碍了实证研究的进行。为此,加加美光行等学者呼吁日本的中国政治研究应该采用新方法,尤其需要实证研究。此后,日本学者对于以往较少涉足的领域也展开了实证研究,如对"文化大革命"和基层抗争的研究,已取得了一些成果。加加美光行长期从事当代中国政治研究,《历史中的中国"文化大革命"》是他 20 余年研究的总结。在这本书中,他注重研究"文革"产生的原因,他不同意从权力之争分析"文革"起因的观点,认为"文革"是毛泽东和中国共产党进行社会主义建设道路探索过程中的失误,而非中央领导人之间的权力斗争。此后,还出版了国分良成编著的《中国"文化大革命"再论》。

角崎信也在《"大众路线"与"抗争政治"——"大饥荒"后农村统治方式的变化(1960—1962)》[①]一文中,就毛泽东等领导人对因"三年困难时期"而浮现出的农村问题,尤其是对基层干部问题的处理及其对维持体制方面的意义做了探讨。作者认为,在"大跃进"失败之后,共产党把存在"官僚主义"倾向的干部视作既成事实,并有意或无意地在基层领域开放了对他们展开批判的空间,激活了基层的"抗争政治",从而避免了体制濒临崩溃的危机。

考察"1949 年前后的连续与非连续"是"20 世纪中国史"这一研究视角的一个核心问题。由久保亨领衔的一批学者撰写的《1949 年前后的中国》是其中的一个代表。该书认为,虽然 1949 年的革命造成了巨大的断层,出现了一些失去连续性的领域,但仍有许多领域保持着它的连续性。各章作者分别从政治体制、政治团体、经济政策、对外贸易、军事战略等角度,去探讨连续与非连续的问题。当然,要给连续与非连续问题一个准确的答案,并不是一件容易的事。久保教授也承认,关注连续与非连续的问题,只不过是分析问题的一个视角,它本身并不是一个完美的方法论。[②]

由日本上海史研究会主持编辑的《建国前后的上海》推进了 20 世纪中国的地方史研究。本书分为《生活空间的再编》《经济空间的变容》《上海文化的连续与转变》三部分,共收录 14 篇论文,共同探讨"1949 年前后的连续与非连续"问题。如岩间一弘在《从"汉奸"告发运动来看战后上海的大众社会》一文

---

① 载国分良成、小岛华津子编:《现代中国政治外交的原点》,日本:庆应义塾大学出版会 2013 年版。

② 久保亨:《关于〈1949 年前后之中国〉的对话》,日本人间文化研究机构现代中国区域研究项目编:《当代日本中国研究》第 1 辑,北京:社会科学文献出版社 2013 年版,第 226—230 页。

中,以李泽事件为题材描写了都市民众如何参与战后告发"汉奸"的运动。岩间认为,1949 年前后的大众运动结构存在着很大的连续性。石岛纪之的《从保甲制度到居民委员会》一文,讨论了国家对基层社会统治的变化。石岛认为,随着共产党政权深入到里弄,将住户组织成居民委员会,上海基层社会从人际关系稀薄的空间转换为紧密的空间。福士由纪在《从战后内战期到中华人民共和国成立初期的卫生运动》一文中,论述了从战后至中华人民共和国成立初期上海卫生行政的变化。战后国民政府试图利用保甲推进卫生防疫事业,但效果并不理想,中华人民共和国成立后,各种各样的基层组织保证了大规模的卫生动员的实施。小浜正子在《从非法堕胎到计划生育》一文中观察到对生育控制的舆论变化。为表明中华人民共和国社会制度的优越性,中华人民共和国成立初期对生育控制有较多的批判,而随着人口急剧增长,有关计划生育"科学的""有计划"的言论逐渐占据主流空间。菊池敏夫的《中华人民共和国成立前后的上海的百货店》观察到上海商业陈设的变化,1949 年后许多商品橱窗被用于政治宣传。

笹川裕史的《中华人民共和国诞生的社会史》同样是一部地方史。该书以生活在四川城乡的普通民众为研究对象,力图呈现自中日战后至中华人民共和国成立初期的社会变化脉络。中日战争结束后,内战紧接着开始,地方社会所承受的负担日趋沉重。共产党政权取得胜利以后,征粮的紧迫性并未因内战结束而消逝。由于解放军要向西康、西藏等地推进,四川省成为军粮供应基地。作者认为,较之国民党政权,中国共产党政权对农民的管控能力要强得多。作者在书中对传统的革命史观提出批判,不同于"抗日根据地"与"老解放区",四川等地区显然走过了不一样的"解放"历程。在华中以南,除苏区外,很多地区在中华人民共和国成立以前从未接受过共产党的统治或参加过共产党组织的运动,共产党政权在这些地区的统治基础是通过军事征服或当地军阀势力倒戈而实现的。共产党之所以能够在这些地方确立其统治,是因为早在国民党统治末期即已扎根的对富人的憎恨,以及部分富人为摆脱憎恨而转变为"开明地主"的倾向逐步扩大和渗透。这项研究同样说明了 1949 年革命成功之前与之后的中国社会具有一定的连续性。

郑浩澜在《中国农村社会与革命:井冈山之村落之历史的变迁》一书中,以井冈山的几个自然村为例,探讨农村社会的变化和连续性。社会主义革命对于农村社会的影响是深刻的,以至于我们很容易忽视社会的原生结构对国家统治方式的影响。正如小岛朋之在《中国政治与群众路线》中指出的,研究者往往将党所追求的目标与现实社会的实际情况相混淆。为此,《中国农村社会与革命》要讨论的重点不是 1949 年以后的土地改革、农业集体化、人民公社化运动如何让农村社会发生变化,而是要讨论这些革命运动的开展如何受到农村社会结构的影响。作者认为,在共产党的政策给农村社会带来巨大变化的同时,农村社会的私人性特点依旧延续。如在土地改革以前已废除了保甲制,建立了农民协会,但随着土地改革的展开,政权对农民协会进行了三次整顿,大规模地替换了农民协会的干部。原因是认为农协中混入了不少地主和富农,而许多一般成员也与地主、富农之间有着种种私人关系。作者指出,农村社会存在着各种各样的私人关系,用"阶级"这一概念割断这些私人关系是不现实的。又如 1951 年春设立的互助组大多是在农业习惯的基础上建立的季节性、临时性互助组,与此后大量建立的常年性互助组不同,更容易被农民所接受,后者只有少数能够成功。"大跃进"失败以后,人民公社进行了"三级所有,队为基础"的体制改革,这次改革使得人民公社得以比较稳定地维持到 20 世纪 80 年代初期,原因是它将队员的私人利益与生产队的公共利益结合在一起。

第二节　韩国的中国当代史研究

与日本相比,韩国的中国当代史研究历史较短。中华人民共和国成立后,受到国际形势的影响,尤其是在朝鲜半岛南北分裂的特殊环境下,中韩两国的交流在很长的一段时间里被隔绝了。

一、主要研究机构及项目

20 世纪 50 年代至 70 年代,韩国的中国学研究成果很少,但仍有一些学者持续关注中国研究。1955 年,李相殷、车柱环、金庠基、金俊烨等学者发起创建了韩国中国学会,出版《中国学报》(中文版)刊物一种。学会创建初期只有 21 名会员,如今已增至千人以上。2000 年,韩国中国学会又创办了《国际中国学研究》(中文和英文版)杂志。现在,韩国中国学会已发展成为韩国中国学研究最具代表性的综合性团体和韩国最大的学会,研究领域由文史哲扩展到语言、政治、经济、法律、考古和美术等各领域。

　　1957 年成立的高丽大学亚洲研究所是韩国国内最早成立的大学附属研究机构,发行刊物《亚洲研究》。其后,1972 年,韩国外国语大学组织韩国中国学界的专家,以汉语系为基础成立了中国研究所,出版有《中国研究》。该研究所的宗旨是分析和整理中国学诸多领域的理论特点,研究在韩国现实中需要解决的问题。庆南大学的远东问题研究所成立于 1973 年,并于 1977 年创办了英文学术期刊《亚洲展望》(*Asian Perspective*)。该刊物与美国的大学联合出版,1996 年被韩国教育部评选为社科领域最优秀的国际性刊物。

　　随着 1972 年中美关系解冻,中国正式加入联合国,韩国政府愈发意识到中国学研究的重要性,开始在汉城大学、成均馆大学和韩国外国语大学设立了中文系。在韩国的中国研究历史上,最有影响力的汉阳大学中国问题研究所(1980 年与苏联问题研究所合并成为中苏研究所,1997 年扩编为亚太地区研究中心)就是在这之后成立的。不过,当时的中国研究,还只是共产主义国家研究的一个环节。继汉阳大学之后,檀国大学、启明大学、成均馆大学、西江大学也相继成立了中国研究的专门机构(见表 3 - 1)。

表 3 - 1　韩国的中国研究专门机构

大学	研究所	成立年份	刊物
汉阳大学	中国问题研究所	1974	《中苏研究》
檀国大学	中国研究所	1977	《中国研究》
启明大学	中国学研究所	1979	《中国学志》
建国大学	中国问题研究所	1981	《中国研究》
西江大学	东亚研究所	1981	《东亚研究》
国民大学	中国问题研究所	1982	《中国学论丛》
成均馆大学	现代中国研究所	1989	《现代中国研究》

　　进入 20 世纪 90 年代以后,特别是 1992 年中韩两国正式建立外交关系,韩国的研究人员可以到中国进行学术访问,收集一手资料,与中国学者进行学术讨论,此后有越来越多的韩国学者在中国研究的国际期刊如《中国季刊》和《中国杂志》上发表文章。成立于 20 世纪 90 年代的中国现代史研究会(后来发展为中国近现代史学会)和中国史学会,分别发行有会刊《中国近现代史研究》和《中国史研究》,二者是目前刊载有韩国中国当代史研究的重要学术刊物。

　　韩国学术振兴财团是韩国教育部出资创办的独立财团法人,旨在为更有效地开展学术活动提供支持,促进学术研究和学术交流。1997 年,学术振兴财团开始拓展海外区域研究,但到了 1999 年就中断了,中国研究也备受影响。2002 年以后,情况发生了很大改善,特别是 2004 年,总计 680 亿韩元的研究经费得以批准。这其中,有 134 个人文社会科学领域的课题,有 9 个是与中国有关的课题。

二、近年来重要研究成果

　　20 世纪 50 年代至 70 年代,在中韩两国交流受阻的年代,仍有部分学者坚持从事中国历史研究。金俊烨、闵斗基等学者是其中的代表。金俊烨的学术生涯开始于 20 世纪 40—50 年代,在几十年的中国研究中,先后发表了《中国共产党史》《中国现代史》《中共与亚洲》《我的长征》《我与中国》等著作,在他的直接影响下,韩国的中国近现代史研究得以展开。韩国中国学界另一个颇有影响力的学者闵斗基,在中国近现代史研究方面也取得了大量的研究成果,先后出版了《中国近代史研究》《中国近代史论》《辛亥革命史》等论著和近百篇学术论文。20 世纪 80 年代以后,更多的韩国学者开始关注中国的社会主义现代化建设,这方面的成果主要有郭德焕的《从文化重建看中国现代化》、李熙玉的《中国是作为社会主义国家发展吗？——以中国的马克思主义再解释和"社会主义"论争为中心》和朴炳爽的《中国现代化与文化模式选择》等。90 年代以后,又出现了洪广烨的《关于毛泽东对马克思主义的受容之考察》、金河龙的《中共文化革命研究》、吴炳宪的《毛泽东思想》、罗昌柱的《中共指导思想》《毛泽东的生涯和斗争》《周恩来》等中国现当代史研究论著。此外,韩国学术界对同属社会主义阵营的中朝两国关系十分关注,韩国出版了不少有关中朝关系史的论著。如李钟奭的《国共内战时北韩—中国关系》《北韩—中国关系(1945—2000)》、朴斗福的《中国·北韩高层交流恢复与中北关系》等。

　　2000 年以后,中国"东北边疆历史与现状系列研究工程"(简称"东北工程")的启动,在韩国学术界引起反响,一时间有关中国边疆及少数民族的研究成为韩国学术界的热门议题,并持续至今。相继发表有朴宣泠的《中华人民共和国的版图形成与新疆:新疆的特殊性与新疆生产建设兵团的国内外的挑战》、朴章培的《中国的对西藏政策》、李沅埈的《中华人民共和国成立前后中国共产党的少数民族政策:以"美帝国主义"威胁与民族团结论为中心》,以及具素英的《1957—1958 年中国共产党的地方民族主义批评：以新疆维吾尔自治区为中心》等专论。

近年来，越来越多的韩国学者来到中国，利用一手资料进行实证研究，极大地扩展了研究领域。如朴尚洙和尹炯振对 20 世纪 50 年代北京城市政治史的研究尤为突出，已发表有朴尚洙的《中国城市人民公社建设时期在街道空间里的国家与社会，1958—1965》《1950 年代北京街道"空间"与居民委员会的运作方式》《中华人民共和国初期北京基层"Governance（协治）"体系的形成：在城市街道里的国家与社会，1949—1954》、尹炯振的《党治原则与工会：以 1949 年前后北京为中心》《社会主义改造与北京的房屋问题》《中国共产党的北京接管与户政》《中华人民共和国时期组织城市人民的方式的形成：以建国初期（1949—1954）北京的各地区居民组织为中心》等多篇论文。此外，金志勋对 20 世纪 50 年代中国的财政经济的研究，金真经对朝鲜战争和土地改革的研究，朴敬石对婚姻法的研究，孙章勋对基督教运动的研究，张粹芝对禁娼运动的研究，俞长根对秘密社会的研究，白承旭、孙承会对"文化大革命"的研究，同样引人关注。

随着"中国热"在韩国的形成，韩国学习汉语的学生与日俱增，韩国政府也越来越重视中国研究。不过总体而言，目前韩国从事中国历史研究的学者还没有形成核心的议题和研究团队，研究对象较为分散，尤其是中国当代史研究还未形成较大的国际影响力。值得一提的是，在 2003 年韩国政府公布的"培养中国问题专家的报告"中曾指出，2004—2008 年，韩国计划要培养 2.2 万名具有理工科和文科专业知识背景、通晓中国问题的学士、硕士和博士，如今初见成效。韩国高校的硕、博士研究生已成为中国当代史研究的新生力量，他们的学位论文涉及 1949 年后的历次政治运动、城市基层组织、国营企业及工人、农村市场及国家—农民关系演变等诸多研究议题，有望推动韩国的中国当代史研究向纵深方向发展。

第三节　澳大利亚的中国当代史研究

澳大利亚虽地处亚太地区，但在历史上其与欧美的联系更加紧密。20 世纪 80 年代以后，澳大利亚与亚洲国家在经济、政治、移民等方面的联系加深，亚洲研究在澳大利亚发展迅猛。中国作为东亚地区最重要的国家之一，是澳大利亚亚洲研究战略中不可忽视的一部分。

一、主要研究机构及项目

随着澳大利亚中国学的发展,许多高校都设立了专门的中国研究机构。特别是 20 世纪 60—70 年代新成立的大学逐渐将中国研究的重点向现代和当代转移。[①]

澳大利亚国立大学当代中国研究中心成立于 1970 年,致力于为澳大利亚国立大学和整个澳大利亚的中国研究提供交流和探讨的机会与场所。中心的定期出版物《中国杂志》(China Journal)是一份主要刊登当代中国研究学术成果的国际刊物。其投稿须知称,该期刊"关注 1949 年以来有关中国、中国香港、中国台湾的主题,也关注 1949 年以前但有助于理解共产党的历史以及当代重大事件的主题"。

中国省份研究中心是新南威尔士大学和悉尼理工大学合办的研究机构。1994 年,悉尼理工大学国际研究所发起的一个有关改革中的中国各省的研究课题组是该研究中心的前身,1998 年中心作为两所大学合办的研究机构正式成立。中心的主旨一是通过对研究课题、研究成果出版的支持来开展与中国各省有关的高质量的和原创性的研究工作;二是通过博士和博士后一级的研究培训,培养了解中国各省、地方文化与社会的高级专门人才;三是通过建立国家级的相关信息中心,为政府与企业界提供服务。中心的学术刊物为《中国省份杂志》(Provincial China Journal)。

其他大学设立的中国研究机构,还有悉尼大学中国研究中心、墨尔本大学当代中国研究中心、悉尼科技大学中国研究中心、澳中关系研究院,以及设于麦考瑞大学的中国政治经济中心、位于阿德莱德大学的中国经济研究小组等。

以上只是一些直接以"中国研究"命名的研究机构及刊物,事实上,澳大利亚各大学中均有一些专门从事中国问题研究的学者,或在院系中,或在亚洲问题研究机构中。另有一些刊有中国研究的刊物。如创办于 1961 年的《澳大利亚东方学会杂志》,由悉尼大学亚太研究院主办,其中中国研究占有相当大的比重。澳大利亚国立大学远东历史系创办的《东亚历史》,也刊登有与中国历史主题相关的论文。《亚洲研究评论》是澳大利亚亚洲研究协会的代表刊物,

---

① 何培忠主编:《当代国外中国学研究》,北京:商务印书馆 2006 年版,第 357 页。

其内容既包括历史、经济、文学等传统学科，也涉及大众文化、环境卫生等多个领域。

澳大利亚亚洲研究协会成立于 1975 年，中国研究一直是该协会的研究重点。随着中国研究的发展，成立一个独立的中国研究协会的呼声渐长。1989 年，澳大利亚中国研究协会正式成立。协会每年出版两期通讯，介绍中国研究的发展状况与特点，以及相关的研究计划和学术活动。该协会的宗旨是"在所有学术领域内鼓励并促进对中国的研究，并为对中国问题有兴趣的学者提供各种信息交流的渠道"。其每两年举行一次的学术讨论会已成为澳大利亚本国的中国学家，以及世界上其他国家和地区的中国学家的盛会。

澳大利亚研究理事会是澳大利亚政府的最高学术管理机构。从 2001 年开始，该机构每年定期发布"探索发现类"研究项目，鼓励大学和科研机构开展基础研究，提升国家的创新能力，推动经济增长和创造就业，这是目前澳大利亚级别最高、资助力度最大的国家资助项目。据统计，从 2001 年至今，澳大利亚研究理事会共资助了超过 150 项有关中国研究的课题，远高于对其他国家研究的资助。从受到资助立项的课题研究内容上看，除了传统中国学偏重的学科（如历史、文学和文化研究）外，当代中国问题的研究已经成为最受重视的领域，其中经济、教育等与澳大利亚的切身经济利益相关的课题尤其受到支持。

如 2003 年获得资助的"中国的隐秘的经济活动领导人：家族企业中的妇女"课题，由悉尼理工大学承担，主持人为古德曼（David Goodman）教授，资助总金额为 20.3 万澳元，古德曼教授也是以主持人的身份获得资助次数最多的研究者之一。再如澳大利亚国立大学杰华（Tamara Jacka）教授主持的"改变中国农村的办法，性别问题与发展""中国农村的性别、家庭冲突与自杀问题"等课题获得资助，先后出版了《人在旅途：女性与当代中国的城乡流动》（与他人合编）、《都市里的农家女：性别、流动与社会变迁》（中文版已于 2006 年出版）等专著。其他涉及当代中国问题的课题还有：澳大利亚国立大学孟昕教授主持的"私人财富积累、财富分配与中国城市的社会福利改革"、悉尼科技大学孙皖宁教授主持的"媒体视野中中国农民工的婚恋问题"、澳大利亚迪肯大学何包钢教授主持的"从协商民主看崛起中国的民主化"等。

二、近年来重要研究成果

在澳大利亚的中国学领域中,费子智(Charles P. Fitzgerald)、费思芬(Stephen Fitzgerald)等属于老一代学者,其后又有一批新一代的中国学学者成长起来,如马克林(Colin Mackerras)、费约翰(John J. Fitzgerald)、泰韦斯(Frederick C. Teiwes)、古德曼、安戈(Jonathan Unger)、陈佩华(Anita Chan)等。这里,着重介绍从事中国当代史研究的学者。

对中国政治进行研究的澳大利亚学者为数不少,悉尼大学的荣休教授泰韦斯是其中的代表人物之一。早在 20 世纪出版《剑桥中华人民共和国史(1949—1965)》时,泰韦斯就撰写了其中的一章"新政权的建立和巩固"。泰韦斯在西方中国学界尤以毛泽东研究闻名,相继出版了《中国的领导、合法性、冲突:从超凡魅力的毛泽东到继承政治》①《毛泽东营垒里的政治:高岗和 20 世纪 50 年代前期的党内派别活动》《中国农业合作化的政治:毛泽东、邓子恢和1955 年的高潮》《中国的灾难之路:大跃进运动中的毛泽东、中央政治家和省级领导人,1955—1959》等多部著作。近年,泰韦斯又与孙万国合著《毛泽东时代的终结:"文化大革命"尾声的中国政治(1972—1976)》,该书记述了 1972 年批林整风运动到 1976 年揭批"四人帮"这段历史中一系列重要的政治事件,提出了和以往不一样的认识。作者认为,虽然这几年是"毛主义"结束时期,毛泽东的控制力日渐式微,但其政治权威来源于革命的遗产,这种权威并没有因其后期统治中出现的问题而削弱。这项研究有助于加深对新时期改革起源的认识。除了毛泽东,泰韦斯也将目光投向了当代中国历史上的其他重要人物,其与孙万国合著的另一部著作《林彪的悲剧:骑虎难下的"文革"岁月》试图运用其掌握的资料,对林彪其人及林彪事件始末做重新梳理和评价。

澳大利亚格里菲斯大学的荣休教授尼克·奈特(Nick Knight)是国外毛泽东研究领域第一个明确提出"重新思考"毛泽东的学者。他认为,毛泽东本身的复杂性,决定了并不存在一个关于毛泽东思想肖像的单一性、永恒性定论,关于毛泽东的认识与理解需要不断被刷新。在从事毛泽东研究 30 余年

---

① Frederick C. Teiwes, *Leadership, Legitimacy, and Conflict in China: From a Charismatic Mao to the Politics of Succession*, Armonk, N. Y.: M. E. Sharpe, 1984. 该书于 1991 年出版了中译本《从毛泽东到邓小平》(中共中央党校出版社),做了部分修改。

后，奈特在《关于毛泽东的再思考：毛泽东思想探微》一书中，基于纯粹的学术研究立场，将毛泽东作为一个社会主义领袖和马克思主义者进行分析，考察了毛泽东对于农民和工人阶级在中国革命中作用的认识，对于马克思主义中国化的理论认识以及对中国社会主义道路的理解等问题。奈特"重新思考"毛泽东的理论呼吁，既是对他个人毛泽东研究生涯的一个总结，也是对当代毛泽东研究进一步深入推进的一次理论探讨。

悉尼大学的古德曼教授也以当代中国政治研究见长，其著作颇丰，独立执笔或与他人合作完成《中华人民共和国的中央和省：四川和贵州（1955—1965）》《邓小平与中国革命：一部政治传记》①《中国静悄悄的革命：国家与社会间的新互动》《中国的共产主义革命：中华人民共和国50年》《中国的农民和工人》《中国中产阶级：身份与行为》等多部著作，并有多部中文书稿出版。

弗林德斯大学的布鲁格（Bill Brugger）同样关注中国的政治研究，他研究的重点是意识形态和马列主义。布鲁格和马克林编撰的当代中国教材，被广泛使用于澳大利亚的大学中。

里克曼斯（Belgian P. Ryckmans）主要从事中国"文化大革命"研究，因其对"文革"进行猛烈攻击而颇受争议。他始终认为冠以"文化大革命"之名只是当时权力斗争的烟幕而已，绝无"文化"或"革命"的意义。里克曼斯有关"文革"的作品都是以西蒙·利斯（Simon Leys）的笔名发表的。与里克曼斯不同，高默波对"文化大革命"的态度要积极很多，在《为中国的过去而战：毛泽东与"文化大革命"》一书中他认为，大多数中国人实际上受惠于毛泽东的政策，如为城市贫困人口建立全面福利系统的政策、为农村地区提供基本医疗和教育保障的政策等。

近期，澳大利亚国立大学的意大利籍学者邓利杰（Luigi Tomba）凭借其新著《邻家政府：中国城市中的社区政治》摘得2016年"约瑟夫·列文森图书奖"。该书通过对北京、沈阳、成都等多个城市的观察，挑战了一种传统看法，即认为拥有房产的中产阶层有助形成公民社会，他的研究认为，房产私有化反而加强了政府控制能力。在对新开发的房地产项目的研究中，他指出，这是一

---

① David Goodman, *Deng Xiaoping and the Chinese Revolution: A Political Biography*, London & New York: Routledge, 1994. 该书于1995年出版了中译本《邓小平政治评传》（中共中央党校出版社）。

个国家工程的组成部分,其目的在于通过创建关于地位和道德的"飞地"来促进共识。

在中国经济研究方面,以澳大利亚阿德莱德大学的安德鲁·沃森(Andrew Watson)教授为代表,沃森曾在中国任教,从事关于中国经济改革、农村经济与市场等多个项目的研究。

在中国当代社会生活史方面,现就职于澳大利亚国立大学的安戈(Jonathan Unger)、悉尼科技大学的陈佩华(Anita Chan)与美籍学者赵文词(Richard Madsen)合著的《当代中国农村历沧桑:毛邓体制下的陈村》,是西方学者撰写的第一本关于中国现代农村生活的专著。书中探讨了 1949 年后的历次政治运动以及改革开放对陈村政治、经济和社会的冲击和影响,从而再现了广东这个叫"陈村"的小村庄从 20 世纪 50 年代到 90 年代的社会变迁史。该书的英文版初版于 1984 年,时间下限到 1981 年为止。1992 年,出版了英文增订版。1996 年再经修订由香港牛津大学出版社出版了中译本,并将时间下限延伸至 20 世纪 90 年代。陈佩华的另一部著作《毛主席的孩子们:红卫兵一代的成长和经历》,通过采访一批成长在新中国、"文革"后到香港发展的内地城市中等阶层的心路历程,洞悉那一代人的政治社会化过程。

第四节　印度的中国当代史研究

印度的中国学研究起步得很早,但到了 20 世纪 60—80 年代几乎完全停滞,至 90 年代恢复,其标志是 1990 年中国研究所的建立。

一、主要研究机构及项目

印度中国研究所,是印度一所专门从事中国问题研究的权威学术机构。中国研究所的前身是成立于 1969 年的中国研究小组,由德里大学、尼赫鲁大学、发展中国家研究中心、经济增长研究所、国防分析研究所等机构的中国问题学者发起和建立的一个非正式的学术论坛。中国研究小组定期就中国的时事问题和相关研究主题组织专家进行讨论,并协助编辑出版《中国述评》(China Report)。1978 年以后,《中国述评》成为中国研究小组的正式刊物,印度发展中国家研究中心成为该小组的主要活动机构。1990 年在中国研究小组的基础上,建成中国研究所,其主要宗旨是通过发起、承担和支持所内外的研究课题,积极促进印度中国学的系统研究;为该领域的学术交流和合作提供论坛;建设相关数据库,提供信息服务;促进印度学术机构和学者与中国和世界其他各国的学术交流活动。

中国研究所先后完成了多项研究课题,如 19 世纪鸦片战争和中西方关系、五四运动、中国革命、中国对民族解放运动的政策、中国的科学和技术、印中现代化进程之比较、印中共产主义运动之比较、印中文化交流史、中国农村改革调查、中国国防现代化、中国教育发展状况、中国与新的世界秩序、迈入 21世纪的中国等。1999 年中国研究所成立经济研究小组,重点关注当代中国经济、印中经济发展之比较以及印中双边经济关系中的重大课题,并与印度工业联合会、塔塔钢铁公司等机构和企业合作开展专题研究。

目前,该所负责出版的《中国述评》是印度乃至南亚地区关于中国和东亚研究的唯一刊物。该杂志主要栏目有学术论文、时事述评、回顾评论、书评、文献资料(中国政府文件和领导人讲话等)、中国与南亚关系的大事年表等,涉及学科范围包括经济学、历史学、国际关系学、法学、政治学和社会学等,涉及地区以中国为核心,还包括中国的东亚邻国,特别侧重于这些国家的文化、发展状况以及与中国的关系。

尼赫鲁大学国际问题学院是 20 世纪 50 年代根据印度前总理尼赫鲁的建议组建的,于 70 年代并入尼赫鲁大学。一批来自日本和美国的学者在这里开展东亚研究,在此基础上形成了现在的东亚研究中心,该中心主要研究现当代中国问题。

德里大学中日研究系由德里大学佛学系发展而来。1964 年,美国福特基金会提供大量资金建立了中国研究中心,一年后发展为中国研究系,后由于日本基金的加入而改为现在的中日研究系。

其他从事中国研究的机构还有:印度世界事务理事会、印度历史研究会、政策研究中心、印度国防分析研究所、印度社会科学研究会等。

二、近年来重要研究成果

戴高文(G. P. Deshpande)教授曾是中国研究小组的创始成员之一,主要研究中国政治和对外关系。著有《中国的"文化大革命":来自印度的观察》,与古普塔(H. K. Gupta)合著有《反帝联合阵线:中国对非洲的外交政策》,与阿尔卡·阿查亚(Alka Acharya)合作主编有《50 年的印度和中国跨越梦想的桥梁》。

其他几位中国研究小组的创始成员：莫汉蒂（Manoranjan Mohanty）主要进行中国政治、意识形态及印度和中国发展之比较研究,著有《毛泽东的政治哲学》《中国革命：关于非西方社会变革的比较观察》；巴塔恰尔吉（Mira Sinha Bhattacharjea）教授先后进行"印中边界""中国世界观""印度、甘地和毛泽东"等重大课题的研究工作,并担任中国研究所"迈入 21 世纪的中国"研究项目的负责人,编著有《中国、世界和印度》；斯瑞麦蒂·恰克拉巴尔蒂（Sreemati Chakrabarti）著有《中国和纳萨尔派分子》《毛泽东、中国的知识分子和"文化大革命"》等；康维诺（Vinod C. Khanna）主要研究中国的外交政策和印度与东南亚的传统文化交流,与任嘉德（C. V. Ranganatha）合著有《印度和中国：毛泽东对印战争后的前途》。

中印边界问题一直是印度学界研究的一大热点。1962 年中印边界战争之后,有印度学者和西方学界一起指责中国对印度"发动了无端的侵略",这种观点至今仍有影响力。20 世纪 70 年代以后,印度和西方学界开始对以上观点进行了部分修正。特别是 20 世纪末至 21 世纪初,印度学界掀起了反思中印边界问题的研究热潮。任嘉德和康维诺在《印度和中国：毛泽东对印战争后的前途》一书中认为,中印两国对边界战争和双边关系的恶化,都负有责任,双方之间存在误解并都拒绝了对方提出的某些避免冲突的建议。斯瓦密（Subramanian Swamy）认为,中印边界在历史上从未划定,尼赫鲁所坚持的"麦克马洪线"没有任何法律效力,中国也从未承认,印度在中印边界纠纷中负有主要责任。狄伯杰（B. R. Deepak）指出,在中国看来,印度在西藏问题上的所作所为以及在边界地区执行的"前进政策",对西藏安全和中国安全构成严重威胁,因此,中方决定先发制人。1962 年中印边界战争很快以中国的胜利告终,辛格·赛杜（W. P. Singh Sidhu）认为这是因为中国掌握了作战时机,由于美苏陷入古巴导弹危机,苏联需要社会主义国家的支持,暂时改变了在中印边界问题上偏袒印度的立场,美国也没有批准印度对武力支持的请求。

随着中国经济的崛起,自 2003 年以来,印度当代中国研究开始转向对中国经济增长以及社会转型中出现的社会问题的探讨,如 2012 年在圣地尼坦举行的第五届印度中国研究年会上,涉及中国经济模式和社会问题的论文有 16 篇,数量远远超过以往印度中国学界的大热门——包括中印边界纠纷在内的中印外交研究成果。

许多印度学者对印度经济何时赶超中国的问题抱有极大的兴趣,以古鲁斯瓦米(Mohan Guruswamy)和辛格(Zorawar Daulet Singh)所著《追龙:印度能否赶超中国》、萨勃拉曼尼亚(Arvind Subramanian)的《暗淡:生活在中国经济支配的阴影之下》、普拉纳布·巴丹(Pranab Bardhan)的《觉醒的泥足巨人:中印经济崛起评估》和乔杜里·巴尔(Raghav Bahl)的《超级大国? 中国兔与印度龟的奇妙赛跑》为代表。莫汉蒂也长期致力于中印两国经济和社会发展的比较研究,近年出版的著作有《印度与中国的草根民主》和《中国的成功陷阱:对世界发展的启示》等。也有不少学者认为,对印度何时超越中国问题的讨论意义不大,主张中印是不可分割的整体,建立"亚洲共同体"将有利于双方发展乃至世界和平。杰伦·兰密施(Jairam Ramesh)在他的著作《理解CHINDIA:关于中国与印度的思考》中,创造了 Chindia 这一新词,意指中印一体,后来被译为"中印大同"。

与以上研究对中国崛起持较为积极的态度不同,一些印度学者对中国充满敌意,认为中国崛起是对周边国家的"威胁"。相关的研究如塔伦·卡纳(Tarun Khanna)的《数十亿企业家:中国和印度是如何定位他们的将来和你们的》、莫汉·马利克(Mohan Malik)的《中国和印度:大权的角逐者》和《龙的恐怖主义》以及布拉马·切拉尼(Brahma Chellaney)的《亚洲主宰:中国、印度和日本的崛起》和《水:亚洲的新战场》等。

这里还应该提到那些在印度开始他们的中国学研究,后来去美国或其他地区从事研究和教学的学者,其中不得不提的是印度裔美籍学者杜赞奇(Prasenjit Duara)。其代表作《文化、权利与国家:1900—1942 年的华北农村》,曾先后荣获 1989 年度的"美国历史学会费正清奖"以及 1990 年度的"亚洲研究学会列文森奖"。他的另两部代表作是《从民族国家中拯救历史:民族主义话语与中国现代史研究》和《主权与真实性:满洲国与东亚现代进程》。久负盛名的《文化、权利与国家》这部著作试图以历史纵向与文化横向两条脉络勾勒出 20 世纪前半期中国华北乡村的社会全景,并试图回答由晚清政府启动的旨在拯救民族危亡继而扩大国家权力的现代化过程,缘何在华北乡村遭遇失败? 又为何当民国政权意欲延续这一过程时,却以共产党在中国获得政权而告终? 杜赞奇认为,中国共产党发动的社会革命之所以能顺应民心,取得成功,其中一个重要原因就是清末和民国政权忽视了乡村权力文化网络的作用,强行扩张导致"国家政权内卷化",从而失去其实现"政权建设"宏愿的有利条件,最终不得不让位于共产党政权。

第五节 东南亚的中国当代史研究

东南亚的中国学研究是一个容易被忽视的区域,较之于亚太地区的其他国家与地区的学者来说,我们对于东南亚学者的了解相对有限。事实上,东南亚的中国学研究开始得很早,且因其有较多的华人,与中国的联系尤为紧密。这里着重介绍越南和新加坡的中国当代史研究状况。

一、越 南

中越两国有着悠久的历史联系,推动了越南中国学的长期发展,直至 20 世纪 70 年代由于军事冲突出现波折,陷于停顿。1991 年两国恢复正常邦交后,越南的中国学研究进入了一个新的发展阶段,除了加强对传统问题的研究以外,对现实问题的研究尤其受到重视。

越南社会科学院中国研究所是越南目前研究力量最为雄厚、研究范围最为广泛的官方研究机构。该所成立于 1993 年,起初名为"中国研究中心",2004 年改名为"中国研究所",发行有《中国研究》杂志。中国研究所侧重于中国现实问题的研究,尤其是对中国改革开放以来政治和经济变化的研究。其宗旨一是开展中国问题的基础研究;二是开展为政府提供决策依据的对策研究;三是培养中国学人才,推广和普及关于中国的知识。中国研究所对中国的研究关注主要集中在中国改革开放后的法治建设、"三农"问题、社会保障、阶层变化、和谐社会建设、市场经济体制调整与完善、"入世"经验、人才战略、兴边富民政策及其对越南的启示,以及评估中国崛起对越南的影响等方面,同时,对越中两国各年发生的重要事件进行汇编。中国研究所对中国研究主要采取资料分析、定量—定性相结合的研究方法,虽然经常与国内外专家交换意见,但缺乏实地调查研究是一个硬伤。[①]

越南社会科学院历史研究所、哲学研究所、文学研究所等科研单位中,也有部分学者专门从事与中国相关领域的研究。

---

① 黄世英:《当代越南的中国研究——以越南社会科学院中国研究所为中心》,何培忠主编:《国际视野中的中国研究:历史与现在》,北京:中国社会科学出版社 2013 年版,第 80—81 页。

越南政府各部委的研究机构主要有：越南共产党中央委员会的中国和东北亚司、胡志明政治—行政学院，越南外交部的东北亚司、战略研究所、外交学院，公安部的战略研究院，以及国防部的国防国际关系院等。其研究目的主要是为本部门提供决策参考依据，以情况调研、收集分析情报为主。

越南国内的一些高校，如河内国家社会科学与人文大学、河内师范大学均设有东方学系中国学专业和中国研究中心，还有许多大学设有东方系或中文系。

总体而言，越南的中国当代史研究主要着眼于中国改革开放以来的新时期，内容涉及政治、经济、文化、社会以及对外关系和国际关系等方方面面。政治领域的研究课题包括政治体制改革、法治国家建设、农村基层民主、中国崛起的政治保障等；经济领域的研究课题包括经济体制改革、国有企业改革、"三农"问题、吸引外资、中国"入世"以及中国经济崛起及其对越南的影响等；文化领域的研究课题包括文化体制改革、先进文化建设、发展文化产业和中国软实力文化建设等；社会领域的研究包括中国的社会阶层变化、和谐社会建设、公民社会建设和中国崛起所产生的社会问题等；对外关系领域包括中国冷战以来的对外政策调整和中美、中日、中俄、中印、中国与东盟等的关系等。中越关系也是一个研究重点。研究课题主要是与中国关系中的胡志明思想、两国关系的成就、问题和展望，其中包括两国关系中遗留的问题或面临的困难，如信心建设、贸易逆差、中国在越南投资和承包项目的质量问题、历史遗留问题等。

二、新　加　坡

在东南亚诸国中，除了越南，新加坡的中国研究也较为突出。新加坡的经济和学术在该地区最发达，且聚集了最多的华人人口。20 世纪 90 年代以来，随着东亚研究所等专业学术机构相继成立和越来越多的学者的引进，中国研究在新加坡迅速扩展。

大多数新加坡高校都设有中文系，不仅承担汉语教学任务，还进行中国问题的研究。新加坡国立大学中文系在从事中国语言、文学、历史、哲学和翻译等领域的传统汉学研究外，也关注东南亚华人社团的历史与文化研究，并特别关注与现实相关的、具有思想性和实用性的课题研究，出版有《东南亚华人研究丛书》《学术论文集刊》等书刊。

同样设立于新加坡国立大学的东亚研究所，有着独立的财政和科研。其最初是以儒家思想为研究重点,近年来将目光转向中国的现实问题,特别是对当代中国的政治、经济和社会发展,以及中国与世界迅速发展的经济一体化态势及其在该地区的政治和安全问题的研究。在从事学术研究的同时,向政府提供决策咨询服务也是东亚研究所目前的一项重要任务。出版有《中国:国际期刊》和《东亚研究所通讯》,一般以当代中国的某一重要主题或事件为中心主题。

新加坡南洋理工大学中华语言文化中心是一个开放式的研究机构,中心以研究中华语言和文化为重点,开展与本地华人社会有关的课题研究,包括东南亚华语和方言、东南亚华文和文学、东南亚华族历史与民俗、民族传统与华族社会等。出版有《南大语言文化学报》《南大语言文化丛书》等。

新加坡东南亚研究所主要从事东南亚地区内部和对外问题的研究。该所成立于1968年,是根据国会通过的一项法案而成立的,是新加坡历史最长的一个智库。从2004年开始,东南亚研究所开始了一项中国—东盟交流项目,邀请东南亚问题和国际问题的中国学者前来交流访问。成立于1996年的南洋理工大学国防与战略研究所也是一个政府智库,主要从事亚太地区的安全和战略问题研究。

此外,其他专业研究机构还有创办于1940年的新加坡南洋学会,是新加坡最早研究中国问题的组织,学会以南洋文化为研究重点,出版《南洋学报》等有关海外华人研究的学术刊物和研究专著;稍晚于南洋学会成立的新加坡中国学会,以促进对中国的了解、开展对中国的研究和推动东南亚文化事业发展为宗旨,会刊《中国学会年刊》创刊于1949年,以中英双语出版,涵盖文学、历史、社会、哲学、习俗、宗教文化等内容;新加坡亚洲研究学会成立于1982年,学会以推广亚洲文化,推动东南亚地区的汉学研究为宗旨,出版有《亚洲文化》、《东南亚史料丛刊》等,内容以海外华人研究为主;新加坡华裔馆成立于1995年,该馆主要进行海外中国、海外华人社团和海外华人全球化问题的研究,编辑出版海外华人百科全书、中国家谱和馆刊《华裔馆通讯》。

随着新加坡中国学研究的深入,中国研究学者的队伍也不断发展壮大。陈维龙、李绍茂、崔贵强、饶宗颐、王润华、许云樵等人是新加坡中国学研究的创始人和奠基人。较早期新加坡中国学研究的代表人物还有王赓武。他在中国学研究方面成果丰硕,主要有《中国与海外华人》《中国人的中国性》《社会与国家:中国、东南亚与澳大利亚》《中国与东南亚:神话、威胁与文化》《海外华人：从故土难离到寻求自立》《南海贸易》《南洋华人简史》《中国的再次崛起》《中国历史资料集》《东南亚的中国少数民族》《叛逆的改革者与当代华人传记》《1949 年以来的中国与世界：独立、现代性和革命的影响》等。陈照明、周清海、李焯然、吴英成、黄朝翰、郑永年等是 20 世纪 80 年代以后成长起来的新生代中国学研究学者，并大大拓展了研究领域。

新加坡作为一个高度国际化的国家，吸引着来自美国、欧洲、澳大利亚、中国的学者来此短暂访学或进修，从而使得新加坡的学者们能够经常与世界各地的学者交换意见，不断地提高他们的学术水平。目前新加坡关于当代中国的研究队伍中有半数以上曾在中国求学，多数在欧美的著名大学获得博士学位，不但通晓中国文化、政治和社会，而且还受到了西方良好的学术素养训练，有助于他们创作出高质量的学术著作，并能够在国际学术刊物上发表文章或出版著作。

第四章　欧洲地区的中国当代史研究综述

　　欧洲的中国研究始于 19 世纪。荷兰莱顿大学（Leiden University）于 1851 年设立中文专业；1876 年又设立第一个汉学教授职位，举办中国语言和文化讲座；从此，莱顿大学成为"欧洲汉学重镇"。①

　　20 世纪 70 年代晚期，当代中国研究开始兴起。在欧洲许多国家，这个新研究分支的出现打破了原有的研究领域，导致了一批新机构的诞生，因为重视传统研究的院系拒绝接受当代中国研究。英国、法国、意大利、斯堪的纳维亚地区的国家都存在这种现象，德国在一定程度上也是如此。只有莱顿大学在许理和的巧妙协调下避免了学科的分散化。同样幸运的是荷兰，因为经济历史学家维米尔（E. B. Vermeer）入主文献中心，鼓励当代中国研究的发展。80 年代早期，年轻的英国学者托尼·塞奇（Tony Saich）加入了文献中心，并于 1986 年被任命为莱顿大学的中国政府和政治研究教授。他与斯蒂芬·兰兹伯格（Stefan Landsberger）和彭轲（Frank Pieke）共同创立了欧洲最活跃的当代中国研究中心。②

　　根据欧洲科学基金会亚洲委员会委托亚洲研究国际研究所进行的一项调查，20 世纪 90 年代欧洲共有约 8 000 名亚洲研究学者。其中有五分之一（约 1 600 人）是"中国问题专家"。目前可能增加了几百人。欧洲中国研究学会有约 700 名会员。但是大多数从事当代中国研究的欧洲学者都不是这个学会的

---

　　①　本章参考中国社会科学院当代中国研究所的国史网站，http://www.hprc.org.cn/gsyj/yjjg/gwddzgyjjg，并根据近几年情况进行更新。

　　②　［美］沈大伟、［德］桑德施耐德、周弘主编，李靖堃等译：《中欧关系：观念、政策与前景》，北京：社会科学文献出版社 2010 年版，第 41 页。

会员。①

多年以来,欧洲中国研究协会是欧洲的中国研究者们得以会聚一堂的唯一渠道。该协会的历史可以追溯到 1948 年的第一届青年汉学大会。每两年一次的大会的主题和议程也仍然集中于传统汉学研究。1991 年建立的北欧中国研究协会,其宗旨是"提高针对中国的社会科学和人文学研究,鼓励信息交流,加强研究中国问题的学者和学生之间的交流"。该协会有大约 50 名成员,其主要侧重点是现代和当代中国研究。在 20 世纪 80 年代和 90 年代初,欧盟委员会支持的伊拉斯谟网络在推动欧洲的中国研究方面起到了主要作用。伊拉斯谟项目的目标是促进学生交流,并采取了分散化的执行方式。因而,伊拉斯谟在中国研究方面的计划被委托给一个大学网络来执行,这个网络包括了欧洲所有主要的中国研究机构。这些中心和研究所的代表们每两年召开一次会议来协调各大学之间的学生交流事宜。这些代表通常就是各中国研究中心的带头人或教授席位的拥有者。虽然该计划主要针对学生,但是研究人员通过两年一次的协调会形成了一个重要的信息和观念共享平台。伊拉斯谟网络项目的最大优点在于它与欧洲大学从事一线研究和教学的人员直接接触。由于某些原因,欧盟委员会决定将伊拉斯谟项目改为苏格拉底项目,该项目将侧重点从培育研究和教学环境转向了大学行政管理。此时正是伊拉斯谟项目刚刚开始意识到当代中国研究的重要性之际。近 10 年来,涌现了一批校际研究网络。瑞典的高等亚太研究所建于 2001 年,其主要宗旨是为亚洲研究方面的博士生提供支持,促进瑞典和国际学术团体之间的互动。芬兰于 1996 年建立了一个东亚和东南亚研究网络,芬兰所有的 20 个大学都是该网络的成员。在欧洲层面上,以杜伊斯堡—埃森大学为基地,其他七个机构参加,成立了当代东亚研究欧洲大学网络。这些研究网络代表了一种新的发展趋势,即重视该学科发展的一个关键因素:吸引和培养新的研究力量。②

欧洲当代中国研究界的一个重要事件是 1996 年欧盟—中国学术网络的建立。该网络的建立源于沈大伟在伦敦大学东方与非洲研究学院工作的最后三年中所形成的构想。成立该网络的目的是为研究当代中国问题的学者建立

①　［美］沈大伟、［德］桑德施耐德、周弘主编,李靖堃等译:《中欧关系:观念、政策与前景》,北京:社会科学文献出版社 2010 年版,第 44 页。

②　［美］沈大伟、［德］桑德施耐德、周弘主编,李靖堃等译:《中欧关系:观念、政策与前景》,北京:社会科学文献出版社 2010 年版,第 47—48 页。

一个共同体,促进分散在欧洲各地的当代中国研究机构之间的紧密合作。作为《中国季刊》的编辑,他访问过欧洲大陆的很多地方,深知欧洲中国研究的分散程度,痛感欧洲的中国研究者和研究机构之间极端缺乏横向互动与合作。在当时流行的"马约精神"式的跨国合作潮流之中,该网络的建立就是为了弥补这个不足。沈大伟同样关注的是社会科学领域新一代中国问题专家数量的不足,因而主张有必要设立一个泛欧的学术项目。欧盟—中国学术网络的另一个重要目标是向人们宣传和诠释欧盟委员会的对华战略和政策。由于这些原因以及到布鲁塞尔多次游说,沈大伟最终说服欧盟委员会拨款支持欧盟—中国学术网络。该项目于1997年初启动,持续了5年。欧盟—中国学术网络的设计理念是,以欧洲的各研究机构为"中心点",通过项目的协调形成一个跨成员国的网络。最早的七个参与机构是巴黎的现代中国文献与研究中心、汉堡大学的亚洲研究所、莱顿大学的汉学研究所、斯德哥尔摩大学的亚太研究中心、哥本哈根大学的亚洲研究系、马德里自治大学的东亚研究中心和伦敦大学的东方与非洲研究学院。东方与非洲研究学院是这个网络的秘书机构,协调人是罗伯特·阿什教授。欧盟—中国学术网络的主要活动包括一系列相对较小的政策研讨会,参加者是欧盟和各成员国政府的专家学者和政策制定者。另一项重要活动是举办由上百名学者、政府官员和欧盟工商业代表参加的大型年度会议。研讨会的文件和年会论文结集为系列出版物,五年中至少出版了五本论文集。最后,欧盟—中国学术网络还负责"欧盟—中国研究伙伴基金会"的管理。这一基金会的奖学金为许多青年学者提供了财政资助,资助对象是那些从事中国问题实证研究或文献研究的博士生或年轻研究人员。欧盟—中国学术网络显然成了激发和鼓励当代中国研究的催化剂。然而,欧盟—中国学术网络的活动在2002年突然中止,因为第一阶段的资金告罄,而欧盟委员会未能找到足够的资金以维持其运转。2004年,欧盟建议欧盟—中国学术网络成员机构递交重新建立网络的申请。2006年初,万事俱备,第二期项目启动。欧盟委员会授权布鲁塞尔的欧盟亚洲研究所负责该项目,主持人是该所所长范德吉(Willem van der Geest),一个由罗伯特·阿什·柏思德(Kjeld Erik Brcdsgaard)、顾德明(Francois Godement)和托马斯·海贝勒(Thomas

Heberer)组成的顾问委员会负责网络的遴选和指导。①

　　欧盟—中国学术网络项目第二期的目标依然是支持欧洲各国研究机构和研究资源的紧密合作。具体而言,第二期项目计划向欧盟机构展示一些高质量的论文,并在其中一些论文的基础上召开由欧盟官员和学者参加的研讨会。每年仍将在布鲁塞尔召开年会。所有欧盟—中国学术网络成员都将受邀参加会议,由顶尖的学者和官员在会上发表主题演讲。第一期欧盟—中国学术网络的成员资格是以机构为主体,第二期则致力于吸收更多的个人会员。然而,不幸的是,欧盟—中国学术网络的依托机构欧盟亚洲研究所由于资金压力于 2007 年初解散。欧盟委员会对欧盟—中国学术网络的支持十分可嘉,但是这个项目在学术意义上对未来中国研究的发展影响有限。这个项目主要以研讨会和会议的形式支持学术合作,但未对能够产生新研究成果的研究计划和研究席位提供任何资金支持。以研讨会论文的形式向欧盟官员和政策制定者提供知识,需要利用各成员国大学和研究机构的现成资源。第二期欧盟—中国学术网络项目比第一期具有更强的政策导向性,并且更重视现有成果的推广而不是促进新知识和新思想的产生。就此而言,第二期欧盟—中国学术网络项目并没有扩展欧洲的中国研究并提升其水平。欧盟官员显然能够从欧盟—中国学术网络项目中获益,但是很难说欧盟—中国学术网络究竟在多大程度上促进了当代中国研究的发展。②

　　中国研究的发展总是与可观的图书资料紧密相关。剑桥、牛津、海德堡、慕尼黑和莱顿拥有最丰富的中国研究资料,既有中文也有西文。如果算上当代中国研究资料,则伦敦和哥本哈根也应属于最主要的资料中心。③

第一节　英国的中国当代史研究

一、研　究　概　况

　　英国在 17 世纪中期开始对中国的研究,当代英国拥有 23 个研究中国学

　　①　［美］沈大伟、［德］桑德施耐德、周弘主编,李靖堃等译:《中欧关系:观念、政策与前景》,北京:社会科学文献出版社 2010 年版,第 49 页。
　　②　［美］沈大伟、［德］桑德施耐德、周弘主编,李靖堃等译:《中欧关系:观念、政策与前景》,北京:社会科学文献出版社 2010 年版,第 50 页。
　　③　［美］沈大伟、［德］桑德施耐德、周弘主编,李靖堃等译:《中欧关系:观念、政策与前景》,北京:社会科学文献出版社 2010 年版,第 50 页。

的主要机构。20 世纪 60 年代,英国开始重视当代中国的研究。伦敦大学出版的《中国季刊》成为西方最早出版的专门研究当代中国的刊物。1965 年爱丁堡大学成立了中国学系,1968 年伦敦大学东方与非洲学院成立,1963 年拉铁摩尔在利兹大学创立东亚学系。重要著作有怀特的《骑虎难下:毛泽东之后中国经济改革的政治意义》(1993 年)、本尼威克等的《九十年代的中国》(1995年)、西格尔的《中国正在改变形象:地区主义与对外政策》)(1994 年)、迪克·威尔逊的《毛泽东传》(1980 年)等书。

英国当代中国研究能够较为冷静地描述中国社会文化在历史和现实中所发生的事件,进行较为客观的研究和评价。英国的中国学研究者们大都接受了西方的学术研究理论和方法论训练,在治学和行文中表现出较为专业的学术素养。但还应当注意到其中的局限性:

1. 英国研究者的立场虽然可能显得较为客观,但不一定公允合理。美国科学哲学家汉森早就指出,即便在一向以"科学精神"自诩的自然科学领域,也不存在纯粹的客观理性,研究者的观察当中总是渗透着习惯的旧有理论。对于中国社会文化这样一个物质与精神文明综合连续体的"他者",没有长期的切实生活体验和审慎的理性辩证反思,英国研究者能否做到胡塞尔所言的那种理智直观,更是从根本上值得疑虑的事情。总体说来,人文社科领域的研究是无法避免伽达默尔所指出的先在之见的影响的。事实上,有些研究在科学主义外貌之下掩藏着严重的意识形态取向。比如,对于邪教问题、人权问题、中国台湾问题和西藏问题等重大中国政治法律课题,有的研究者自以为站在了绝对客观公正的立场上,掌握了绝对真理,而忘记了社会科学研究本身无法避免的价值取向问题,甚至全然不顾学术研究的客观性理念与追求,对自己的西方中心主义立场丝毫不加掩饰。这是当代中国学人在参考西方学界同仁论著的时候应当特别予以警惕的一点。

2. 过分注重现实局部,忽视历史全局;过分注重工具理性,忽视思辨理性的作用,也对英国的中国学研究造成了不良影响。由于现当代学术界条块分割严重,各学科划疆而治,壁垒森严,甚至在同一领域之内,由于讲究不厌其烦的精细化和专门化研究,同一学科名下的不同学者之间也隔膜严重,难以相互理解;其他如研究经费、资助的获取等现实因素导致研究者拘泥于某些层面的问题,而难以拓宽和加深研究视野,等等,诸如此类的因素导致英国缺乏李约瑟那样崇尚一时的中国学大师级人物。这造成了其中国学研究的碎片化现状和更为严重的长远不良后果:当研究者对于一个国家的社会文化全局缺乏较为完整的了解和理解时,其局域性研究究竟能够达到什么深度、能够走多远,都是令人质疑、需要深思的事情。再次以英国学者热衷研究和议论的中国政治法律问题为例。现行的主流治学倾向是追随中国政府工作重点的阶段性转换,选取东南沿海、西部地区,或者华北、东北某地市的某一行业、企业或者某(些)乡镇、农村、个人,进行一定时间的实地考察,收集现实数据,之后进行分析、归纳和推演。这种突出现实局部性的调查研究常常同时也带有唯方法论、唯技术论倾向,在"让具体事实说话"的同时,忽略了更高、更深层面的东西。从发生学上讲,一个社会的政治法律制度是与其更大的历史文化传统融溶无间、相伴相生的。因此,对中国局部现实问题的理解与解决决不应限于微观层面的就事论事,而要结合更宏阔的历史文化语境才能获得较为全面的概念,提出更具根本性的解决方案。关于这一点,钱穆先生早在20世纪50年代就已指出:"政治只是全部文化中一个项目,我们若不深切认识到某一国家某一民族全部历史之文化意义,我们很难孤立抽出其政治一项目来讨论其意义与效用。"

与其他国家的当代中国史研究状况相比较,英国的历史系中几乎没有中国学专家,一些系之所以涉及中国,是其他主题研究相关,学者利用英文文献资源从事有关中国研究的非常之少。即使是利兹大学,在海特报告发表后于20世纪60年代在历史系设置了一个中国学职位,但在这位学者退休之后,没有安排其他研究中国的历史学家来接替(该校的东亚研究系也没有研究中国历史的专家)。诺丁汉大学、谢菲尔德大学,还有利兹大学关于中国或东亚研究的学者都来自中国和美国,大多数投稿人也身处美国;在2001—2003年《中国研究》各期刊登的48篇论文中,60%的作者在美国从事研究,13%在澳大利亚,25%在世界其他国家,只有2%在英国。《中国季刊》在同一时期刊发的115篇论文中,美国学者的成果占45%,澳大利亚的占3%,其他地区的论文占42%,只有10%在英国。

英国当代中国研究的发展受到一些政府报告的激励,政府还资助设立新的教职和扩大汉学图书馆的藏书。到20世纪90年代末,剑桥、达勒姆(1989年)、爱丁堡(1965年)、利兹(1963年)、伦敦、牛津、谢菲尔德(1996年)和威斯敏斯特(1992年)等地都有了东亚或中国研究机构。剑桥和牛津继续侧重传统问题,而新建的机构则强调现代和当代问题研究。值得一提的是,李约瑟虽然是向英国知识界介绍中国成就和中国文明最多的学者,但他却从未在英国大学得到教职。李约瑟在剑桥创办了李约瑟研究所,但这个研究所是独立于大学的,而且他也未能在剑桥大学得到教职。一批杰出学者,如语言学家蒲立本(E. G. Pulleyblank)、历史学家崔瑞德(Dennis Twitchett)以及他们的继任者占据着剑桥东方研究系的职位,但是他们对西方中国学研究的贡献都不及李约瑟。①

二、主要研究机构

1. 伦敦政治经济学院

伦敦政治经济学院,简称 LSE,由韦伯夫妇(西德尼·韦伯[Sidney Webb]和比阿特丽丝·韦伯[Beatrice Webb])于 1895 年创立,并在 1900 年成为伦敦大学的一部分。伦敦政治经济学院在英国独树一帜,其教学和科研集中在社会、政治、经济等社会科学领域,并取得令人瞩目的学术成就,拥有多项处于领先地位的成果,其图书馆藏有 300 多万册图书,堪称英国乃至世界主要的社会科学资料中心。

伦敦政治经济学院自成立以来,以"中左翼"思想立校,追求平等和自由,讲究"以科学方法研究社会问题",秉承自由思想多元学术的精神,主导了英国社会科学的发展方向。在经济学领域曾有 5 名诺贝尔奖获得者,发展了最具权威的经济理论,许多对全球政治、经济、社会发展有影响的思想、政治体系也源于该校。

2000 年以来,前往伦敦政治经济学院学习的中国学生大幅增加,几乎占据了金融、财会等伦敦政治经济学院硕士热门专业学生人数的四分之一。伦敦政治经济学院关于中国的研究在不断取得新进展。王斯福教授(Stephan Feuchtwang)开创了"中国比较研究"的视角,即把中国作为一个参照系与其他国家或地区做当代的和历史的比较,进行跨学科、跨机构、跨国家的多元合作研究,并于 2005 年设立了伦敦政治经济学院以中国比较研究的硕士点为主体的"中国比较研究项目"。这个项目可以说是关于中国的研究在新的、更高的、更专业化的起点上的再生,旨在培养具有比较视野的、以社会科学来研究中国

① [美]沈大伟、[德]桑德施耐德、周弘主编,李靖堃等译:《中欧关系:观念、政策与前景》,北京:社会科学文献出版社 2010 年版,第 42 页。

的专业人才。

与此相适应，"中国比较研究网"（China in Comparative Perspective Network，缩写 CCPN）应运而生。它由伦敦政治经济学院亚洲研究中心和人类学系的学者共同发起，汇聚了伦敦政治经济学院 20 余名中国问题专家，涵盖了人类学、发展研究、经济史、经济、金融、国际史、国际关系、法律、管理、媒体和通讯、社会政策、社会学、统计学等系所。作为世界上第一个关于中国的以比较视角为核心的融教学与学术活动于一体的全球性学术组织，"中国比较研究网"力争汇聚伦敦政治经济学院和全球从事中国研究的专家和学者，成为在中国比较研究方面世界一流的学术重镇，以在全球背景下促进对中国有关课题进行比较的和跨学科的研究。2009 年 3 月 25—26 日，该网还在南京大学召开了首届"关于中国的高等研究国际研讨会——长三角区域中国企业家价值取向和关系的研究"，并取得了圆满成功。

2. 伦敦大学亚非学院

这座已有 92 年历史的学院目前拥有约 300 名教职员工，其中包括许多国际知名学者，他们有的同时在英国的牛津、剑桥和中国香港的大学等国内外高校任教，主导着英国乃至全球在亚洲研究、非洲研究和中东研究领域的话语潮流。专门从事中国学研究的有中国和内亚语言文化系、中国学研究中心、台湾研究中心和当代中国研究所。中国国家汉办与伦敦大学亚非学院合作建设的伦敦孔子学院也设在这里，以促进英国的汉语教学，加深英国人对中国文化的理解，并致力于推动英国在这些领域的学术研究。另外，历史学系、东亚语言文化系等很多其他院系的学者也以自己所在的学科为特定视角，对中国社会文化的某一领域进行深入研究。

2002 年以来亚非学院当代中国研究代表性的学者及其主要论著有（1）Frank，中文名冯客，亚非学院历史学系教授、香港大学人文学院讲座教授，专攻中国近代史。（2）Michel Hockx，中文名贺麦晓，是东亚语言文化学系的教授、中国研究中心主任，专攻中国语言文学。代表作为《阅读东亚的作品：文学理论的边界》《当代中国的文化》《共和国时期的中国文学社团》；（3）Craig Clunas，艺术与考古学系教授，英国社会科学院院士，专攻中国和东亚艺术史与文化。

亚非学院所创办的《中国季刊》（*The China Quarterly*）是全方位地研究当代中国（包括台湾地区）的一流国际性刊物，其办刊宗旨是从多学科视角对现当代中国进行广泛、深刻的研讨。越来越多的学者对中国海外移民、政治、经济、法律、宗教、民俗、大众文化等新兴现实主题发生了兴趣,他们热情地投身于这些当代主题的研究,并不断取得令人瞩目的成绩;研究者都十分注重对实证的搜集和运用,他们或者梳理大量的史料、文物,或者析取了丰富的当代有关文献,或者深入中国农村或都市进行详细的实地调查和访谈,为自己的论点提供切实可靠的证据。这沿袭了启蒙运动以来的英国近代学术传统,显得比较严谨,符合科学精神。

3. 英国中国学协会

该协会又称为英国汉学协会。这个协会是全国性的研究机构,是英国中国学研究活动的唯一的全国性组织,现有会员大约 160 名。该协会每年 9 月召开为期 3 天的年会。出版物有《公报》(*Bulletin*,每年一期)、《业务通讯》(*Newsletter*,每年三期)。

4. 牛津大学东方学院

牛津大学东方学院有两个研究现代中国的机构:伊丽莎白女王馆的现代中国研究中心和沃尔夫森学院的现代中国研究中心。牛津大学为了扩大有关中国学的范围和影响,于 1990 年 3 月筹措了数千万英镑作为中国学研究基金,其主要内容包括现代中国的变化与社会结构等现代中国问题。2008 年 5 月,牛津大学中国研究中心成立,中心旨在统筹牛津大学有关中国问题的教学和研究活动,从语言文化思想艺术、历史地理、政治法规、人文环境、社会经济、科学技术等方面全方位研究中国的过去、现在与将来,是英国及欧洲最大规模的中国研究中心。

5. 剑桥大学东方学院

剑桥大学的东方学院是由中国学、日本学、朝鲜学等不同的系科组成,但实际上是以中国学为中心。剑桥大学侧重于研究中国古代史和中世纪史。其研究人员对中国古代的科举制度、教育制度和学术史等方面也有研究,其中范德万恩对早期中国共产党方面颇有研究。

6. 利兹大学当代中国研究所

"海特报告"发表后,利兹大学于 1963 年在文学院建立了中文系,后易名为东亚研究系。与传统的系强调古典研究不同的是,这个系的中国研究从一开始就与社会科学的某些专业相结合,将重点放在现代研究上。利兹设置学位课程时将现代汉语与另外一门专业,例如经济、历史、地理或社会学结合在一起学习。在以后的发展过程中,这个系的研究领域从中国研究扩展到日本研究、蒙古研究、亚洲太平洋研究和东南亚研究。20世纪80年代初期,该系的欧文·拉铁摩尔(Owen Lattimore)和乌尔干奇·奥农(Urgunge Onon)开创了蒙古学研究。也是从这个时候开始,所有中文专业的学生都要到北京、上海、天津或台北的大学学习一年。

2000年,利兹大学得到英格兰高等教育资金委员会的特别资助,成立了中国商业和发展中心。这个中心集中了东亚研究系和利兹大学商学院的国际商业中心的专家,以提供高水准的汉语和与中国有关的国际商业的专门知识。2003年,东亚研究系、国际商业中心以及利兹的其他系联合成立了当代中国研究所。该系与利兹大学的发展研究中心、国际研究中心等研究机构建立了密切联系。部分教师与北京大学、中国人民大学、南开大学、复旦大学、南京大学、中国社会科学院等中国的教学或研究机构建立了联系。出版物有《利兹东亚研究论文》(论文集)。

7. 爱丁堡大学

爱丁堡大学的中文系成立于1965年,由J. 钦纳里博士(J. Chinnery)负责。1988年扩展为东亚研究系。1990年杜博妮(Bonnie S. McDougall)教授成为首位中文讲座教授。1998年,东亚研究系又与梵文系合并,组成亚洲研究学院。这个学院还包括苏格兰中国学研究中心和该大学的日本研究中心,为文学、语言和文化学院的一部分。爱丁堡大学的中国学教学以古汉语和现代汉语的初级、中级以及高级课程为主,同时也注重中国早期哲学、戏剧、小说和诗歌的教学。中国现代文学是教学和研究的重点。中文本科生为期四年的学习过程中要到东亚学习一年。中国学教学与大学的艺术系、经济系、社会人类学系和历史系建立了紧密联系,并面向其他系的学生开设东亚文明的选修课。

8. 达累姆大学

达累姆大学是英格兰东北部中国学研究的中心,中国研究已有50余年的历史。1952年,雷蒙德·道森(Raymond Dawson)成为达累姆大学文学院的第一位中国学讲师。20世纪60年代,该大学又增加了一位中国学讲师,并且有了负责中文图书的专职人员,同时还开放了吉宾金艺术和考古博物馆(后更名为东方博物馆)。此后,该大学中国研究的发展与东方博物馆有了密切的关系。东方博物馆于1968年收购了马尔科姆·麦克唐纳(Malcolm MacDonald)收藏的中国瓷器,这使它成为欧洲著名的收藏中国物品的博物馆之一,促进了达累姆大学的中国文化研究。从 20 世纪 70 年代开始,母语为汉语的教师加入到教学中。本科阶段设立的课程既有古汉语也有现代汉语。1962 年首次授予汉语优等学士学位,后来招收硕士生、博士生和攻读研究生文凭的学生。1987 年,该大学设立了中国研究与其他学科的研究(包括管理研究)相结合的学位。1989 年东亚研究系成立,中国研究纳入该系之中。1983 年,达累姆大学与中国人民大学达成了交换教师和学生的协议。1999 年达累姆大学东亚系成立了"当代中国研究所",开展对中国社会、文化、经济和商业领域的研究。不过,2003 年达累姆大学宣布了停办东亚研究系的计划。根据这个计划,该系在 2007 年停办。当代中国研究所在 2004 年移交给政治系。

总体上,英国大约有 100 名中国问题专家。上述调查发现英国有研究中国问题的全职人员 51 名,兼职人员 39 名。此外,皇家国际事务研究所、国际战略研究所等机构还有一些临时性的中国问题专家。

皇家国际事务研究所成立于 1920 年,位于伦敦圣詹姆斯广场著名的查塔姆大厦内。其亚洲项目以中国项目为核心。这是皇家国际事务研究所与剑桥大学国际研究中心在英国合作研讨并推动的关于中国改革问题的核心论坛,关注的重点是中国的经济发展和亚洲贸易问题。[①]

伦敦国际战略研究所成立于 1958 年,前身是布赖顿协会,1971 年改为现名。中国是近年来国际战略研究所亚洲研究的重点。其主要观点是东亚地区至今仍存在许多悬而未决的历史遗留问题,一些第二次世界大战、解放战争、朝鲜战争和冷战的危险遗产仍可能发展成为新的地区冲突和战争的爆发点。东亚既是当前经济发展最活跃的地区之一,也是弹道导弹和大规模杀伤性武器扩散的一个重要来源,这一地区的多数国家至今仍竭力推进军事现代化并维持着极高水平的国防开支。尤其是台湾海峡两岸和南北朝鲜之间的军事对峙仍呈现继续加剧的趋势。在该地区的所有安全问题上,中国均是一个关键因素。[②]

近年来日渐繁荣的当代中国研究大多发生在传统的汉学中心之外。曼彻斯特、布里斯托、利兹和诺丁汉等大学都经历了当代中国研究的兴盛。诺丁汉

---

① 中国现代国际关系研究院编:《欧洲思想库及其对华研究》,北京:时事出版社 2004 年版,第 23—25 页。

② 中国现代国际关系研究院编:《欧洲思想库及其对华研究》,北京:时事出版社 2004 年版,第 12—13 页。

大学的中国政策研究所吸引了一些中国学者，包括郑永年。郑永年在新加坡国立大学东亚研究所担任了几年高级研究员。曼彻斯特大学也大力发展新的中国研究中心，并任命同样是来自新加坡国立大学的刘宏担任中国研究教授。利兹大学的亚洲研究项目也在扩大，中国项目的主任是费立民（Flemming Christiansen）教授。传统的汉学中心也意识到增加新人员的重要性，其中最重要的任命就是许慧文（Vivienne Shue）担任牛津大学当代中国研究的莱弗休姆（Leverhulme）讲座教授。这些都反映了当代中国研究在英国的复兴。①

第二节　德国的中国当代史研究

一、研 究 概 况

与美国等国家比较，德国从事中国问题研究的队伍要小得多。第二次世界大战后的几十年是世界政治动荡的年代，中国在其中扮演了重要的角色，公众对中国的兴趣也与日俱增。此时学究式的中国研究已经满足不了政治上和新闻界的需要，一些大学外的与中国相关的机构、团体应运而生。1956 年由联邦德国外交部和汉堡市牵头成立了亚洲学研究所，专门从事中国现实政治问题的研究。但在高校，各相关研究所，研究中国近现代史人员为 10 人左右，而专门从事当代中国史、中共党史研究的人更是屈指可数。民主德国和联邦德国分别于 20 世纪 50 年代初和 50 年代中期恢复汉学专业。60 年代，洪堡大学由费路主持当代中国研究，撰有《关于中国当代的"历史考察"问题》。柏林自由大学由郭恒钰、罗梅君先后主持中国现代政治、政党研究、中国社会问题和德中关系研究。海登堡大学由魏格林主持研究中国现代、当代史。瓦格纳教授著有《从陈独秀到江泽民——回国留学生在国内的影响》。

与大多数西方国家的情况相似，德国的中国问题研究还是没有脱离大的中国学背景。至于研究中国近现代史、中共党史的专业，或是从德国的汉学研究游离出来，或是寄存在汉学系里面，或是与临近专业合并，冠以东亚所或亚洲所等称号，并没有独立的研究机构。但是，可贵的是研究这些专业的学者能

① ［美］沈大伟、［德］桑德施耐德、周弘主编，李靖堃等译：《中欧关系：观念、政策与前景》，北京：社会科学文献出版社 2010 年版，第 44 页。

够随着时代的变化,不断调整研究领域。近年受中国改革开放形势的影响,他们正在从对传统的中国文化、哲学、中国史、语言为重点的汉学研究,转向从事传统汉学和中国现实问题的双轨研究。特别是近年来,学习和研究中国经济和政治问题的需求在逐渐升温。中德两国关系的健康发展也推动德国学术界对现实中国政治和经济研究的扩大和深入。

20世纪90年代以来,对现实中国问题的教学和研究越来越受到青睐。从教学的情况看,各大学选中国经济或中国政治为主修专业的学生不断增多。这些专业的招生情况正逐年扩大。以招生规模不算大的特里尔大学亚洲所为例,汉学所就有学生100多人。其中现代中国研究专业的学生主选课多是中国经济。近年来中国经济的快速发展,是许多德国人选择学习中国经济和中国政治的主要原因。特别是学习中国经济的人毕业后求职较方便。这种招生现象带有普遍性,因此,一些学校在设立主辅修专业的课程时,都开设或增加了有关现实中国政治、经济的课程。

这一现象也反映在研究领域。特别是一些中青年的学者,表现了更为务实的态度。博士生、博士后选择的研究领域,也多与中国现实问题的关系比较密切。中国的改革开放带来国家的巨大变化,使德国人产生了越来越强烈地了解和研究中国的兴趣,一些务实的德国人也把将来与中国进行经济交往作为自己学习和研究的目的。

在德国研究中国问题按研究时段可分成中国古代史及古代文学研究、中国近现代史研究(含中共党史研究)和现实中国研究(以研究中国政治、经济为主,也研究文化、军事、法律等方方面面)。历史领域的学者与汉学界有较多的往来,而研究现实问题的学者形成另一个群体,这两个圈子的学者互相了解对方的情况,但学术交往并不多。汉学家们则有意无意地把当代中国这一领域留给了经济学家、政治学家和社会学家以及"亚洲学家"了,所以在一些关于中国和亚洲当代问题的争论中。例如,在"文明冲突论"提出后,在关于当代中国研究中使用的概念、范畴("儒家文化""亚洲的价值观""亚洲民主制""半民主制"等)的讨论中,汉学家们的反应是迟缓的和零散的。在出席1998年汉堡亚洲研究所举办的"亚洲价值观研讨会"的48位与会者中,只有4位是传统汉学家。

对中共党史的研究主要有关于共产国际与中国革命、苏联与中国关系、中共党史、党史编撰学、"大跃进"分析、"文化大革命"研究、中共知识分子政策、党史人物及德国和奥地利等欧洲共产党员在中国等方面。对中国近现代史的研究主要有人物研究、中德关系史、地方史、旧报刊及近代中国新闻发展史、中国社会习俗、妇女问题、中华人民共和国史等。

对现实中国问题的研究主要有中国的政治改革、经济改革及对中国社会的影响、全球化与中国经济的发展、社会政治、改革开放前后中国社会问题的比较研究、就业问题、希望工程、私营企业在中国、改革开放以来的新城乡关系、国有重大工程建设(如三峡水利工程)与移民问题、反腐败问题、中共新闻事业、中国对外关系、对中国历史与当代一些社会现象的比较研究等。一些学者一般在德国的学术期刊发表文章,当然也有文章在《中国季刊》等英文刊物发表。但在中国刊物发表的极少。这也是中国学者很少见到他们的研究成果的一个原因。主要学术期刊有《国际政治》(柏林外交协会出版,月刊)、《亚洲》(德国亚洲学会主办)、《国际亚洲论坛》(佛莱堡大学政治学所办)、《新中国》(德中友协主办)、《当代中国》(汉堡亚洲所出版,月刊)。

二、主要研究机构与学者

1. 柏林自由大学东亚所

东亚所有四个特色课题。第一,中德关系研究。这是所内传统项目,他们曾于 1989 年和 1991 年两次主办了"中德关系国际学术讨论会",增强了国际间的学术交流,推动了研究工作的进展。郭恒钰教授主持的《1897—1990 年中德关系史文献》是由德国大众汽车公司资助,由自由大学和洪堡大学共同承担的一个重点研究项目,参与项目的研究人员达 12 人之多,计划编辑出版八卷本大型文献系列。郭恒钰和罗梅君教授主编了《柏林中国研究》丛书。中德关系史的研究成果也大都收录在内,其中德国外交档案馆主编的《1928—1938 年的中德关系》(郭恒钰、罗梅君编)已译成中文,由中国台湾"中研院近代史研究所"出版(1991)。2003 年出版了《中德关系》一书(德文版)。罗梅君还与柯兰君合编了为庆祝郭恒钰教授六十寿诞出版的中德关系史论文集《中国:远在咫尺》。

第二,现代和当代中国问题研究。这类研究工作先后由郭恒钰教授和罗梅君教授主持。自从 20 世纪 70 年代以来,这个领域成为该所教学和研究的重点。该所的国际合作项目也多是在这个领域里进行的。现代政治和政党研究是郭恒钰教授的专长,他的《毛泽东的道路与共产国际》(1975)和《共产国际与中国革命》(1979),至今仍是中共党史研究德文著作中的必读书,后者有中译本,由生活·读书·新知三联书店于 1985 年出版。另一项重要研究是关于共产国际与中国革命的问题。苏联解体后,俄罗斯现代历史文献保管与研究中心收藏的共产国际档案及至 1953 年的苏共中央政治局的档案在 20 世纪 90 年代初对外开放。时任所长的郭恒钰教授抓住机会,1992 年他们与俄罗斯科学院远东研究所、俄罗斯现代历史文献保管与研究中心达成一项协议,联合编辑出版五卷八册有关联共(布)和共产国际对华政策的档案文件集。现在,已经出版了由郭恒钰、罗梅君主编的三卷五册《联共(布)、共产国际与中国革命》(1996)系列档案文件集。

第三,中国近现代社会问题研究。此类研究侧重点在社会学方面,如婚葬、民俗等。罗梅君教授在这方面有较深入的研究。东亚所还有自己的刊物《中国社会与历史》,以德文、英文和中文三种文字刊登学者们的文章。柯兰君教授的研究领域是中国当代社会和当代经济,著有《中国大陆的阶级和阶层》和《中国社会学史》(1992)。近年她与中国社会科学院社会学所合作,研究中国流动人口问题,著有《都市里的农民》(中文版,2001)。2000—2002 年她承担亚洲开发银行的项目"在大型投资建设中如何做好社会评价问题"。与王海教授合作向德国科学研究会申请了研究中国扶贫方面的课题,重点分析三峡工程与移民的问题。

第四,中国妇女问题研究。这是罗梅君主持的研究项目。1991 年罗梅君主办了全德汉学界"中国妇女问题研究"学术讨论会,会后出版了论文集《妇女研究》(1992);并定期编辑出版专业刊物《中国与妇女通讯》,至今已出版了 2 期。车慧文博士(现在鸿堡大学任教)的研究领域有妇女教育史、近代文论和台湾文学,著有《中国语言学家王力的生平和著作》(1983)等。除此之外,并入东亚所的政治教研室一直进行着中共党史、中国当代政治、外交方面的研究。政治学所也曾设有一个"中国和东亚政治"讲席,沃纳·迈思纳教授研究中共党史中的早期农民运动、早期工人运动、李大钊和毛泽东研究等。方伟纳的论著有《中国的发展问题和解决的尝试》《中国对外政策的大跃进——"文革"时期至尼克松访华前中国的对外安全政策》《中华人民共和国——政治地方志》和《中国共产党八十年代的意图和问题》等。他侧重对"文化大革命"和中国的外交政策等课题进行了研究。

2. 洪堡大学汉学所

原东柏林汉学首屈一指的洪堡大学汉学所,其教学和研究重点有现代和当代中国、语言、文学和历史,与西柏林相比较,更注重对现代中国的研究。德国统一后,洪堡大学汉学所经过调整,人员变化较大,职位有所减少。该系著名的中国问题专家罗·费路教授研究领域广泛。20世纪50年代他留学于北京大学,他的论著有《关于中国当代的"历史考察"的问题》和《中华人民共和国》等;他比较深入地研究早期的中共历史人物在中国共产主义运动中的作用,以及马克思主义在中国的传播问题。由于费路教授在现代和当代中国研究领域的声望和丰硕的研究成果,他在柏林汉学界中占有重要的位置。遗憾的是费路教授的学术生涯,随着德国统一后他在学校教授职位的失落和过早去世而结束。塞吉特副教授主要研究中国的现代化和当代中国经济与改革问题,著有《中国的现代化政策与对外贸易和经济关系》。此外,费路教授和塞吉特副教授主持洪堡大学的中德关系史的研究工作,主要研究领域有19世纪末20世纪初中国社会思想和政治思想史、中国当代政治发展趋势、中国的经济改革和中国的外交政策。

3. 慕尼黑大学

慕尼黑大学的中国学专业设立于1946年。著名中国学家鲍吾刚曾担任该专业的主任教授,他的研究领域为中国思想史和中国哲学史。该系有学生600人左右,可以授予硕士和博士学位。该系图书馆藏有中文图书5万多册,期刊240种(其中中文期刊占一半左右)。慕尼黑大学从事有关中国学研究的系所还有三个:戈氏政治学研究所重点研究中国古代政治思想的哲学基础,人类学和非洲研究所从事中国边疆民族的研究,医学史研究所以中医为研究重点。

4. 海德堡大学的汉学研究所

海德堡大学是德国的第一所大学,创立于1386年,是海德堡文化的代表。大学的汉学所诞生于1962年即两大阵营对立的冷战年代。汉学所一向以坚持严肃的汉学研究传统而著称。中国学术界知晓的汉学家和历史学家鲁道夫·瓦格纳、魏格林、托马斯·卡朋等都(曾经)是这里的研究和教学骨干。

至2004年,汉学所有教授职位6个。注册学生340多人,2003年新生有72人。汉学所进行汉语教学。第一学年给新生集中授汉语课的速成教学方式,效果很好。毕业的学生在北京外国语大学参加23个等级的中文考试,通过的最高级是22级,最低级是17级。第三学期开设专业课。除了中文课程以外,汉学所开设的课程有中德关系史、中国妇女与社会、中国内外政策的相互关系、中国大陆新思潮、中国 20 世纪地方主义的意义、中国的"文化大革命"等。

汉学所有 3 个研究小组,即中国图书注释组、中国近现代公共空间发展组和中国现代史研究组。中国图书注释组和中国近现代公共空间发展组由瓦格纳所长直接负责,两周活动一次。中国现代史研究组由魏格林教授负责。魏格林教授曾经从方法论的角度研究中共党史编撰学,颇有成就。她调到维也纳大学工作后,这个组就基本停止了活动。但研究工作在继续,研究成果也比较丰富。代表性的学者有托马斯·卡朋博士。他在柏林自由大学取得博士学位,长期从事中共党史的研究,特别在关于王明的研究、共产国际与中国革命的研究方面成绩比较显著。他在《中国季刊》等有影响的国际刊物上发表了许多专题文章,其代表作是《毛泽东、周恩来和中国共产主义革命领导层的演讲》。他对德国的中国学研究情况做过比较详细的分析介绍。卡朋近年的主要著述有《21 世纪初欧洲的中国研究简述》《德国的汉学研究》《西方关于中国和东亚研究的新杂志》《从陈独秀到江泽民——回国留学生在国内的影响》《外国出版的中共党史和中华人民共和国史研究的中译本》《当代中国研究与〈中国季刊〉的发展》《德国和奥地利的共产党员在中国》。

瓦格纳教授是汉学家,他的研究兴趣在中国文学和戏剧,也从事一些中共党史的研究。近年,他主要研究海瑞罢官等新编历史剧出台的社会政治背景、"双百方针",以及斯大林时代对中国共产党的影响问题。出版物有《海德堡东亚研究丛书》。

5. 汉堡亚洲学研究所

在现代中国问题的研究上挑大梁的是汉堡的亚洲学研究所。它是德国的"中国观察家"。该所共有科研人员 17 人,其中一半从事中国研究。在近年出版的 77 部关于中国的论著中,以法律为主题的 17 篇、经济 16 篇、国际关系 13 篇、价值观 8 篇、社会问题 5 篇,以当代中国研究为重点。多年来,它是德国唯一一个大学之外的专门针对亚洲的研究机构。该研究所很快就建立了德国最好的当代亚洲事务图书馆。[①] 它还出版了系列丛书并创办了颇具影响力的杂志《今日中国》(*China Aktuell*)。奥斯卡·威格尔(Oskar Weggel),吕迪格

---

① 〔美〕沈大伟、〔德〕桑德施耐德、周弘主编,李靖堃等译:《中欧关系:观念、政策与前景》,北京:社会科学文献出版社 2010 年版,第 42 页。

尔·马切斯基（Riidiger Matchetski）和沙培德（Brunhild Staiger）等知名中国研究专家都在该研究所工作了多年。[1]

汉堡亚洲研究所对中国的研究领域特别广泛，包括对外对内政策、经济、社会、文教、科技、军事、理论、台湾、香港、澳门等问题。其研究人员不仅通过资料和信息研究中国问题，而且还应邀访华或带领德国旅游团访问中国，对中国进行实地考察访问。长期以来，汉堡亚洲研究所与德国外交部保持着密切联系，其所长定期去外交部听取关于国际形势的情况、汇报工作和接受研究任务。为德国政府和有关部门提供研究报告和重要信息是其工作职责。德国政府在草拟有关亚洲国家的文件和报告时，常听取该所意见，请其专家进行鉴定和评价。[2]

亚洲研究所的研究对象主要是现实问题，是从欧洲的利益出发对"亚洲未来的研究"，具有较强的政治性和咨询价值。2004年亚洲所的科研课题包括：中国的教育与医学伦理，中国向德国的移民，中国互联网中的"文化认同论坛"——社会文化变化加速条件下的认同观念的构成和转变，中国党政机关的变化，日本和韩国政党组织的正式和非正式成分，中国政治体制中的私人关系，民主参与制度对东亚国家社会经济发展的重要性，反恐联盟的社会结构——美国、日本和德国，中国农村劳动市场，从医疗领域看中国的全球化与社会发展，中国金融媒介和金融政策的制度性变化，1988年以来的缅甸——通过经济开放达到民主，中国有没有儒家思想的复兴，日本、印尼和菲律宾的人权政策，南亚的政治伊斯兰与民主，互联网作为非政府组织强化公民社会的手段。

主要学者有维尔纳·德拉贡教授，他是一名经济学家，曾担任亚洲学研究所所长。2004年4月退休。莫妮卡·舍德尔（Monika Schfidler）是现任所长，经济学家，原在不来梅专科大学任教。奥斯卡·韦格勒是亚洲学研究所的中国问题专家，亚洲学研究所的元老。他著书近30部，并有不少文章被翻译成中文发表。退休后，汉堡市政府授予他名誉教授称号，这也是对该所学术研究工作的肯定。学术思想上，韦格勒是传统文化论者，他强调文化因素是中国经

---

① ［美］沈大伟、［德］桑德施耐德、周弘主编，李靖堃等译：《中欧关系：观念、政策与前景》，北京：社会科学文献出版社 2010 年版，第 43 页。

② 中国现代国际关系研究院编：《欧洲思想库及其对华研究》，北京：时事出版社 2004 年版，第 246 页。

济改革成功的决定因素之一,并针对"国家儒家观念"提出了"泛儒家思想观念论",意即个人的儒家思想观念是促使中国经济发展的因素。出版物有《中国动态》(月刊,月发行量达 2 000 余册,在德国有关中国研究的刊物中排行第一)。此外,德国墨卡托中国研究中心的创始总裁和特里尔大学的政治经济学教授韩博天(塞巴斯蒂安·海尔曼)也是研究中国当代史的著名学者。其主要著作之一《中国的政治制度》广泛考察了中国政治制度是如何运作的。

第三节　法国的中国当代史研究

一、研　究　概　况

法国是研究中国当代史最早的国家之一。1958 年法国当代中国研究和文献中心成立,表明了法国当代中国研究的起步。1964 年中法建交,为法国的当代中国研究注入了巨大的活力,随即出现了一些研究当代中国的机构,如东亚语言研究所(1970)、国立东方语言文化学院的中国研究中心(1975)等。20 世纪 80 年代之后中国实施改革开放政策带来了巨大变化。20 世纪 80 年代之后法国出现的与汉语教学和现代中国研究有关的机构有 1980 年成立的法国汉学协会、1984 年成立的法国汉语教师协会(AFPC)、1991 年成立的法国现代中国研究中心、1993 年成立的东亚学院等。这表明法国开始对当代中国问题的研究给予高度的重视。

法国对当代中国问题的研究经过了基础阶段(20 世纪 50 年代至 70 年代)、发展阶段(20 世纪 70 年代中后期至今),形成了一定的研究规模和高水平的研究队伍。20 世纪 70 年代谢诺撰写了《中国:人民共和国》;1994 年,毕仰高著有《当代中国研究的发展》;白吉尔与他人合写《20 世纪的中国》(两卷本,其中第二卷是从 1949 年至今)。专题研究著作有吉浦罗的《工厂中的百花:中国1956—1957 年的工人骚乱和苏联模式的危机》(1986),该书研究了工业建设中苏联模式存在的问题。卡罗尔的《毛泽东的中国》,是作者在"文化大革命"期间访问中国的记录,表达了他对"文化大革命"的困惑和对中国前途的担心。

法国的中国当代史研究的状况比较复杂,学者们分散在许多研究机构而不是大学中。最重要的研究机构是法国国家政治科学基金会下属的国际关系研究中心和社会科学高等学院下属的近现代中国研究中心。国际关系研究中心有五位研究当代中国的学者,包括杜明(Jean-Luc Domenach)和白夏(Jean-Philippe Béja)。近现代中国研究中心目前有五名研究中国的学者,包括伊沙白(Isabelle Thireau)、潘鸣啸(Michel Bonnin)和施维叶(Yves Chevrier)。

在法国从事当代中国研究的多数学者都与该中心有着或密或疏的联系,他们中的多数都是法国国家科学研究中心的在职研究人员,例如白夏和台湾问题专家高敬文,后者作为香港当代中国研究中心的主任和该中心刊物《中国透视》(China Perspectives)的编辑,在台湾和香港工作多年,并于 2007 年回到香港浸会大学。[①]

法国大多数当代中国研究学者也都与近现代中国研究中心有着这样或那样的联系。里昂大学和普罗旺斯、埃克斯、马赛大学也有一些当代中国研究学者。在埃克斯、马赛大学,同当代中国相关的大多数研究在东南亚研究所进行,并且专门研究台湾问题。

法国的当代中国研究受到美国学界的影响,包括毕仰高在内的法国当代中国研究学者都是由费正清等美国专家训练出来的。毕仰高曾经说,费正清是“‘美国当代中国研究的教务长’,曾经是而且永远是我们欧洲这儿的教务长”。不过,同美国相比,法国的中国研究更为独立于法中双边关系的变化。这种倾向的积极一面是,学者们的独立性较强;但它的消极一面是,法国的学者对中国社会发展过程中的消极现象更为关注,其结果用毕仰高的话说:“会将人们的注意力从历史的连贯性上吸引开去。”

当代中国研究领域的著名学者有中国近代史专家巴斯蒂(Marianne Bastid Bruguière)、白吉尔(Marie-Claire Bergère),中国现代革命史专家毕仰高(Iuicen Bianco),当代中国问题专家卡达尔(Claude Cadart),当代中国财政及人口问题专家贾永吉(Michel Cartier),中国社会主义建设问题专家鲁林(Alain Roux),当代中国文学专家居里安(Annie Curien),老舍作品和北京方言专家巴迪(Paul Bady),当代汉语学专家李嘉乐(A. Rygaloff)、贝罗贝(Alain Peyraube)、艾乐桐(Vivi-ane Alleton)等。其中影响力较大的贝罗贝为法国国家科学研究中心的研究员。他出版的专著有《汉语方位词研究》等,还发表了

---

① ［美］沈大伟、［德］桑德施耐德、周弘主编,李靖堃等译:《中欧关系:观念、政策与前景》,北京:社会科学文献出版社 2010 年版,第 46 页。

《中国的新争论》《邓小平先生和实用主义者的胜利》等论文。①

二、主要研究机构

1. 当代中国研究和文献中心

当代中国研究和文献中心于 1958 年成立,一般简称为中国中心,设在"高等社会科学研究院"内,同时隶属法国全国科研中心。该中心有成员 20 余人,多为全国科研中心研究人员和其他院校的教学人员。其任务以研究为主,各人在各自单位从事独立研究,也有部分集体项目。研究范围涉及现代和当代中国的社会、经济、外交等。研究专题有"20 世纪中国的农民运动和农村社会""19 世纪末到当代中国的知识分子和现代化问题""毛泽东逝世以后人民中国的经济变革与体制改革""中华帝国末期的技术引进:1840~1911""1979 年以来中国外交政策的调整"等。该中心研究人员于每月的第一个周四举行例会,由专人做研究报告,进行学术交流。它也是法国最大的关于现代中国的资料中心,有专业化的图书馆,收藏大量中西文书籍,并有中国大陆、中国台湾地区等地出版的多种报纸和期刊,以及在法国出版的当地华文报刊。出版物有《文献与书目》。

2. 法国近现代中国研究中心

法国近现代中国研究中心在巴黎市中心。它创立于 1996 年,是国立科学研究中心和社会科学高等学院属下的一个机构。社会科学高等学院是培养社会科学人才的专职机构。目前的近现代中国研究中心由两方面机构的人员组成。其中的一个是 1958 年成立的当代中国文献与研究中心,主要进行 20 世纪中国的研究,汇聚有丰富的现当代中国问题研究的资料。比昂科(Lucien Bianco)教授、白吉尔教授、魏丕信(Pierre Etienne Will)教授等学者,都曾经是这个机构的领导者。

另一个机构是成立于 1985 年的华人世界比较研究中心,旨在用比较的方法研究中国历史和文明。米歇尔·卡迪埃教授(Michel Cartier)是这个机构的创始者和领导人。机构有一个刊物叫《汉学书目杂志》。

近现代中国研究中心成立以后,运转的资金主要来源于国家科学研究院和法国高等科学研究院。参加创办这一机构的领导人物,都对法国近现代中

---

① 何培忠主编:《当代国外中国学研究》,北京:商务印书馆 2006 年版,第 172 页。

国学研究中有过学术贡献。

比昂科教授,于 1977 年担任法国当代中国研究和文献中心主任,撰有《中国革命溯源》(1967 年由巴黎加尔马尔出版社出版)等著作;与白吉尔教授和多姆教授合作撰写《20 世纪的中国》;与伊夫·谢弗里埃教授合作编撰《中国工人运动传记词典》。

白吉尔教授也曾是这个机构的负责人。她主要进行中国资产阶级的研究,著有《中国的资产阶级和辛亥革命》(巴黎—海牙木通出版社,1968 年),《民族资本主义与帝国主义,1923 年中国纱厂的危机》(巴黎社会科学高等学院出版社,1980 年),《1949 年至今的中华人民共和国》(巴黎阿尔芒·科隆出版社,1987—1989 年)等学术专著。

法国近现代中国研究中心的成员由两方面的队伍组成。一支在本部,约 20 多人,主要进行中国政治、经济、外交、文化、历史等方面内容的研究;一支队伍是兼职,主要成员来自巴黎的东方语言学校、巴黎第二大学、第三大学、第五大学、第六大学、第七大学。近现代中国研究中心集中了巴黎地区最优秀的一批中国学研究专家。

中心的项目主要包括:关于“中国的技术和物质文化研究(包括当今中华人民共和国的经济改革)”。关于中国水利问题的研究。关于 20 世纪中国农业社会问题的探讨。承担这一项目的负责人是伊沙贝尔(Isabelle Thireau)教授,参加这一项目的,还有比昂科教授和龚麦克(Mak Gong)教授等近多位学者。关于 20 世纪的中国社会和中国历史的研究。负责这一项目的是巴斯蒂教授和鲁林教授(Alain Roux)。参加这一项目的成员有博马丁(Martine Raibaud),王枫初(Nora Wang)和王晓苓(Wang Xiaoling)等学者。关于中国近现代社会和政治结构的研究。课题负责人就是近现代中国研究中心主任伊夫·谢弗里埃教授。当代中国文化和思想观念方面问题的研究。项目负责人是程安娜(Anne Cheng)教授。参加者主要有艾维维(Viviane Aleton)、居里安(Annie Curien)、克莱法(Francoise Kreissier)、李瓦珍(Jean Levi)、阮克莉(Christine Nguyen Tri)、倪沃杰(Jacqueline Nivard)、杜瑞周(Joel Thoraval)等专家学者。

中心研究工作主要分三个部分,即中国近代现代史、经济以及社会和政治结构。与此同时,中心还研究与社会生活有关的建筑、城市规划和生活环境等问题。中心强调,应从当代世界的广度和历史的深度两个方面对中国进行跨学科的研究,两方面的研究相辅相成,互为补充。中心研究人员定期举办专家学术讨论会,并邀请国外知名学者举办演讲会和研讨会,会议内容通过因特网发表,或刊载在中心的网站上。[①]

法国近现代中国研究中心的几个选题都着眼于对中国现实国情的研究,如中国经济改革问题、农村改革问题、中国传统儒学思想的现代意义和政治体制改革问题等。这些研究贯穿一个目的,就是了解中国的现状和发展走势。这大概与法国对华政策研究的需要也是契合的。法国中国学对中国近现代社会广泛关注,也注意对中国历史的整体探讨和研究。

近现代中国研究中心与中国社会科学院和上海社会科学院有合作交流关系。近现代中国研究中心共有 40 多名研究人员。其中 20 多位来自社会科学高等研究院和国家科研中心,10 多位来自东方语言文化学院、巴黎第一大学等。2003—2004 年间,该中心发表的研究论文有艾乐桐的《汉字:稳定性与脆弱性》、巴斯蒂的《今日中国的文盲》和《中国传统文化的现代创新》、达尼埃尔·叶利谢耶夫的《中国与互联网:今日与明日的工具》、倪娃尔的《中国与互联网——如何创建一个目录索引》、裴天士的《中国的妇女、财产与社会实践》等。出版物有《汉学书目杂志》

3. 法国远东学院

法国远东学院是法国国民教育部下属的机构。其前身是 1898 年在越南设立的"印度支那考古团"。1900 年 1 月 20 日,考古团更名为"法国远东学院",任务是在法属印度地区进行考古发掘和研究,该学院在越南、印度、印度尼西亚、日本、柬埔寨、泰国、马来西亚、韩国、中国等国设立了研究中心。在中国的研究中心有三处,分别设立在北京、香港和台北。法国远东学院北京中心于 1997 年 2 月成立,并与中国科学院的自然科学史研究所签订了合作协议。北京中心 2004 年的研究课题有两个:其一是对陕西省和山西省的地方史的集体研究项目,题为"中国北部的水利与社会",该项研究主要在陕西省的泾阳、三原、蒲城和山西省的洪洞县进行,意在证实水利技术的管理(水坝、灌溉与排水)是影响社会组织结构的重要因素。其二是"道教与地方社会"。出版物有《法国汉学》(年刊,中文版,主要内容是译介法中两国汉学研究领域具有代表性的论

---

① 中国现代国际关系研究院编:《欧洲思想库及其对华研究》,北京:时事出版社 2004 年版,第185 页。

文)、《法国远东学院学报》(年刊)、《亚洲艺术》(年刊)、《远东亚洲丛刊》。

4. 东亚学院

东亚学院成立于 1993 年,隶属于法国国家科研中心、法国高等师范学院和里昂第二大学,其任务是开展对中国、日本、韩国以及中南半岛的社会科学研究。该中心进行的有关当代中国的研究课题有"上海：历史变化""中国经济改革以来的人口迁移""中国新儒学与现代化"等。

5. 法国现代中国研究中心

法国现代中国研究中心创建于 1991 年,隶属于法国外交部国际和发展合作总局,主要任务是研究中国大陆和港澳台地区的政治、经济和社会变化,研究领域涉及司法、法律、政治学、经济、国际关系、汉学和人类学。中心总部设在香港。1994 年,与中国台北孙逸仙汉学研究科学院签订伙伴关系条约,并在该院社会学和哲学研究所内设立台湾分部。2000 年 9 月,在法国驻中国大使馆的帮助下设立北京通讯员岗位,挂靠在中国人民大学欧洲研究室。全国科学研究中心从 1994 年起向法国现代中国研究中心的香港总部和台北分部各派遣一名研究员,以加强研究力量。中心现有 10 人,四名研究员常驻香港,一名研究员驻台北,五名奖学金研究生均在香港总部。中心拥有一个由大学教授和研究员组成的科研委员会,每年在巴黎召开一次会议。法国现代中国研究中心一般能够较客观地介绍中国的现实问题,但也有相当部分文章偏袒中国台湾地区,对大陆颇多指责。中心采取集体研究与个人研究相结合的方法,当前的研究重点是中国国家改革以及政治和社会稳定问题,围绕六个中心课题进行：通过东亚经济走廊的离心效果看中国经济空间的重组,中国政治和体制改革,中国的就业危机和国家现代化,私营经济活动者和企业家的产生,中国因特网的发展,台湾政治和社会变化及其对两岸关系的影响。[①]

第四节　荷兰的中国当代史研究

一、研究概况

荷兰的当代中国研究是在传统汉学研究的基础上逐步发展起来的。荷兰

---

① 中国现代国际关系研究院编：《欧洲思想库及其对华研究》,北京：时事出版社 2004 年版,第158 页。

是较早从事中国研究的西方国家之一,最早可以追溯到 17 世纪初。但在 17 世纪初到 19 世纪后期的漫长岁月里,荷兰研究中国问题的人数不多,其研究也大多比较粗放,还不属于专业性的学术研究。19 世纪后期,荷兰的中国研究领域有几件事:1876 年莱顿大学设立了第一个汉学教授职位,举办中国语言和文化讲座;1890 年荷兰和法国学者共同创办了国际性汉学刊物《通报》,由莱顿的布里尔出版社出版,主要刊登汉学家的文章和书评,包括中国的传统文化以及有关文学、科学和艺术等方面的论述;1930 年莱顿大学建立了汉学专业研究机构——汉学研究院,专门从事汉学研究及人才培养。汉学讲座和汉学专业刊物《通报》的出现标志着荷兰汉学研究学术地位的确立。

荷兰的当代中国研究兴起于 20 世纪中期,其标志是莱顿大学汉学研究院现代中国文献研究中心的设立。第二次世界大战之后,尤其是 20 世纪 80 年代以来,中国改革开放所取得的惊人成就使一些荷兰学者意识到,传统的汉学把中国当作一个静止的社会进行研究,忽视了对中国社会内部的变化以及对中国整体性、战略性问题的研究。因此一些荷兰学者开始加强对中国现代政治、经济、社会、法律和对外关系等问题的研究,并注意与中国学者进行交流与合作,他们不仅关注中国经济的飞速发展及其面临的问题,也希望了解这种发展对中国以及世界的政治、社会和文化的影响。这使荷兰中国研究的领域迅速拓宽,出现了一批有专业学科知识基础,并以中国现实问题为主要研究对象的专家。

主要学者有荷兰从事当代中国研究的主要代表人物有何四维(Anthony Frangois Paulus Hulsewé)、许理和(Erik Zürcher)、弗美尔(Eduard B. Vermeer)、赛奇(Tony Saich)和施耐德(Axel Schneider)等。他们大多毕业于莱顿大学,后成为荷兰中国研究领域的骨干和带头人。

何四维(1910—1993),毕业于莱顿大学中文系,1956 年接替去世的戴闻达任莱顿大学汉学研究院院长,并兼任莱顿大学汉学研究院的汉学讲座教授。何四维在其 20 年的教授生涯中指导了众多的课题研究,内容涉及中国古代佛教、中国古代数学、中国古典小说以及中国的马克思主义文艺理论,但他本人的研究兴趣一直是秦汉史,尤其是秦汉法律和制度以及中国史学研究方法。何四维的主要学术研究成果有"中亚汉代文献最新研究综述"(1950)、《汉律残篇》(1955)、《中国社会史研究》(1956)、《中国共产党人对中华帝国起源和创建的论述》(1968)和《荷兰的中国学和日本学》(1969)等。

许理和在 1953 年毕业于莱顿大学汉学研究院,留任从事教学和研究工作,主要讲授现代汉语和古汉语。1962 年任莱顿大学汉学研究院新增设的东亚问题讲座的首任教授。1975 年接替何四维任莱顿大学汉学研究院院长,并于当年当选为荷兰皇家科学院院士。1975—1993 年间,与法国著名汉学家谢和耐(Jacques Gernet)共同主编国际汉学刊物《通报》。许理和对荷兰中国研究发展的重要贡献突出表现在为适应荷兰政府、研究机构、公司以及社会各界对当代中国信息的需要,于 1969 年在莱顿大学汉学研究院建立了现代中国文献研究中心,使当代中国问题的研究在这个具有浓厚汉学研究传统的机构内迅速发展起来。许理和的主要研究领域是中国早期佛教、宋代至明代的社会发展以及当代中国的经济和社会问题。主要研究成果有《佛教对中国的征服:中世纪前期佛教在中国的传播和适应》(1959)、《佛教的起源及其通过文字和图画的传播》(1962)、《中国第一次反基督教运动》(1970)、《天主和魔鬼》(1985)、《中国文化的时空》(1995)、《中国的现代化、西方化和文化适应》(与K. W. 拉特克和 T. 赛奇合编,1993)、《当代中国对传统文化的重新认识》(1963)、《中国明朝末年的儒教和基督教信仰热》(1997)、《中国思想史和中国与外部世界的早期联系》(1996)等。

弗美尔是社会经济历史学家。他于 1969 年和 1972 年先后在莱顿大学获得历史学和汉语博士学位。从 1969 年至今一直在莱顿大学从事中国经济和历史的教学和研究工作,曾任莱顿大学汉学研究院现代中国文献研究中心主任,并兼任《中国信息》和《亚洲太平洋商业评论》的编辑,欧洲现代中国研究基金会主任和北京大学荣誉教授。弗美尔的主要研究兴趣是当代中国经济发展,尤其是落后地区的经济及土地开垦。他曾赴中国大陆的一些山区以及台湾地区进行考察,并多次参加有关中国问题的应用项目研究。例如,1986 年参加欧盟的"中国乳产品发展项目评估"项目,1988 年参加欧盟的"中国教育管理项目评估和系统阐述"和"欧中农产品加工交流中心项目设计"等,1990 年参加"中国的城市污染治理和环境保护部门调查"和"中国的乳产品发展项目(EU)中期评估"项目,1991 年参加中国社会科学院的"中国陕西地区社会经济发展调查"项目,1994 年组织福特基金会资助的"关于中国集体和自愿互助组织的国际会议",1995—1998 年参加中国国家科学技术委员会和荷兰教育科学部的"宁夏畜牧业和草原法的实施研究"项目,1998 年组织欧洲有关中国农业和农村发展的会议等。弗美尔的主要学术成果有《广州经济史(1930~1980)》

(1987)、《中国地方经济的发展：1930年以来的陕西省经济》(1988)、《中国地方史：来自福建的宋元明清时期的石碑文》(1991)、《泉州农业经济史》(1998)、《中国的股份合作制》(2000)、《中国的社会保障系统》(1979)、《当代中国农业发展模式》(1979)、《农业中国的收入差距》(1981)、《中国农业经济改革与中国政府的作用》(1982)、《中国的农业与生态》(1986)、《中国化工业对外国技术的需求》(1987)、《广州的集体化和非集体化》(1987)、《中国的劳动力政策和新的劳动合同法》(1987)、《中国土地开垦的历史》(1988)、《中国对环境污染的治理：问题与政策》(1990)、《中国的工厂管理者与环境污染》(1991)、《巴山贫困地区的经济发展》(1994)、《试论福建泉州的农田开垦与经营方式》(1996)、《环境污染的损失：经济可持续增长方面的问题》(1997)、《中国的新型农业组织》(1998)、《股份合作制：产权分析》(1999)等。

赛奇在莱顿大学获博士学位，1976—1977年在中国从事过研究，1986年在莱顿大学汉学研究院现代中国文献研究中心创办国际学术性刊物《中国信息》，1994年以前曾任莱顿大学汉学研究院院长，1994—1999年任福特基金会驻北京办事处首席代表，目前是美国哈佛大学肯尼迪政府学院的教授。赛奇是荷兰莱顿大学汉学研究院培养出来的著名中国问题专家，他的研究重点是中国现代问题。主要学术成果有《中国的政治与政府》(与 A. J. 塞奇合著，1981)、《中国 80 年代的科学政策》(1989)、《中国人民的政治运动》(1990)、《共产主义和后共产主义政治体系概论》(与 S. 怀特、J. 加德纳和 G. 肖夫林合著，1990)、《中国改革的十年》(1992)、《文献与分析》(与 B. 杨合著，1996)、《中国国家社会主义的新前景》(与方德万等合著，1997)、《中国的政府与政治》(2001)等。

施耐德于 1994 年在德国波鸿大学获博士学位，现任莱顿大学汉学研究院现代中国文献研究中心主任，现代中国研究教授，《东西方历史研究》刊物的主编。施耐德的主要研究领域是现代中国历史和中国政治。主要学术成果有《德意志联邦共和国关于中国共产党历史的研究》(1990)、《朝鲜战争与台湾地区的未来：书目评论》(1995)、《中国台湾地区的政治改革(1990～1995)：原因、结果和影响因素》(1995)、《真理与历史：寻求中国现代同一性的两位中国历史学家》(1997)、《缩小差距：构筑中华人民共和国"新的"历史文化同一性》(2001)、《道教与历史：寻求中国现代同一性的两位历史学家》(2001)等。

二、主要研究机构

1. 莱顿大学

莱顿大学始建于 1575 年 2 月 8 日，有"欧洲汉学重镇"之称，早在 1851 年莱顿大学就设立了中文专业；1876 年又设立了第一个汉学教授职位，举办中国语言和文化讲座；在 20 世纪 30 年代和 60 年代又根据形势发展的需要先后建立了中国学研究的专业学术机构——汉学研究院和现代中国文献研究中心；并与北京大学、北京语言文化大学、厦门大学、台湾大学和台湾师范大学等签订了合作协议，开展学者和学生的交流与合作。

（1）汉学研究院。莱顿大学的汉学研究院又名莱顿大学中国语言文化系或汉学系，始建于 1930 年，主要从事中国语言、文化、宗教和历史等领域的研究和教学活动，包括进行课题研究和研究生培训，出版定期学术刊物，举办学术讲座和专题研讨会等。莱顿大学汉学研究院的第一任院长是戴闻达（Jan Julius Lodewijk Duyvendak），其后是何四维（Anthony Frangois Paulus Hulsewé）、许理和（Erik Zürcher）、伊维德（Wilt Lukas Idema）、柯雷（Maghielvan Crevel）、赛奇（Tony Saich）和施舟人（K. Schipper）等。汉学研究院的历任院长都是中国学领域的国际知名学者，对荷兰中国研究的发展做出了重要贡献。莱顿大学汉学研究院在其发展过程中培养和造就了许多中国问题研究的专门人才。他们中的一些人成为荷兰中国问题研究的骨干和中坚力量，如何四维、许理和、弗美尔、柯雷等；也有一些人后来到其他国家和地区继续从事有关中国问题的研究或教学，例如伊维德、赛奇、贺麦晓（Michel Hockx)等。莱顿大学汉学研究院坚持研究与培训相结合的原则。培训的内容包括现代汉语和古汉语、中国古典文学和现代文学、中国宗教、中国历史以及当代中国的政治、经济、法律和艺术等。

（2）现代中国文献研究中心。该中心成立于 1969 年，隶属于莱顿大学汉学研究院，主要从事现代中国问题研究，包括学术研究和合同研究，同时也提供相关的教学和咨询服务。许理和任该中心的第一任主任。现代中国文献研究中心参与莱顿大学及其亚洲、非洲和美洲印第安人研究院的现代中国研究计划。该中心每年举办 1—2 次有关中国特定领域最新发展或热点问题的国际会议或学术研讨会，并经常邀请来自中国的专家学者做专题演讲。目前，现代中国文献研究中心有六名专职研究人员。他们不仅从事研究，也参与汉学研究院内外的教学和研究生培训活动,内容涉及现代中国的经济、政治、社会发展、历史、法律和外交关系等领域。该中心还有一些特聘的研究人员,他们应邀参与合同研究,或通过多种方式向那些对中国感兴趣的人提供信息咨询服务。现代中国文献研究中心接受荷兰教育、文化与科学部和莱顿大学的经费资助,并与中国和欧洲的政府组织、大学和企业建立了广泛的合作关系。现代中国文献研究中心也是阿姆斯特丹—北京协会、欧中学术网、欧洲中国农业和农村发展会议的成员,并通过莱顿大学的汉学研究院参与荷兰国际亚洲研究所、伊拉斯谟斯交流网以及其他机构的交流计划。出版物有《中国信息》(*China Information*),专门刊登分析研究中国政治、经济、社会和文化发展的文章。

2. 阿姆斯特丹亚洲研究中心

该中心于 1987 年在阿姆斯特丹大学成立。阿姆斯特丹大学的亚洲研究比较有名,政治学系、社会学系和社会人类学系有许多学者在从事涉及亚洲问题(包含中国问题)的教学和研究。如该校社会人类学系在 W. 沃特海姆(W. Wertheim)教授的领导下,从 20 纪 60 年代开始就对当代中国的发展表现出强烈的兴趣。在 20 世纪 70—80 年代,以 G. 本顿(Gregory Benton)为代表从事中国问题研究,主要研究现代中国政治和历史问题。目前的代表人物是 L. 道弗(Leo Douw,1949—   ),主要从事中国社会和历史问题研究,并在阿姆斯特丹大学和阿姆斯特丹自由大学负责这方面的课程教学。他对 20 世纪中国地方政府与社会的关系以及海外华人等问题也有一定研究,并参与了阿姆斯特丹大学的一个"关于华人与中国"的大型研究课题。阿姆斯特丹亚洲研究中心成立后,阿姆斯特丹大学的亚洲研究主要在这个研究中心中进行。

3. 阿姆斯特丹亚洲研究院

该研究院最初只是阿姆斯特丹大学在 2001 年 1 月 1 日提出的一项研究计划,2002 年 1 月 21 日发展成为一个独立的研究机构,但仍与阿姆斯特丹大学保持密联系。阿姆斯特丹亚洲研究院的主要目标是促进公众对现代亚洲社会的了解,并对这方面的问题展开讨论。为此,阿姆斯特丹亚洲研究院与其他机构联合组织了一系列有关亚洲社会及当前重要事件的学术活动,例如在 2002 年,组织了涉及中国问题的"香港新闻媒体"和"荷兰华人:中国文化对西方的影响"等讲座和研讨会,新闻记者、外交官、社会活动家、商界代表以及所有对这些问题感兴趣的人都可以参加这些活动。

4. 国际亚洲研究所

该研究所是由荷兰皇家科学院、阿姆斯特丹自由大学、阿姆斯特丹大学和莱顿大学于 1993 年共同建立的一个博士后研究机构，它的财政经费主要来自荷兰教育、文化与科学部，总部设在莱顿。建立国际亚洲研究所的主要目的是促进对亚洲（包含中国）问题的博士后研究，研究范围涉及语言学、人类学、政治学、法学等人文和社会科学领域，同时收集、传播和交流有关亚洲研究的信息，并作为荷兰的亚洲问题研究中心与其他国家进行合作。国际亚洲研究所的博士后研究人员包括短期聘用的参与合作研究计划的研究人员或本研究所的成员。国际亚洲研究所的学术活动包括组织专题研讨会和大型学术会议，出版简报，建立有关欧洲和世界范围的亚洲问题专家数据库，提供信息咨询服务，提出国际合作项目和研究计划，并为荷兰国内外学者提供合同研究的机会等。国际亚洲研究所从 1994 年开始负责欧洲科学基金会亚洲委员会秘书处的工作，并负责管理该基金会的博士后奖学金计划。为了增进亚洲研究领域的交流与合作，国际亚洲研究所于 1997 年与哥本哈根的北欧亚洲研究所建立国际合作联盟。该研究所还与美国、澳大利亚、印度尼西亚、奥地利、俄罗斯、越南、巴基斯坦、中国、法国、韩国、菲律宾等国的 20 余个研究机构签署了理解备忘录。

第五节　丹麦的中国当代史研究

一、研　究　概　况

丹麦有关中国的研究虽然也很久远，但却缺乏连续性。从丹麦的总体情况来看，目前对现当代中国研究已超越了传统汉学研究成为中国研究的重点，自从新一代学者在 20 世纪 90 年代末的崛起，这种势头一直有增无减。造成这种情况的一个重要原因在于，有关当代中国的课题更能吸引学生，也能获得外来的资助，而传统汉学院系虽然依旧希望保持一支重点放在古典研究的师资队伍，但主要是靠一种惯性来维系。现当代中国研究由于依托于地域研究的框架，能够摆脱学科体制的束缚而凌驾于其上，它获得了长足的发展。

二、主要研究机构

1. 哥本哈根大学亚洲研究系

1960 年,哥本哈根大学建立了丹麦第一所东亚研究学院,1993 年该院改为亚洲研究系。在易家乐的主持下,东亚研究学院得到了很大的扩展,从教职人员和学生的数量上来讲都属斯堪的纳维亚地区最大的院系之一,主要从事传统汉学的教学与研究。直到 20 世纪 80 年代后期,该学院才设置了一个专门从事现当代中国研究的终身教职。目前亚洲研究系共有终身教职九个,研究中国的有三个。关于中国的研究已经在很大程度上从传统汉学模式转为地域研究。

在斯堪的纳维亚半岛,哥本哈根大学的当代中国研究在很大程度上是与东亚和东南亚研究中心的兴起以及北欧亚洲研究中心的重组分不开的。1981 年,哥本哈根大学校长任命了一个工作小组负责一项新的两年期区域研究项目,于是从各人文和社会科学院系选派了一些代表组成了一个工作小组进行筹备工作。但是最终教育部决定将这个项目设在奥胡斯大学,不过工作小组并未因此而解散,反而日渐壮大,1984 年正式取名为东亚和东南亚研究中心,以定期活动的方式安排各种研讨会和学术会议。在这个小组的基础上产生了东亚和东南亚研究中心。东亚和东南亚研究中心在 1989 年申请到了办公地点,成为越来越多的当代中国研究项目的基地。[①]

由于行政原因,哥本哈根大学于 1994 年关闭了大学中的各跨学科研究中心,或将它们并入其他的研究所/系。该政策也影响到了东亚和东南亚研究中心,它在 1994 年关闭并将研究项目和研究活动都移交给亚洲研究系和北欧亚洲研究中心等研究机构。北欧亚洲研究中心是由北欧部长理事会在 1967 年创建的,当时的名称是斯堪的纳维亚亚洲研究所。该机构的宗旨是鼓励斯堪的纳维亚各国针对亚洲问题的人文和社会科学研究,同时也为斯堪的纳维亚学者和外国学者的交流提供渠道。但是,它最早的侧重点是东方语言学研究,这反映了第一任所长易家乐的个人兴趣。到 20 世纪 80 年代中叶,该研究所感到应该在当代亚洲事务的社会科学研究方面投入更多资源,并据此进行了

---

① 〔美〕沈大伟、〔德〕桑德施耐德、周弘主编,李靖堃等译:《中欧关系:观念、政策与前景》,北京:社会科学文献出版社 2010 年版,第 43 页。

重组。重组后的北欧亚洲研究中心的变化之一是加强了东亚和东南亚研究，减少了近东和南亚研究的分量；所有研究职位都变成有期限的，还成立了一个特别信息小组，此外还增加了配备研究助手的教授职位。最近北欧亚洲研究中心进行了再次重组，结果是由哥本哈根大学、哥本哈根商学院和隆德大学组成的一个协会代替北欧部长理事会接手该研究中心的管理责任。北欧亚洲研究中心成为一个独立的学术研究机构，负责推动北欧地区的亚洲研究。哥本哈根大学成为新北欧亚洲研究中心的所在地。现任所长为于尔根·戴尔曼（Jprgen Delman）博士。[①]

主要学者有李来福（Leif Littrup），1998—2001 年他在亚洲研究系担任系主任，在此之前曾担任过东亚和东南亚研究中心主任（1983—1986），奥胡斯大学东南亚研究学院院长（1982—1985），1969—1970 年李来福曾到台湾大学学习过，后多次来中国大陆和台湾地区从事研究工作。1978 年他在澳大利亚国立大学获博士学位，论文题目是《山东的地方自治政府，1550—1600》，后改写为专著《中国明朝时期的下级官僚政府——关于 16 世纪的山东省的研究》。他的主要研究领域是从 15 世纪到近现代的中国历史以及中国的世界史研究和比较史学，就此发表过多篇论文。

柏思德（Kjeld Erik Brødsgaard），毕业于哥本哈根大学历史系，在奥胡斯大学攻读硕士学位，专业是历史和政治，之后他在中国南京大学进修中国现代史，再后来到哥本哈根大学攻读博士学位，专业为中国现代史与政治，1989 年完成博士论文，题目是《中国经济的调整与改革，1953—1986》。

柏思德在读博士学位期间其研究方向已经完全转向当代中国研究，主要研究方向集中于如下几个领域：（1）中国与全球经济，主要从三个方面进行探讨。一是从中国国内政治和经济角度来看中国与世界经济的接轨；二是中国转型过程的社会和环境影响；三是从中国的贸易和投资以及大公司的竞争力来看中国的地区和全球地位。（2）中国的国家、政党以及商业环境的变化，重点探讨中国共产党在治理国家中担当的角色，他认为中国共产党能够通过强化其组织机器，掌控新的社会阶层特别是新生的私营企业家阶层而重新激活自身，并且对组织程序、干部管理国家和社会的能力以及人事制度改革等进行

---

① ［美］沈大伟、［德］桑德施耐德、周弘主编，李靖堃等译：《中欧关系：观念、政策与前景》，北京：社会科学文献出版社 2010 年版，第 44 页。

更细化的研究。(3)海南研究,以海南经济特区的政治经济改革为案例,重点探讨"小政府大社会"改革实验可能对中央与省以及省与地方的关系产生的影响,对于中国经济特区的形成与发展进行深层次研究。出版物:《哥本哈根亚洲研究杂志》(*The Copenhagen Journal of Asian Studies*)《哥本哈根讨论稿》(*Copenhagen Discussion Papers*)(已停办)。

2. 奥胡斯大学东亚研究学院

在奥胡斯大学,汉学研究开始于 20 世纪 60 年代后期,当时是在语言系设立了一个汉学教职。到了 1973 年,汉学在奥胡斯大学获得了相当的发展,于是在葛兰恩(Else Glahn,高本汉的学生之一)的主持下,建立了一个独立的学院——东亚研究学院。从体制上讲,东亚研究学院与哥本哈根大学的亚洲研究系没有太大的差别,而且在建立之初也主要是从事传统汉学方面的研究。但是自 70 年代中期以后逐渐转向专门从事当代中国研究,目前三位研究中国的学者全部是研究现当代中国问题。1981 年,东亚研究学院成立了中国信息办公室,主要作为一个文献中心为商业团体提供服务。1984 年东亚研究学院与奥胡斯政治学院合作设立了一项东亚地域研究项目。目前东亚研究学院的终身教职席位一共有 4 个。

第六节 瑞典的中国当代史研究

一、研 究 概 况

瑞典对于中国的兴趣可溯源至 1654 年,当时有一位名叫尼尔思·马森·席欧平(Nils Mattson Kiping)的瑞典人跟随一荷兰商人兼外交官来到中国,回去之后写了一部游记,于 1677 年发表。1694 年,尤那·罗克纳尔斯(Jonas Locneus)在乌普萨拉大学撰写了他的博士论文——《长城简述》,这是瑞典,也是北欧的第一篇以中国为论题的学术论文。关于中国的研究真正上升到学术研究是在 20 世纪初。第一位用现代科学方法从事有关中国研究的瑞典人是斯文·赫定(Sven Hedin,1865—1952)。作为一位地理学家和探险家,赫定从 1893 年开始曾先后三次到中亚考察,他的研究成果主要是考察报告。特别是他第三次考察的结果以《1927 年至 1935 年在斯文·赫定博士领导下对中国西北省份进行科学考察的报告》为总题目分卷出版,从 1937 年开始出版,目前已出版了 56 卷。

高本汉是瑞典和北欧汉学的开创者,他桃李满天下,现在瑞典所有与中国研究相关的重要角色几乎都由高本汉的学生担当,形成了一个"学术家族"。他的弟子们不仅继承了老师的事业,而且能够发扬光大,使瑞典的汉学获得了长足的发展。如马悦然(Göran Malmqvist)从 1965 年起接替老师高本汉任斯德哥尔摩大学汉学教授;丹麦的易家乐(Soren Egerod)于 1960 年创立了哥本哈根东亚研究院;挪威的韩恒乐(Henry Henne,1918—2002,又译翰汉乐、何亨利),在 1966 年建立了奥斯陆大学东亚研究系。

瑞典的汉学教学和研究,主要集中于斯德哥尔摩大学和隆德大学,这两所大学除开设本科生课程外,还设立硕士研究生和博士研究生项目。哥德堡大学的东方语言系开设了一个汉语本科班,乌普萨拉大学则开设了一个为期一年的汉语本科班。目前瑞典共有中文教授 6 位,副教授 26 位,中国学博士 30 余位。无论在规模上还是在研究和教学力量方面,无疑居北欧四国中的首位。20 世纪 60年代开始,瑞典的汉学发生了一些重大变化,研究方向逐渐转向当代中国。

二、主要研究机构

1. 斯德哥尔摩大学亚洲及太平洋研究中心

1984 年,斯德哥尔摩大学建立了亚洲及太平洋研究中心,目的是为了促进有关亚太地区的政治、经济、社会及文化发展的学术研究。

该中心的主要学者是郝德馨(Thomas G. Hart),他是美国人,在美国读本科生时的专业是社会科学、人文地理学和教育;后到斯德哥尔摩大学师从高本汉学习汉学,1962 年获硕士学位。或许由于不懂汉语的缘故,他攻读博士学位时选择的专业是政治学和国际关系。1992 年任中心主任,研究重点向当代中国倾斜,专门研究中国内外政策,是瑞典的中国问题专家。其代表作是《革命动力学:一种关于现代社会革命动力的控制论理论及中国革命的意识形态变化和组织动力研究》,主要是从一般系统论、控制论以及结构功能主义等实证主义观点来论证中国革命的动因,与普遍偏重于人文研究的瑞典汉学家形成了鲜明的对照。这也许是汉学家与中国问题专家的差别所在,郝德馨也因其研究进路的不同被视为汉学圈外的研究中国的学者。

该中心在 1988 年创办了《斯德哥尔摩东亚研究杂志》(*Stockholm Journal of East Asian Studies*),用英文出版,弥补了由斯德哥尔摩大学东方语言学院建立的东方研究协会以瑞典文出版的会刊《东方研究》(*Oriental Studies*)的某些不足。还有《斯德哥尔摩东亚研究杂志》(*Stockholm Journal of East Asian Studies*,英文)以及《东方研究》(*Oriental Studies*,斯德哥尔摩大学东方语言学院建立的东方研究协会会刊,瑞典文)。

2. 隆德大学东亚和东南亚研究中心

1997年,隆德大学建立了东亚和东南亚研究中心,由沈迈克(Michael Schoenhals)任中心主任。此前隆德大学原有政策研究所从事当代中国研究,尤其侧重于中国的科学和技术研究,20世纪80年代中期由于主要研究人员先后离开,研究事业也日渐衰落。而东亚和东南亚研究中心的建立加强了隆德大学的当代中国研究力量。主要学者是沈迈克(Michael Schoenhals),沈迈克是马悦然的学生,曾在斯德哥尔摩大学亚洲及太平洋研究中心任副教授,是20世纪50年代出生的中国学研究者中的佼佼者。沈迈克的研究领域主要集中于当代中国政治,博士论文为《跳跃式的社会主义:毛泽东与1958年大跃进》。沈迈克是一个"中国通"。对"文化大革命",特别是对红卫兵运动的研究颇有成就,先后出版了《中国政治的言有所为:五项研究》和《中国的"文化大革命",1966—1969:不是请客吃饭》。沈迈克的研究非常严谨,搜集有大量的第一手的档案材料。

如前所述,就斯堪的纳维亚地区而言,约有100名活跃的中国研究人员,包括一些博士生。其中哥本哈根地区的中国研究最为活跃,它得益于北欧亚洲研究中心、哥本哈根大学跨文化和宗教研究系的中国教研室和哥本哈根商学院的亚洲研究中心等机构的联合资源优势。隆德大学的东亚和东南亚研究中心也对这个地区的中国研究起到了促进作用。该研究中心拥有不少专门从事当代中国研究的学者,设有博士后职位,同时还拥有一座藏书可观的图书馆。然而,很难计算斯堪的纳维亚地区中国研究学者的准确数量,因为相当一部分学者(尤其是在丹麦和挪威)只是暂时性地受雇于这些机构,他们得到资助的研究阶段之间往往有数年的间隔。在这些间隔时期,他们仍然在进行中国问题研究并且发表研究成果。因而,有一大批学者并非长期从事职业研究,但都是真正的中国研究学者。出现这种情况的原因之一就是斯堪的纳维亚各国政府给予未被聘用的学者丰厚的补贴。①

---

① [美]沈大伟、[德]桑德施耐德、周弘主编,李靖堃等译:《中欧关系:观念、政策与前景》,北京:社会科学文献出版社2010年版,第45页。

北欧各国的合作还表现在一些学术网络的建立上。所谓学术网络其实就是一个联系网，在体制上并不属于一个正规的实体，有的从其名称上也看不出个究竟。例如，"欧洲中国农业和农村发展大会"就是一个由欧洲学者组成的中国农业研究网络，最初由奥胡斯大学的约恩·德尔曼发起建立，再如，柏思德在丹麦人文科学研究委员会的支持下建立了一个"东亚的国家与社会"网络，其构成人员是 30 位来自欧洲、美国及亚洲的 21 所一流大学和研究所的学者，目的是为了促进丹麦研究人员之间的合作从而提高有关东亚研究方面的知识水平和研究能力，以及在丹麦研究人员与国外著名学者和相关研究机构之间建立联系。这个网络还出版了《通讯》，另外还组织网络会议。①

随着中国综合国力的稳步增强以及国际地位的日益提高，意大利思想库对中国问题的关注与研究热度有了明显的提高。除国际政治研究所、意中经济文化交流协会、意大利阿斯平研究所等著名思想库已设置有关中国问题的研究项目外，一些高等院校和研究机构也相继开设了中国问题研究课题，就中国经济改革、外交战略、社会思潮和意中关系等方面，组织了一系列研究与交流活动，在学术上进行有益的积极探索，不仅在一定程度上影响政府的对华政策，而且还有助于引起国际社会重视中国的经济成就、国际作用与未来发展走向。②

此外，西班牙和葡萄牙的当代中国研究起步较晚。1992 年，马德里自治大学的东亚研究中心在西安娜·菲萨克（Taeiana Fisac）的领导下成立，现在已经有 10 多名成员。巴塞罗那自治大学也设置了当代中国研究项目，并从 2006 年 9 月起开设东亚研究硕士课程。葡萄牙的第一个中国研究硕士研究生课程于 1998 年在阿维罗大学开设。在这之后，里斯本科技大学的社会和政治科学研究所创立了一个东方研究所。这个研究所发行刊物《葡萄牙亚洲评论》（*Revista Portuguesa de Estudos Asiáticos*）。一个有趣的新现象是，不少欧洲商学院开始从事当代中国研究。尤其是在斯堪的纳维亚地区，目前有三个国际商学教授席位侧重中国问题研究。正如前面提到的，哥本哈根商学院是当

① 何培忠编：《当代国外中国学研究》，北京：商务印书馆 2006 年版，第 289 页。
② 中国现代国际关系研究院编：《欧洲思想库及其对华研究》，北京：时事出版社 2004 年版，第 301 页。

代中国研究的一个重镇。该院的中国研究项目扩展迅速。这个项目具有很强的语言导向,在第一学年就要求上满 20 个课时的语言培训;之后逐渐加上经济、社会和商学课程。利兹大学商学院的国际商务研究者和利兹大学东亚研究系的中国问题专家们展开了紧密的合作。在此合作的基础上诞生了由德里亚·戴文(Delia Devin)担任主任的中国商业和发展中心,以及由费立民任所长的当代中国研究所。由于对中国商业和管理的兴趣不断上升,伦敦大学的东方与非洲研究学院也成立了财政和管理研究中心。同样重要的是剑桥大学贾吉商学院热烈的中国商务研究风气。在彼得·诺兰(Peter Nolan)的领导下和这种研究风气的推动下,已经产生了相当数量的博士论文,其中许多是由在剑桥学习的中国学生完成的。①

---

① ［美］沈大伟、［德］桑德施耐德、周弘主编,李靖堃等译:《中欧关系:观念、政策与前景》,北京:社会科学文献出版社 2010 年版,第 46—47 页。

下编 专题研究动态

第五章　海外中国当代政治史研究动态

改革开放 30 多年来,中国经济的发展成就全球瞩目。如何解释中国所走的不同的发展道路,如何预测这条道路的前景,成为海外学者们极其关心的重大问题。尽管存在社会文化经验的差异,国外大多数学者都能本着尊重历史、尊重事实的治学精神,对中国历史和当代中国政治发展路径的基本内涵做出较为客观的认识和评价。但是,由于中国问题本身的复杂性,加上他们对中国国情缺乏更为直观的了解,因而有些学者在中国历史和现实的把握上,还是会表现出各自的局限和误解。当然,关注国外学者的研究成果,加强不同观点之间的对话与交流,将有助于拓宽我们的研究视野。

一方面,西方左翼学者关注的焦点涉及中国道路的性质、特征、市场经济、民主政治及"北京共识"等问题。英国剑桥大学教授彼得·诺兰在《处在十字路口的中国》[①]一文中指出,国际资本在中国建立了完整的生产体系,并且占国家出口收入一半以上的情形下,中国经济已经日益具有"依附性"。因此,中国既不可能把自己孤立于国际经济和政治的体系之外,也不可能重新回到"毛泽东时代"。不管在生态、社会还是国际关系上,盎格鲁-撒克逊的自由市场原教旨主义都没有为可持续的全球发展提供任何希望。因此,中国存在许多深刻的社会经济挑战,其中每一项挑战都需要对市场进行创造性的、非意识形态的国家干预,以解决许多市场不能独自解决的实际问题。中国的道路选择,可能提供一座灯塔,作为对美国主导的全球自由市场原教旨主义冲动的一种替代选择,将促进全球的生存和可持续发展。因此,彼得·诺兰认为,探索"第三条

---

① Peter Nolan, "China at the Crossroads", *Journal of Chinese Economic and Business Studies*, UK, Jan. 2005.

道路"不仅是中国的十字路口,而且是整个世界的十字路口,具有世界性的意义。①

另一方面,非左翼的历史学家和政治学家开始将当代中国问题与历史并行考察,跨越1949年,重新将中国现代社会的政治与经济成就和中国革命的传统连接,在理解许多西方政治学假说为何失效的同时,在史实挖掘和理论建构方面都做出了贡献。他们探讨中国未来政治的不确定性,分析并说明中国政府的治理方法是"非西方"的,认为"革命"并未死去,它就在中国的经济繁荣等成就之中。在这个意义上,1949年既是分水岭,更是贯穿前后中国历史走向的接驳站。从此视野出发,一些西方的历史学家和社会科学研究者经历了意识形态研究、革命、现代化、市民社会等研究视角和对象之后,认为"国家"和"革命"的因素可能需要被重新考量,革命与改革的传统必须放在一起加以检视。这样的研究有助于观察中国历史的延续性与制度选择的路径依赖,也能触摸到中国社会将来走向的脉动,更能回答中国是否还会发生革命、中国道路最终走向何处等问题。

第一节　思想史、运动史研究

在《中国政治研究:告别革命?》一文中,裴宜理教授指出,"在毛泽东死后三十年,中国依然是列宁式政党国家"。② 尽管有更高强度的私有化和更大的自由化市场,谁有能力置强大的国家监控于可控的轨道?③ 面对学者们对经济增长而政治改革停滞的可能性后果的研究和预测,裴宜理倾向于认为应该跨越1949年的界限来认识这个看似悖论的现象。她认为尽管出现了"三年困难时期",毛泽东时代的政策还是为中国改革开放以后几十年的发展奠定了

---

① 徐觉哉:《国外学者论中国特色社会主义》,http://www.bjskl.gov.cn/yjzx/ztllyj/2008/200833/201103/t20110304_8003.html。

② P. Elizabeth, "Studying Chinese Politics: Farewell to Revolution?", In *The China Journal*, 1/1/2007, Issue 57, pp. 1 - 22: 1.

③ Dali L. Yang, *Remaking the Chinese Leviathan: Market Transition and the Politics of Governance in China*, Stanford: Stanford University Press, 2004; Wang S. G., "The Problem of State Weakness", *Journal of Democracy*, Vol. 14, No. 3, pp. 36 - 42; Atul Kohli, *State-Directed Development*, New York: Cambridge University Press, 2004.

坚实的基础。① 正如费正清所言，"毛泽东的纪念碑树立在中国的农村"。② 那些普遍认为中国革命的传统已经消退的看法是值得怀疑的，中国在改革开放时期取得的令世界震惊的经济发展成就，需要放到中国革命背景之下才能得到理解，而这种革命传统至今还很鲜明地存活在当代中国的现象中。③ 当然，裴宜理认为中国的革命传统与苏联的共产主义革命传统有所不同，毛泽东的群众动员手段，无论在革命时，还是 1949 年后，都成为"中国例外主义"的核心。④ 从毛泽东时代的共产主义到后毛泽东时代的具有中国特色的社会主义国家，中国的革命传统并没有被抛弃；正相反，中国发展出具有特色的国家政体——"革命式威权政体"（revolutionary authoritarianism），使得这个国家能不断迎接挑战，包括各种因社会不平等而产生的冲突带来的冲击。

当然，还有一种解释，认为中国的非民主政体能够幸存，是因为其所依赖的特殊社会强制力量。与很多国家的情况不同，在中国，无论是"工人阶层"还是"崛起的中产阶级"都并未积极寻求政治改革；正相反，中国的中产阶级并不寄望于政治改革，而是希望政治继续维持现状⑤，新兴的企业家阶层甚至入了党⑥。对这个现象的一个重要解释是中国共产党不断增强的力量限制了社会对抗，并不断将新的精英阶层收编或吸纳进自身组织。根据魏昂德教授的研究，掌握关键政治、行政和经济资源的精英阶层相互密切捆绑，从而使共产党

---

① P. Elizabeth, "Studying Chinese Politics: Farewell to Revolution?", In *The China Journal*, 1/1/2007, Issue 57, p. 4.

② J. K. Fairbank, *The United States and China*, 4th ed., Cambridge: Harvard University Press, 1979, p. 449.

③ P. Elizabeth, "Studying Chinese Politics: Farewell to Revolution?", In *The China Journal*, 1/1/2007, Issue 57, p. 5.

④ P. Elizabeth, "Studying Chinese Politics: Farewell to Revolution?", In *The China Journal*, 1/1/2007, Issue 57, p. 6.

⑤ Solinger, D. J., "Urban Entrepreneurs and the State", in Arthur Lewis Rosenbaum (ed.), *State and Society in China: The Consequences of Reform*, Boulder: Westview, 1992, pp. 121 - 141; Margaret M. Pearson, *China's New Business Elite: The Political Consequences of Economic Reform*, Berkeley: University of California Press, 1997.

⑥ Bruce, J. D., *Red Capitalists in China: The Party, Private Entrepreneurs, and Prospects for Political Change*, New York: Cambridge University Press, 2003; K. S. Tsai, *Capitalism without Democracy: The Private Sector in Contemporary China*, Ithaca: Cornell University Press, 2007.

内部的等级结构难以被撼动。① 与黎安友对"韧性威权"的理解②不同,裴宜理教授认为中国的政体作为"革命式威权政体"的重大特征就是允许群众在公开场合表达反对政权"的声音,如贴大字报、开批斗大会等。③

改革开放以后,也正是这种"革命式威权",从 1949 年前的"分而占领"(Divide and conquer)到革命之后的"分而治之(Divide and rule)",在中国形成了一种可控的多元化局面。④ 在共产党领导的工人运动中,将"革命"的工人与"改良"的政府对立,是其常采用的一种策略。

类似地,沙培德(Peter Zarrow)的研究从中国如何努力建立一个强大的现代化民族国家的角度,对 1895 年以来中国社会变革进行了分析,探讨了威权与自由、地方与中央、社会与国家、变革与稳定、乌托邦与现实主义之间充满冲突的因素的动力。这不是一个完整的历史叙事研究,而是以中心议题来进行分析,并没有明晰地讲述完整故事的一条线索。它更像是从不同的布料纤维出发,最终织成中国革命(1895—1949)这件混纺外套。⑤ 正如斯考契波所言,理解中国革命的关键要素,和理解其他革命一样,是要理解中国共产党逐渐将权力集中并巩固的过程。⑥ 中国共产党能够在国民党的围剿和日本的侵略中生存,有许多原因,其中能够将农民变成革命者是一个重要的因素。实现这一点依靠的是各式各样的策略。这些策略中阶级斗争是一个重要的部分。同时,当时的国际环境也是影响共产党政权状态的一个重要因素:1937 年的"抗日战争"和 1911 年的"俄国革命"都对中国革命造成了影响,1949 年的胜利也成为反殖民主义胜利的一个重大标志性成功,同时也是对美国支持的国民党势力的重大打击。这让中国革命带上了浓厚的民族主义色彩,也使中国从与

---

① Walder, A. G, "The Party Elite and China's Trajectory of Change", *China. An international Journal.*, Vol. 2, No. 2, Sept., 2004, pp. 189 - 209, p. 194, pp. 195 - 197.

② Andrew J. Nathan, "Changing of the Guard: Authoritarian Resilience", in *Journal of Democracy*, 14, Vol. 1: 6 - 17, 2003, p. 16.

③ Perry, 2007: 10.

④ Y. Chen, *Making Revolution: The Communist Movement in Eastern and Central China, 1937 -1945*, Berkeley: University of California Press, 1986, p. 11.

⑤ Zarrow P., *China in War and Revolution, 1895 - 1949*, New York: Routledge, 2005, preface, p. 1.

⑥ Zarrow P., *China in War and Revolution, 1895 - 1949*, New York: Routledge, 2005, pp. 358- 359.

美国结盟变为苏联的盟友。[①]

　　毫无疑问,20 世纪的中国革命也是一场不同力量追逐权力的过程。而追逐权力的过程并未说明那些建立民主自由制度与组织的努力为何失败,而是说明追逐权力成为一种政治文化,是由国家面对内忧外患时政治权力无法集中的现实决定的。因此,大多数人需要一个权力代表根本不是问题,问题是他们如何被代表。从 1890 年起,最早的代表者是儒家的一批激进知识分子,而后是辛亥革命的反满的汉族民族主义者,接下来是同时受到苏俄影响的国民党和共产党。在民族主义思想的影响下,他们关注诸如工人权利、女性权利、农民权利等问题,并相信革命的终极目的是从晚清以来就追求的"国家的权力与富强"。[②] 最终是共产党成功实现了这种农民动员并最终掌握了国家权力。

　　在研究中国改革与中国革命的关系时,裴宜理将既有的对于中国"韧性威权"政体的研究归结为两类:一是对正式制度的研究,如黎安友、沈大伟、魏昂德等人的研究,认为中国共产党政权的惊人稳定性来源于尽管政治精英斗争的方式改变,但是组织结构却依然稳固[③]、该系列制度不断吸纳精英的能力、对分权势力的遏制能力和对如人民代表大会制度、地方选举、信访制度、大众媒体等的高接纳能力[④]、党内民主改革以及对相关社会经济组织的有限改革等[⑤]。二是对非正式组织的研究,如蔡欣怡(Kelle Tsai)研究非正式的调适性组织,比如私营组织以集体经济的形式进行登记,从而导致了政权对私营企业主的精英吸纳模式的确立,也同时加强了组织的控制力和国家稳定性。[⑥] 蔡晓莉(Lily Tsai)则研究了地方的非正式组织与制度,例如寺庙联合会等,实际上成了中国农村的公

---

　　① Zarrow P., *China in War and Revolution*, 1895 - 1949, New York: Routledge, 2005, p. 361.

　　② Zarrow P., *China in War and Revolution*, 1895 - 1949, New York: Routledge, 2005, p. 364.

　　③ Andrew Walder, "The Party Elite and China's trajectory of Change", *China: An International Journal*, Vol. 2, No. 2, September 2004, pp. 189 - 209.

　　④ Nathan, "Changing of the Guard: Authoritarian Resilience", in Journal of Democracy, 14, Vol. 1: 6 - 17, 2003, pp. 13 - 15.

　　⑤ D. L. Shambaugh, *China's Communist Party: Atrophy and Adaptation*, Washington D. C.: Woodrow Wilson Center Press; Berkeley: University of California Press, 2008.

　　⑥ K. S. Tsai, *Capitalism without Democracy: The Private Sector in Contemporary China*, Ithaca: Cornell University Press, 2007.

共品提供者。这些机构都无形地提高了政府在中国农村地区的受支持度。[1]

裴宜理在前面两类研究的基础上发问：如果说中国共产党政权是同时利用了组织和非组织方面的优势从而屹立不倒，那么为什么其他的共产主义国家都没能够利用这种优势呢？她认为决定这些政治组织和非正式组织都能屹立不倒的，恰恰是这些组织结构的共性：列宁式的政党、集中化的宣传机构、指令性的经济等。那么，是什么决定了同样是社会主义国家政党结构之下衍生的组织，中国的组织就和苏联的组织与政权形态完全不同？这种差异究竟在哪里？裴宜理认为这些差异根源于中国共产党在执政之前几十年的革命动员和斗争的经历。尽管改革开放以后，毛泽东的"继续革命"的理论不再使用，但事实上正是这种理论与后来的中共政策制定相关，比如"游击式决策途径"的确立，就与毛泽东时代的革命传统息息相关。正是这种思路，具有极大的处理不确定和突如其来的政治决策风险的优势。而在不同领导人的治理时段里，会生发出许多各不相同的政策及后果。同时，在游击队战争时期积累下来的经验和战略，比如在一个集中化政权存在的同时，可以存在非中心化的分散的权力中心，在毛泽东时代结束以后的经济改革中也发挥了淋漓尽致的效果。游击策略能够最大程度地规避风险、超越既有限制，并适应转变时期的政府决策，最终起到保护该政权的目的，同时又能积极响应外界变化、抓住发展机遇。与苏联的僵化政策相比，中国共产党政权的稳定恰恰不是因为机构组织的稳定性，而是由于政策的灵活和多变性。[2]

第二节　国家—社会关系研究

以上关于革命运动史的研究，许多跨越了1949年的界限观照当下中国政治的历史源流。尽管1949年的意义十分重大，但与许多政治历史事件的研究相比，中华人民共和国早期的历史研究还是相对处在一个"尴尬地带"：民国史学者大都以此年份为界，将1949年以后的论述交给了社会科学家；许多当代史研究者，又更关注"三年困难时期""文革"，相对比较忽略中华人民共和国

---

[1] Tsai L., *Accountability without Democracy: Solidary Groups and Public Goods Provision in Rural China*, New York: Cambridge University Press, 2007.

[2] Heilmann S. & Perry E, *Mao's Invisible Hand: The Political Foundations of Adaptive Governance in China*, Harvard University, 2011, pp. 6–7, pp. 22–23.

成立初的几年。

　　然而，共和国早期的岁月，在政治历史学家毕克伟等看来，正是一个"国家—社会"关系发生剧烈变动的断层时期。这个时期发生的事件不仅将中华人民共和国成立初的岁月与晚清民国以来的国家建构和现代性问题连接，也将1949年中华人民共和国成立以后的政治斗争和社会改造与1978年改革开放，甚至当今中国的政治和社会问题沟通，因而具有和"三年困难时期""文革"等研究同样重大的意义。

　　毕克伟认为："中华人民共和国成立初期，政权面临中心城市的接管，边疆危机，科学家、教育工作者和大学的改造，前朝名门望族的家庭结构与秩序重组等诸多问题"，"那些年代里普通的个体、家庭和社会群体经历了怎样多样和复杂的转变"，[①]具有重大的研究价值。他进一步认为，"共和国建立之初，中国还是一个被殖民了一个世纪的国家，又经历了内战和天灾。对一个居于农村地带20多年的政党而言，统治一个如此幅员辽阔、地貌多样而又相对贫穷的国家是一项艰巨事业，面临诸多挑战。20世纪50年代初期，中国又参加了朝鲜战争，同时还有许多地域偏远的地区暴动频繁，只是在名义上处于共产党的控制之下。当然，这个时期同时也是充满热情与希望的时期，许多新的制度和组织开始建立。在大城市里，许多资本家被改造并被要求为建设祖国做出牺牲；在农村，当土地改革政策趋于激进时，许多地主被当成阶级敌人遭到残酷的批斗。"[②]然而，西方最早一代研究20世纪50年代中国的学者强调共产党新政权面临的挑战、不确定性、希望和恐惧，认为新政权将对既存秩序进行清洗并重塑一个社会。这种叙述里，带着美国对苏联等"集权国家式红色政权"的潜在恐惧。

　　后来的研究者渐渐摆脱冷战思维，并逐步深入中国农村，在个人、心理甚至精神层面研究处于那个时代的中国人究竟经历了什么。逐渐地，研究的问题开始转向：中国多样的地域在这个时期是否都经过同样的改造过程？区域性差异有哪些表现？这个过程对男人和女人、汉族和少数民族、城市居民与农村居民是否都产生了同样的效应？普通人对于家庭、乡土、职业是否忠诚以及

---

① J. Brown & P. G. Pickowicz, *Dilemmas of Victory*: *The Early Years of the People's Republic of China*, Cambridge, MA: Harvard University Press, 2010, p. 7.

② J. Brown & P. G. Pickowicz, *Dilemmas of Victory*: *The Early Years of the People's Republic of China*, Cambridge, MA: Harvard University Press, 2010, p. 2.

又是如何消失的?

对于中国共产党是否成功地改变了中国传统的权力网络,学者们没有达成一致意见。埃拉·沃格尔(Eara Vogel)对广东本地干部与南下干部冲突的研究说明:"地域认同与家族认同的传统依然存在。"①"20 世纪 70 年代以后信源更为畅通,越来越多的政治研究者开始从国家'构建—现代化',而非革命的视角研究 20 世纪 50 年代的中国。在日趋丰富的社会史和文化史的材料里,学者们越来越发现 1949 年作为分水岭的意义在日渐模糊。在城市政策制定、公共安全、工业发展、教育、劳资关系、少数民族政策和农村医疗设施建设等问题上,20 世纪 50 年代中共的政权与 20 世纪 30 年代的国民党政权有一定的类似,即都是致力于建立一个强大的国家,只是'风格、方法和结果'有所不同。"②

在《胜利的困境:中华人民共和国的早期岁月》中,魏克曼教授的研究讨论了上海的占领。它先从遥远的延安开始,探讨尚在农村的共产党如何为日后的大城市如上海的接管做准备。③ 与国民党相比,共产党的基层动员能力远为高效。④ 裴宜理的研究则探讨工人在"当家做主"之后,陷入支持和镇压工人运动的两难:如果他们支持工人,则会被指责为"经济主义";如果他们忽视工人,又会被指责为"官僚主义"。此时,共产党采取什么样的政策和策略? 这个问题的最终解决,是对政权威胁最大的工人武装队在国家控制更为强化的 1953 年被解散。那拉·迪利恩(Nara Dillion)的研究则关注上海的私立慈善组织,探讨新民主主义的连续性是真的存在,还是只是共产党在其稳固政权的过程中,争取反对者的诱饵?⑤ 在她看来,对所有自发形成的具有不同程度独立性的联合会或公共组织的消灭,代表了中共政权与国民党政权的最大区别,

---

① J. Brown & P. G. Pickowicz, *Dilemmas of Victory: The Early Years of the People's Republic of China*, Cambridge, MA: Harvard University Press, 2010, p. 388.

② J. Brown & P. G. Pickowicz, *Dilemmas of Victory: The Early Years of the People's Republic of China*, Cambridge, MA: Harvard University Press, 2010, p. 2.

③ J. Brown & P. G. Pickowicz, *Dilemmas of Victory: The Early Years of the People's Republic of China*, Cambridge, MA: Harvard University Press, 2010, p. 21.

④ J. Brown & P. G. Pickowicz, *Dilemmas of Victory: The Early Years of the People's Republic of China*, Cambridge, MA: Harvard University Press, 2010, p. 43.

⑤ J. Brown & P. G. Pickowicz, *Dilemmas of Victory: The Early Years of the People's Republic of China*, Cambridge, MA: Harvard University Press, 2010, pp. 80 - 81.

而且也是"革命确已发生的证据"。①

《中国警政史》的作者达顿(Dutton)思考究竟是什么将"谁是我们的朋友，谁是我们的敌人"作为一个固定的二元对立的政治观念，是理解社会主义中国的社会和个人生活的关键。这个两分法有许多变种的表达形式，比如心理的、社会的和政府层面的阶级斗争，它们占据了中国革命的中心。而中国警政史要展示的不仅仅是关于中国的公共安全的历史，它更是中国人的社会和普通人的生命与政治融为一体的历史。②

之前的研究认为，1926年的政变，共产党人被逮捕和屠杀，使中共意识到必须建立一个安全保障系统。第一个机构中央特科在上海成立了。也是从这时候起，爱党与仇敌，成为中共干部的共识，而1976年"文革"的终结则为之书写了墓志铭③。达顿的看法并不完全是这样。他认为，定义"敌人"是一种高于实际的敌我审判的需要，它更是确认我们是谁的前提。这种确认不仅仅在后来的"肃反"和阶级斗争中得到强化，同样在强调团结、对党内同志进行规训时起到了重要作用。但同时，这种想象也会驱动战争，并让人在政治斗争中达到极端残酷的地步。这其中一个重要的意向就是：烈士的血不能白流，因此任何的对敌斗争都要争个你死我活。在这样的历史背景之下，中国的警政事业带上了革命的方法论和政治运动的气息，也将中国的警政事业，做成了一个从革命年代开始到如今的线性家谱。因此，关于"模范"警察的循环论调就回到了毛泽东时代的政治运动：模范警察的故事总是在基层扩散，他们的故事也会被制作成小册子并在其他的警务部门和车站等地散发，不断有向"模范"学习的行动。④

通过这样的一种"自我参照"(self-referential)，警察们弥合了他们在改革开放年代的作为与毛泽东时代的作为的鸿沟，这与西方关于警政史的叙述大相径庭，当然，奇怪的地方不在于强调自己的光荣过去，而在于中国警察强调

---

① J. Brown & P. G. Pickowicz, *Dilemmas of Victory：The Early Years of the People's Republic of China*, Cambridge, MA：Harvard University Press, 2010, pp. 80 - 81.

② Dutton, *Policing Chinese Politics：A History*, Durham, NC：Duke University Press, 2005, p. 5.

③ Dutton, *Policing Chinese Politics：A History*, Durham, NC：Duke University Press, 2005, p. 7.

④ Dutton, *Policing Chinese Politics：A History*, Durham, NC：Duke University Press, 2005, p. 7.

这种光荣的过去的方式完全是政治化的,而西方的警政史强调对社区犯罪等行为的有效回应或国家的有效治理。具体而言,中国的警政史叙述自始至终强调一件事情:以敌我为核心意识,保卫一个想象的共同体:"党的领导"。这种叙事之下,警政史不是围绕政府与法律展开,而是围绕党和"人民"展开。历史地来看,警政及其组织的存在不是建立在打击犯罪的基础上,而是建立在政治忠诚与背叛的基础之上。这是一个不断被继承和发扬的遗产。①

最初时期,"红色恐怖"小组到专业化程度更高的安全部门,经过漫长的组织演变时期,具有社会主义中国特色的警政组织终于成型。与那些企图以"个人特征"取代"政治"的视角研究中国政治史的方法不同,达顿的研究不是政制史,而是政治史。②

那么在作者看来,何种研究才是政治学的研究呢?达顿引用了阿伦特的研究,指出任何的政治行动都是与他人共同完成的,并且以对多元性的认知为前提。因而,行动与生命、工具化的操控和自由相区别的地方正在于政治性的条件。正是对自由、多元性和个人确认的追求,才使人介入到政治行动之中。而生命和工具性的行为,可以只是在一些情形下进入了政治的话语,但是却并未付出重要的代价。③ 没有任何的革命回答了这个"社会问题",而那些希望通过革命抵达政治的行为最终都以痛苦收场。也就是说,当革命越过了政治的边界,以激情而非自由作为提问的前提时,它就开始沦为恐惧的旁观者。而在达顿看来,当革命越过自由,进入激情这样一个被它殖民的领地时,更能清醒地展示一个革命者以某一个事业为名而行动的张力。而正是在这种紧张中,政治才得以显露。④ 但是借用激情为名发起的革命,最终没有回到阿伦特的"人的条件",而是进入了施密特的逻辑。当然,这个研究不是探讨政治的理论,而是一个关于"敌我"的概念,如何由党派的意识进入社会生活和国家意识的经验研究。它具有两种维度:首先它是一个关于中共的公安系统这一机构

---

① Dutton, *Policing Chinese Politics：A History*，Durham，NC：Duke University Press，2005，p. 8.

② Dutton, *Policing Chinese Politics：A History*，Durham，NC：Duke University Press，2005，p. 9.

③ Arendt, *The Human Condition*，Chicago：University of Chicago Press，1958，p. 7，p. 9，p. 198.

④ Dutton, *Policing Chinese Politics：A History*，Durham，NC：Duke University Press，2005，p. 10.

的研究,另外也探讨在改革开放以后的国家(以及其市场经济),是如何驯化了"敌我的二元对立"的政治承诺。①

具体地说,江西革命根据地时期,而非1927年上海特科的成立,成为这个研究的起点。以为江西革命根据地时期是敌我矛盾的观念形塑了一个政权的起点,也是惩戒"内部敌人"的起点,也是党委会和群众路线建立的起点。从江西时期开始的各种政治斗争,最终被证明是无法被控制的,尽管整肃、建立统一战线、党委会的领导,甚至是群众路线本身,都可以被视作限制政治的暴力斗争特征的努力和尝试。而与政治斗争的残暴相形的是法律的灵活性。这种灵活性使得肃反等政治斗争,可以利用政治的强度但是却在某种情境之下制止流血的发生,同时联合战线又能够扩展敌我概念中的朋友的边界,党委会的领导和群众路线在地方性的斗争中也有灵活的运用,而社会主义的"法制"正在此与资本主义的法制分途。②

弗里德曼、毕克伟和塞尔登等的研究《中国的乡村,社会主义的国家》以中国河北饶阳县五公村为个案,以其领头人耿长锁的生活轨迹为线索,探讨了20世纪二三十年代到1960年间华北农村社会的变迁,展示了一个受到现代化和西方列强挑战的政权,如何试图改善国家的贫困状态,在此过程中它取得了何种成功、采用了哪些途径,而最终没能兑现革命最初的承诺,却产生了这样一个混合产物——一种新型的民族主义,一个强化了既有家庭、血缘形成的社会网络的更加牢固的特权阶级与边缘贫苦农民的阶层固化的社会——一个带有封建色彩的苏维埃式社会主义和以男性为中心的政治文化一起所能产生的最糟糕的结果。③

该研究跨越1949的界限,从更长时段的对比入手,发现前一辈的研究者如彼得·普渡(Peter Purdue),赵冈(Kang Chao)和洛兰·勃兰特(Loren Brandt)等学者得出的结论④,低估了中国传统北方地区的市场对于该地区经

---

① Dutton, *Policing Chinese Politics: A History*, Durham, NC: Duke University Press, 2005, p. 11.

② Dutton, *Policing Chinese Politics: A History*, Durham, NC: Duke University Press, 2005, p. 304.

③ E. Friedman, P. G. Pickowicz & M. Selden, *Chinese Village, Socialist State*, New Haven, Yale University Press, 1991, p. 288.

④ P. Perdue, *Exhausting the Earth: State and Peasant in Hunan, 1500 - 1850*, Cambridge: Harvard University Press, 1987.

济起到的核心作用。正因此,市场秩序的混乱和战争、政治斗争等造成的社会的无序更严重地摧毁了该地区的居民。当居于统治地位的社会群体放弃了植根于广泛的联合的经济合作,而开始破坏市场、传统文化以及家庭经济,该地区的整体消费水平就降到冰点。①

作者们还集中研究了中国共产党在战争时期及革命胜利以后,在农村社会所进行的一系列改革,从减租减息到互助组、合作社,再到"大跃进"时的人民公社,分析了这先后进行的改革,对农村社会及农民所带来的影响,以及对战争及国家建设的作用,它们与传统文化之间的关系。正如作者们在绪论中指出的那样,该书关注的不仅仅是一个村庄,而是国家与社会力量的联结与博弈。②

与之前的中国乡村研究不同,尽管该研究证实甚至强化了之前关于"中国威权"政治的讨论和结论,③但是在作者看来,这些讨论可能模糊了地方势力如何在各种政治斗争中始终保障自身的利益,并且掩盖了地方社会网络的重要性。而且,威权主义有一个理论前提,即政权具有不断再生和自我复制的能力,但是本研究却发现了一个截然相反的现象,即有一个不断破坏国家以及个体疏离的社会网络的合法性的网络存在。1949年前夕的革命,尽管斗争激烈,但是并没有产生一个自我复制的政体的效果。威权政治对地方的控制也不符合事实。对于激烈变迁的政权的抵抗因素一直都存在,不论这种变迁来自原初的共产主义者,还是后来的改革者。这两种变革的力量都很难打破根深蒂固的政治文化,这种文化挑战来自国家的政治控制,或削弱地方性的权力渗透网络。不论是国民党还是共产党,对该地区的传统的改造都不能说是成功的。尽管经历了批斗地主、私有化,或是其他群众运动和天灾人祸,村民们依然奉行传统价值,延续着个人关系纽带。乡村生活在多元的、具有抵抗意味的农村生活方式与攻击传统观念的国家机器、对社会渗透的激烈冲突中继续。④ 多重因素作用的结果,是在新的社会主义体系之下,个人的美德、创新意识、技能、

---

① P. Perdue, *Exhausting the Earth*:*State and Peasant in Hunan*,*1500 - 1850*, Cambridge:Harvard University Press, 1987, Introduction XXII.

② J. Brown & P. G. Pickowicz, *Dilemmas of Victory*:*The Early Years of the People's Republic of China*, Cambridge, MA:Harvard University Press, 2010, Introduction XVII.

③ T. Tsou, *The Cultural Revolution and Post-Mao Reforms*, Chicago:Chicago University Press, 1986.

④ J. Brown & P. G. Pickowicz, *Dilemmas of Victory*:*The Early Years of the People's Republic of China*, Cambridge, MA:Harvard University Press, 2010, pp. 268 - 269.

活力和奉献精神,都不敌地缘、人际关系和政治地位发挥的作用。该研究详细展示了这些人际网络和地缘关系是如何生发并最终制度化的,这种制度化不仅在这个乡村扎根,并最终波及这个村庄之外更高的党政军系统。①

更具有讽刺意味的是,正因为"共产主义的教育"推行针对农村文化的宣传,这种对抗竟然产生了一种无预期的效果,那就是它凭借将村民生活限制在乡村和家庭生活中,竟然强化了这种亲缘纽带。同时,1947 年到"大跃进"时期的政治斗争中,国家的一系列行为也强化了农民文化中原有的粗鲁和残暴。②

早期的政权斗争的合法性基础,建立在农民对其的支持之上,这些政策也增加了农民的力量,但是后来的政策不仅侵占农民的房舍和他们的价值与文化观。这种过程建立在斗争之上,最终同时强化了原有的等级权威制度、性别等级制度,同时强化了农村和军队中的暴力。这种文化因素又更进一步地阻滞了性别平等和民主诉求。③

类似主题的研究包括格雷戈里·A. 鲁夫(Gregory A. Ruf)对中国西南地区农村的研究时间跨度较长,展现了不同历史阶段的时间发生逻辑的连续性,与先后相继政权时期的社会与政治问题之间的关联。在中华人民共和国成立初年的土地改革期间,国家权力通过行政村的设立而扩张,④共产党关于理论与实践的几何学具有物质的与象征意义的两种向度:一方面是破坏和毁灭原有的政治与社会秩序的最明显象征物,另一方面却是付出一种更具建设性的努力,重新定义对新的集体政权的认同:将这两者联系起来,将看到选择性的恐怖与暴力的双曲线。在土改期间,这种暴力和恐怖的双曲线作用的对象有所改变与扩大,如果说早期土改中贫苦农民的作为是"诉苦"的话,到了"三年困难时期"就是"吃苦"了。而 20 世纪 90 年代进入市场经济时期以来,尽管集体化和"三年困难时期"形成的政策被认为是失败了,但是其间形成的组织结构并未动摇,这为处于这个组织结构上端的基层组织及其亲族带来了"后毛泽

① J. Brown & P. G. Pickowicz, *Dilemmas of Victory: The Early Years of the People's Republic of China*, Cambridge, MA: Harvard University Press, 2010, p. 274.

② J. Brown & P. G. Pickowicz, *Dilemmas of Victory: The Early Years of the People's Republic of China*, Cambridge, MA: Harvard University Press, 2010, p. 271.

③ J. Brown & P. G. Pickowicz, *Dilemmas of Victory: The Early Years of the People's Republic of China*, Cambridge, MA: Harvard University Press, 2010, pp. 285 - 286.

④ G. A. Ruf, *Cadres and Kin: Making a Socialist Village in West China, 1921 - 1991*, California: Stanford University Press, 1998, p. 71.

东时代"特权家庭的收入及生活水平的优先提升。①

在鲁夫看来,虽然村干部并不属于"吃国家粮"的干部,但是他们依然是执政党合法权威的代理人。在 20 世纪 50 年代行政村取代自然村成为农村基层的组织以后,一个地方政权的权力拥有者继续成为集体化时期村民的合法代表,在改革开放时代占据地方各类资源管道,以亲族为网络,形成庞大的权力寻租团体。欲进去此资源和权力网络获得资源的普通村民与地方干部亲族集团构成了侍从关系(clientelism)。② 鲁夫认为在改革开放以后,地方干部不仅仅是毛泽东时代党的代理人(parton),更是党的经纪人(broker)。③

维(Oi)于 1989 年出版的《当代中国的国家与农民:农村治理的政治经济学》也从"侍从主义"的关系入手,探讨中国农村社会的国家与社会关系结构。她认为,如果说革命对农村政治带来了什么改变,那无非是将农耕产品的分配制度的改变:在革命以前,这些果实根据阶级关系来进行分配;革命以后,它的分配规则取决于日趋直接相关的国家与社会关系。在大多数的农耕政权里,国家通过征税来参与分配,但是并不对地区性的谷物分配进行干涉。这些谷物都以货币为中介、以商品的形式进行买卖。在通过农民支持而取得政权的社会主义的国家,要直接干预农产品的分派则面临一个两难局面:要么失信于执政根基,要么无法完成工业快速积累的目标。面临这个难题,中共的做法是采取了一种策略,使其在农村的征粮就像只征了"剩余"的部分,而事实上国家却以掠夺农产品为代价优先发展工业。这个过程如何进行正是该研究关注的问题。④ 她认为,中国的乡村政治可以被描述为侍从主义的。之前的研究大都将"侍从主义"用以分析精英阶层内部的关系,⑤但是这个概念一样可以用

---

① G. A. Ruf, *Cadres and Kin: Making a Socialist Village in West China, 1921 – 1991*, California: Stanford University Press, 1998, p. 84.

② G. A. Ruf, *Cadres and Kin: Making a Socialist Village in West China, 1921 – 1991*, California: Stanford University Press, 1998, p. 159.

③ G. A. Ruf, *Cadres and Kin: Making a Socialist Village in West China, 1921 – 1991*, California: Stanford University Press, 1998, p. 156.

④ J. Oi, *State and Peasant in Contemporary China: The Political Economy of Village Government*, Berkeley: University of California Press, 1989, Introduction: 2.

⑤ T. H. Rigby. "The Soviet Leadership", "The Need for Comparative Research on Clientelism,"; Andrew Nathan. "A Factionalism Model of CCP Politics"; Lucian Pye, "The Dynamics of Chinese Politics"; John. Willerton, Jr. "Clientelism in the Soviet Union"; Jack Tarkowski, "Poland"; R. H. Baker, "Clientelism in the Post-Revolutionary State", and T. H. Rigby and Bohdan Harasymiu, eds., "Leadership Selection".

来分析"精英—大众"之间的侍从关系。和威权主义以及利益集团模式的理论视角不同,侍从主义从"个体—国家"的角度出发,认为在地方的层面上,个体与国家权力相遇并进入政治系统和过程值得分析。从"精英—大众"的侍从关系视角,能够看到国家正式组织之外,在也许更隐晦也更微妙的场景中,个人是如何在公有制系统之中追逐个人利益的。在这个体系中,群体似乎并不是政治的基础。个体之间的关系却可以影响国家政策的目标和结果。他们通常采用建立在个人关系之上的非正式的网络系统来规避正式的渠道,正是通过这个关系他们进入到国家政策的决策和运行系统之中。正是在这个关系之中,那些看似腐败行为的做法是理性算计的结果,体现了农民在国家分配粮食体制之下的生存策略。[①] 也正因为此,与威权主义认为国家的控制正式、有效、缺乏个人特征相比,侍从主义的视角展示的国家与个体的关系更为灵活、主观,带有更多个人权力操控痕迹。[②]

作者认为,国家通过革命和农村集体化,取代了之前的阶级,与农民争夺农产品。在这个争夺的过程中,国家显示了它作为强大的行动者对哪怕最基层社会的权力渗透,而这种权力渗透实施于具有侍从关系的个体权威,同时农民利用其个人关系网络更能够参与这个过程。国家也因此而将权力部分让渡给地方干部,他们因此成为一方"土皇帝"。尽管这些"土皇帝"原本和被他领导的农民出于同一阶级,但是他们却最终成为了吉拉斯所言的"新阶级"。即便是在 20 世纪 80 年代集体化制度取消以后,这些"土皇帝"依然成为最有社会资源和行动能力的一批人,他们当中的大多数后来又成为富裕的乡镇企业的领导者。这种在集体化时期形成的"新阶级"结构导致了后来的腐败。这种腐败的滋生并非源于市场化,而恰恰是源于不够充分的市场化。而市场化以后,地方干部的权力以更为隐晦的方式发生效用。尽管腐败问题出现在许多的社会主义国家,但是中国社会的侍从效应产生的结构性因素在发生时段和程度上都与众不同——这些结构性因素包括集中的分配制度、稀缺的物资、对食物和收入机会的个人化的分配渠道。吊诡的是,在此过程中,作为意识形态

---

① J. Oi., *State and Peasant in Contemporary China*: *The Political Economy of Village Government*, Berkeley: University of California Press, 1989, p. 7.

② J. Oi, *State and Peasant in Contemporary China*: *The Political Economy of Village Government*, Berkeley: University of California Press, 1989, p. 9.

的共产主义的影响却甚为微弱。①

　　还有研究者如魏昂德,也从"侍从主义"的理论视角出发,以工厂为单位分析中国的组织与制度及其组成规则,同时研究共产主义社会的本质和它的演变类型。尽管关于共产主义国家的现代化忽略其意识形态根源,而如其他类型的社会一样强调更实用主义的策略,但是这种视野将遮蔽一个重要的现象,这种现象被作者称为"共产主义的新传统主义"。② 这种现象当然不仅仅出现在共产主义国家的工厂里,它也可以用来解释共产主义社会的国家与社会关系、社会流动与政治权力的关系,以及社会结构中与政治相关的那个部分的结构的生成。③

　　在社会主义国家里,工厂里握有权力的人是领取薪水的企业管理者和党的干部。他们的权力来源于其背后的"国家",而他们是国家权力的委托代理人。与多数考察不同社会组织与团体之间的权力关系的研究不一样,魏昂德的研究关注的是既有的社会群体关系。因为在中国,效忠与回报的关系具有结构化的倾向,能生产出在收入、职位、技能和教育等方面的真实的不同等级。这种效忠与等级形成的网络关系,甚至比通常所言的社会群体更真实地存在。在社会稳定与社会主义国家合法性关系的维度上,魏昂德的分析更证明了中国工人不仅仅是工厂领导的"雇工",同时也是政府与公民的关系。当他们在日常生活中履行对工厂管理层的效忠关系时,也就是在确认国家的政治权威。④

　　首先,效忠者和保护提供者的关系同时具有组织的和私人的两种层面的交缠,而且两者密切相关:工厂的领导与他的保护人朝夕相处非常熟悉,对如何奖赏和惩罚不同的工人有很大的灵活和变通的权力;同时正是在这种朝夕相处中,国家通过这种侍从关系,得到了来自底层的制度性支持。第二,纯粹的个人之间的关系,可以改变理性选择的通常规则,这给寻求保护的普通工人

---

　　① J. Oi, *State and Peasant in Contemporary China: The Political Economy of Village Government*, Berkeley: University of California Press, 1989, p. 227, pp. 230 - 233.

　　② A. G. Walder, *Communist Neo-traditionalism: Work and Authority in Chinese Industry*, University of California Press, 1986, Preface: xv.

　　③ A. G. Walder, *Communist Neo-traditionalism: Work and Authority in Chinese Industry*, University of California Press, 1986, Preface, xvi.

　　④ A. G. Walder, *Communist Neo-traditionalism: Work and Authority in Chinese Industry*, Berkeley: University of California Press, 1986, pp. 243 - 246.

带来了通过个人方式,改变制度规则甚至介入政治过程的错觉,并最终让他们远离"政治",因此而缺乏集体行动改变为更普遍意义规则和制度的动力。第三,国家正当性在基层组织如工厂的另一个重要来源,是企业尤其是国有企业的家长制作风。国有企业能够为其职工提供的稳定工作和福利,以及其他由国家分配的物品和服务,包括福利住房、食堂免费餐券等,都是保护与被保护人体系能够确立并稳定的重要原因。这些因素结合在一起,成为官方意识形态和党内流动系统合法性得以确立的复杂而重要的支持网络。①

在这种对制度和领导人个体同时表示忠诚与依附的体系中,许多仪式,如公开场合的效忠表达中,积极活跃分子们正是通过站在领导一边的宣示,将自己与工人划清了界限。这种举动也暗中将自己置于与普通工人分立的状态。而正是与同事和朋友的疏远,更加强化了活跃分子与保护人之间的效忠关系,而被剥夺了来自同事的社会支持的个体,也因此而更需要来自保护人的支持。在这种意义上,所有仪式性的效忠表演都具有真实的社会后果。这种党内规则个体化的普遍流行,以及在工厂社区中的家长制实践,成为党内流动与官方意识形态的双重溃败。然而,它也正是通过个人效忠而开掘出来的一条维持社会稳定的道路,它产生的效果是政治强制和意识形态灌输都无法达到的。②

魏昂德同时分析了中国工厂里的官僚体系与韦伯理想型的官僚体系的差别。当然,与其他的官僚体系研究结论一样,这样的研究多多少少都是对韦伯"理想型"官僚体系的偏离。但就中国个案而言,它的特殊性表现在它恰恰不是韦伯所说的"官僚"体系,而是他所言的"世袭制"体系。后者的特征不是"理性—法制"的,而是"传统"的。因此,中国个案的特殊性并不是表现在他对韦伯理想型官僚体制的偏离,而是世袭制度的规则与现代官僚体制形式的整合。③ 这也是作者将此现象命名为"共产主义的新传统主义"的原因。

对这种新传统主义演变的研究,也揭示了共产主义社会不断演变的过程及其特征。这个研究让我们看到了现代化理论叙事中的另外一种图景:在列

　　① A. G. Walder, *Communist Neo-traditionalism*：*Work and Authority in Chinese Industry*, Berkeley：University of California Press，1986，pp. 246 - 248.
　　② A. G. Walder, *Communist Neo-traditionalism*：*Work and Authority in Chinese Industry*, Berkeley：University of California Press，1986，p. 249.
　　③ A. G. Walder, *Communist Neo-traditionalism*：*Work and Authority in Chinese Industry*, Berkeley：University of California Press，1986，p. 251.

宁式的政党和组织的动员功能不断衰减,而经济现代化的需求日益迫切时,对西方官僚组织和科学技术的引进和接纳的动力大增。这种不断引进和吸纳的结果,产生了一种制度演变——当然,它并不是共产党政策设计的初衷——一个侍从主义的制度混合体:表面是资本主义式的官僚机构,内里是列宁式的效忠领袖的组织。由于中国的劳工被组织所规训,劳工和商业市场发展缓慢,企业属于国家而非资本或劳力市场。在这种意义上,中国的革命产生了一个潜在的反资本主义的现代模式,而非相反。①

格思里对中国经济体制与政治结构的研究聚焦上海企业。自从 20 世纪 80 年代以来,许多的中国企业像许多其他高度发达市场经济下的企业一样,接纳了代表理性官僚体系的公司制度。这个接纳的动力是什么? 过程如何? 格思里认为,高效率市场经济体的形成动力,并非来自中国经济转型时期作为一个组织的公司决策,而是决定于社会网络和政治组织的混合体,以及这些公司所经历的具有不确定性的经济形势。在这种不确定性显著增强的中国转型经济期的市场之中,为了求生存,它们开始模仿来自外国的投资者所开办的公司。②

国家在企业组织中所扮演的角色在逐渐转变:它从一个对企业的经济和管理权力都直接掌控的角色,转变为企业组织的规制和监管者。当然,这并不是说作为许多工业组织的主要持股者,国家已经对经济决策和公司行为失去了影响力,正相反,国家在监管和准入等方面享有了更大的控制权。更甚者,国家已经涉入创建市场化机构的领域,这包括宏观层面改变市场活动和结构的法律法规的制定,以及微观层面的企业奖惩制度的设立。借用这些渠道,国家将新设立的经济组织控制在自己手中。这是由路径依赖和国家主导的改革的性质决定的。③ 至此,该研究也探讨了中国经济改革的性质问题,得出结论认为中国经济的最大发展得益于一个"混合型"的经济制度。④

---

① A. G. Walder, *Communist Neo-traditionalism*: *Work and Authority in Chinese Industry*, Berkeley: University of California Press, 1986, p. 253.

② D. Guthrie, *Dragon in a Three-piece Suit*: *The Emergence of Capitalism in China*, Princeton, NJ: Princeton University Press, 1999.

③ D. Guthrie, *Dragon in a Three-piece Suit*: *The Emergence of Capitalism in China*, Princeton, NJ: Princeton University Press, 1999, p. 200.

④ D. Guthrie, *Dragon in a Three-piece Suit*: *The Emergence of Capitalism in China*, Princeton, NJ: Princeton University Press, 1999, p. 206.

韩起澜的《苏北人在上海：1850—1980》①也跨越了 1949 年，关注中国社会内部的一种特殊的社会不公正，即国家内部成员之间的歧视与被歧视的现象。通过对 1980 年时上海市民对来自江苏北部的移民的偏见看法的访谈，韩起澜发现这是从 19 世纪中叶以来就存在的基于地域的歧视。从 20 世纪 20 年代起，苏北人在上海从事收入卑微的工作，并居住在城市边缘的贫民窟中。然而，韩起澜并不认为经济地位的低下是江南人歧视苏北人的主要因素。当然，种族因素也不是这种歧视的来源。这种歧视来源于一种长久植根的观念：苏北地方文化是低等的文化，如语言粗俗、衣衫褴褛、不讲卫生，等等。"苏北"这一词出现在上海急速工业化和西化的时代，而此时大量来自经济停滞和落后地区的移民开始大量拥入。因此，这一词汇是上海已经西化的经济状况良好的阶层的一个发明："正如西方将中国定义为不文明和落后一样，上海人也将苏北人定义为不文明与落后。"正是江南的本地居民，比谁都更期待造出一个"他者"来区隔自身。② 从这个意义上来说，制造"苏北"是对西方文明冲击的一种回应，还是仅仅是中国历史记载中出现的移民与当地人古老冲突的再现，还是两种因素皆具有，成为作者设置的一个问题。③ 韩起澜接着追问，这种歧视苏北人的现象究竟是苏北人自己的选择，还是苏北人遍布上海本地之后的一种强制性的隔离？韩起澜认为两者都是原因。

阎云翔对中国东北农村私人生活在社会主义制度之下的变迁的研究，与欧爱玲（Ellen Oxfeld）对中国南方村庄的研究，都是使用民族志方法探讨中国当代社会变迁，以及社会对国家产生的反作用力的经典之作④。与 20 世纪 60 年代和 20 世纪 70 年代的人类学家倾向于将中国的社区尤其是农村社区看作铁板一块不同，从 20 世纪 80 年代末成长起来的年轻一代的人类学家，更倾向于探讨中国急速的经济增长与社会变迁中，同样急剧变化的社会关系和家庭

---

① Emliy Honig, *Creating Chinese Ethnicity：Subei People in Shanghai，1850 - 1980*，New Haven：Yale University Press，1992.

② Emliy Honig, *Creating Chinese Ethnicity：Subei People in Shanghai，1850 - 1980*，New Haven：Yale University Press，1992，p. 132.

③ W. H. Yeh, Book Review. "Emliy Honig. *Creating Chinese Ethnicity：Subei People in Shanghai，1850 - 1980*，" *American Historical Review*，December 1993，pp. 1662 - 1663.

④ Yunxiang Yan, *Private Life under Socialism：Love，Intimacy，and Family Change in a Chinese Village，1949 - 1999*，Stanford，CA：Stanford University Press，2003；Ellen Oxfeld, *Drink Water，but Remember the Source：Moral Discourse in a Chinese Village*，Berkeley：University of California Press，2010.

之类的情感纽带的变化。两相比较之下,阎云翔的研究探讨 1949 年中华人民共和国的成立,对政治和经济生活带来的变化,如何影响了中国东北农村的地方文化。欧爱玲则探讨中国南部农村的传统文化是如何回应并进行自我调适的。①

阎云翔搜集了从 1980 年到 1998 年的数据,这些数据显示家庭的权力重心已经向更年轻的一代转移。② 他认为,中国的农村家庭已经从一个社会生产与再生产的组织,变成了以私人生活为中心并为家人提供庇护之所的场所,同时也是一个私人化程度逐渐深化的私人领域。在此过程中,传统和家庭的观念在消失,现代社会以个体为中心的个人主义观念在家庭领域兴起。③ 但是,作者一方面观察女性尤其是青年女性的独立与自主性的增长,以及中国现代家庭生活中情感与欲望成分的呈现,另一方面也发现前者的转变和出现过程中,社会主义国家本身都是一个强大而主要的推动力(1949—1999)。这就指向了一个悖论:随着个体意识的明确,那些追求个体利益而忽视对待公众和他人的道德责任的现象也随之而生。④ 同时,阎云翔也将 20 世纪 90 年代中国农村的家庭婚姻观念变迁,与发生在世界其他地方的变迁进行了对比,并指出考察该村庄的理论重要性不在于这个变迁的结果,而在于变迁的过程。事实上,这种家庭结构与观念转变的时间表,与中国作为一个国家政体的政治经济变迁之间并没有直接因果关系,因此也没有办法在集体化时期与去集体化时期之间划上一条分界线。事实上,最重要的变化反而起步于农村集体化时期等激进政策实施时期,是国家政策在家庭结构与观念方面产生的无意识的后果。这些无意识的后果之中,最主要的正是个体意识的兴起。⑤

而在欧爱玲的研究中,传统和集体化的道德义务观念对村民日常行为的影响却成为中心议题。虽然这样的道德义务总是和社会责任结合在一起,而

① Matthew. Z. Noellert, "Debating Morals and the Discourse of Social Change in the Anthropology of Modern China," *Anthropological Quarterly*, Vol. 84, No. 3, pp. 757 - 768, p. 758.

② Y. Yan, *Private Life under Socialism: Love, Intimacy, and Family Change in a Chinese Village, 1949 - 1999*, California: Stanford University Press, 2003, pp. 89 - 90.

③ Y. Yan, *Private Life under Socialism: Love, Intimacy, and Family Change in a Chinese Village, 1949 - 1999*, California: Stanford University Press, 2003, p. 7.

④ Y. Yan, *Private Life under Socialism: Love, Intimacy, and Family Change in a Chinese Village, 1949 - 1999*, California: Stanford University Press, 2003, p. 217.

⑤ Y. Yan, *Private Life under Socialism: Love, Intimacy, and Family Change in a Chinese Village, 1949 - 1999*, California: Stanford University Press, 2003, p. 219.

后者对前者构成威胁关系。在一系列已有的解释中国人道德观念体系的词汇如"关系"①"报""面子"②"人情"之外,她着重采纳和分析了"良心"在道德评价体系中的作用。在中文里,"良心"通常是出现在"没良心"这样的表述当中,表示某人已经遗忘了或者放弃了他的道德责任。欧爱玲认为良心的概念以及其背后的责任感依然是一切道德行为的基础。良心作为一种话语,出现在各种各样的日常行动中,被用来评判新社会情境下的社会行为。尽管家庭生活经历了剧烈变迁,尤其是家庭中女性的角色经历了剧烈变迁,核心的观念如家庭的和谐、血亲的关联、将媳妇整合进丈夫的家庭的重要性,依然是判断家庭里女性道德水平的重要依据。③ 欧爱玲的研究超越了"传统价值—道德真空"的二元对立,认为中国社会的道德现状是由 1949 年之前的充满冲突的道德系统,集体化时期和后集体化时期(20 世纪 80 年代以来)的道德观念的混合产物,同时村民们从他们自身对传统的"良心"、责任的理解与实践的经历出发去理解它。

第三节　民族问题、边疆与中央政权的关系

墨磊宁(Thomas Mulleny)关于中华人民共和国成立初年中国的民族识别的著作,讨论如何回答"我们是谁"的问题。本尼迪克特·安德森在为墨磊宁《当代中国的民族识别》一书作序时,开篇就写道:"民族"与"认同"都是一个因提问者、因回答者、因时因地而改变的修辞,比如一个泰国人在被同为泰国的同胞询问身份时,不会回答自己是泰国人,但是如果他生活在美国的印第安那,被人询问同样的问题时,他可能会回答自己是泰国人,抑或"亚洲人",如果他觉得提问者不知泰国在何处的话。④ 转换到中国的语境之下,"少数民族"一词的来历,也不是从清代开始,因为"作为一个少数民族的'满族'不会将自己

①　A. B. Kipnis, *Prodcuing Guanxi: Sentiment, Self, and Subculture in a North China Village*, Durham: Duke University Press, 1997.

②　Hu Hsien-chin, "The Chinese Concept of Face", *American Anthropologist*, 1994,46: pp. 45 - 64.

③　Matthew. Z. Noellert, "Debating Morals and the Discourse of Social Change in the Anthropology of Modern China", *Anthropological Quarterly*, Vol. 84, No. 3, pp. 757 - 768, p. 764.

④　T. Mullaney, *Coming to Terms with the Nation: Ethnic Classification in Modern China*, Berkeley: University of California Press, 2011, Foreword, p. vxiii.

称作'少数民族',尽管他们的人数规模不大。毕竟'少数民族'是一个与'公民'以及统计和投票相关的概念。尽管中国政党不太可能关心政治选举问题,但是至少在他们的观念里有不同个体的平等意识,同时传统的野蛮民族与文明民族的观念区分依然存在。"①此时,中国的社会科学研究,以及在海外受到训练的人类学家已开始关注"民族"问题,并将云南选为民族研究的一个理想实验室:这里不像西藏那样冷、新疆那样远,却又风景秀丽、民族众多。20 世纪 30 年代的国民党政府没有太多时间关注民族问题。从事此类研究的学者,认为只要是中国人就无须被辨识为多数还是少数民族,而此时被围剿并撤离城市的共产党为了生存,则策略性地支持其所在的边陲地区的少数民族的利益。中国共产党取得政权的四年之后,便展开了大规模民族识别运动。在中共胜利的初期,民族识别主要以自我识别为主。结果是一共出现了 400 个左右的民族,仅仅在云南省境内就有 200 多个。② 墨磊宁的研究利用了大量的档案材料,分析 400 个民族最后是如何被认定为 55 个民族的。除了中共的干部之外,大量的社会科学工作者被派驻到云南等地区进行长期的研究,并为最后的民族政策提供了重要的参考。在某种意义上来说,民族识别的过程是"国家权力话语"与代表知识权力的学者群体的科学话语之间的一次互动与博弈。通过民族识别的工作,共产党成功地确定了少数民族的数量、名称和团体构成。

在墨磊宁看来,1954 年的民族识别工作既不是由执政党强加的民族划分的伪科学,也不是被抽离了当代中国民族史背景的独立的社会科学研究。③ 他的研究反驳了作为民族识别工作委员会成员之一的学者施联朱的著作中的观点。这位学者的研究遮蔽了在官方发起的民族识别运动中的国家角色,否认其来自外来标准的民族识别对中国非少数民族的人们造成的影响,将 56 个民族的形成作为一个自然过程来呈现。④ 正相反,墨磊宁认为需要探讨多元化的历史和类型化的历史,分析人类的社区如何以及为何会在语言、文化、宗教、生

① T. Mullaney, *Coming to Terms with the Nation: Ethnic Classification in Modern China*, Berkeley: University of California Press, 2011, Foreword, p. vx.

② T. Mullaney, *Coming to Terms with the Nation: Ethnic Classification in Modern China*, Berkeley: University of California Press, 2011, Foreword, p. vxix.

③ T. Mullaney, *Coming to Terms with the Nation: Ethnic Classification in Modern China*, Berkeley: University of California Press, 2011, Introduction, 4.

④ T. Mullaney, *Coming to Terms with the Nation: Ethnic Classification in Modern China*, Berkeley: University of California Press, 2011, Introduction, 5.

理或其他因素的共同影响之下被区分或整合，以及为何这样的整合会发生在特定的时间、特定的国家类型之中。

作为一个多民族、多语言、多宗教和谐共存的帝国，清朝比历史上的汉人政权都更好地解决了边患问题。[1] 帝国坍塌以后，在这片土地上崛起的政权试图重新建立一个统一和谐的多民族国家，并由汉民族主导政权的努力一直受挫。1949 年，作为新的接管者，中国共产党雄心勃勃，希望能重新建立一个强大的国家政权并实现多民族的统一和谐，在确立汉人的统治的同时，又要处理复杂的不同文化、宗教和社会背景的少数民族治理问题。

1954 年的云南少数民族识别工作要求相关的人类学家和语言学家，在 6 个月之内对其境内的少数民族进行分类。时间紧迫，学者们开始寻求民国时期，甚至更早期的英国殖民者如亨利・R. 戴维斯（Henry Rodolph Davies）对相关问题的分析。墨磊宁的研究发现，20 世纪 50 年代初期的社会科学工作者的研究结论，在很大程度上借鉴了民国时期学者的研究，而后者的基本民族识别和分类框架又在很大程度上来源于早期英国殖民者的著作。因此，这是一个跨越 1949 年的研究，期望将 20 世纪 50 年代的许多问题追溯到晚清帝国崩溃之际，甚至更早，同时也跳出常见的中国当代人类学研究的范畴。该研究认为，既不是中国共产党政权，也不是国民党政府最早认定云南省的少数民族有200 余个，而是 20 世纪 30 年代和 20 世纪 40 年代的学者。而当 1954 年云南省的民族识别工作进行的时候，掌舵的人不是有限地参与了民族识别工作的党的干部，而是中国的人类学家和语言学家，"是他们最早进行了民族共同体的想象"。[2] 与通常所认为的中国的民族识别依据于苏联传统式的四大特征（共同领土、共同语言、共同生产方式、共同文化心理）不同，中国学者们对民族识别进行了重新概念化的过程，被墨磊宁称为"民族潜在性"，[3]对那些没有上述特征的民族进行预测，确认他们潜在的共性，也即确认他们可以划分为同一民族。这种做法在民族识别结束以后，仍然对国家认定的民族身份的认同产

---

① P. Perdue, *China Marches West*：*The Qing Conquest of Central Eurasia*，Cambridge，Mass.：Belknap Press of Harvard University Press，2005.

② T. Mullaney, *Coming to Terms with the Nation*：*Ethnic Classification in Modern China*，Berkeley：University of California Press，2011，p. 11.

③ T. Mullaney, *Coming to Terms with the Nation*：*Ethnic Classification in Modern China*，Berkeley：University of California Press，2011，p. 12.

生了持续的强制性的效果。对于不是汉族的中国人来说,在身份识别之后而来的是两种同步推进的民族化进程:成为中国人,同时成为彝族人、壮族人、白族人。

除此之外,墨磊宁的研究还关注被识别的民族自身,如何表达对身份识别的确认,这是确认工作的一个核心环节之一:学者们使用了党的基层干部授予他们的策略,在与少数民族的面谈尚在进行的过程中,将国家的少数民族识别的观点和意志带给被识别的少数民族。这些策略非常地灵活多变,视被访者对民族政策的抗拒程度而定。在这样的访谈结束以后,学者们整理访问的工作笔记,并整理出最具代表性的被访者最后如何成功地接受了识别政策的个案,作为之后说服工作的材料。这个过程被墨磊宁概念化为"参与式转变"。[①]

论文集《胜利的困境:中华人民共和国的早期岁月》的第二部分研究也涉及了边疆治理:中共如何面对来自西南、西北的新疆、西藏等边疆的严峻挑战。1949年中共进入大城市的同时,留下了大量未被占领的山区。由于军事力量的急剧推进,同时他们采用了列宁式政党手段对付原有政权工作人员,却没有来得及详细地重组地方政府,造成了动荡隐患。大量的"土匪"袭击了新政权的工作人员,并杀死了征税的共产党干部,伏击了解放军的部队。1951年后共产党政权采取了强硬措施进行军事镇压,同时也减轻该地区的赋税。在作者看来,共产党政权成功地利用了朝鲜战争的契机,并以此为背景为境内"剿匪"增加正当性。在"土匪培训班"(bandit training classes)上,这些人被送上了朝鲜战场。[②] 陈兼(Chen Jian)探讨了中共在20世纪50年代初期控制住西藏局面的经过。早前中共对西藏的定位是使其成为一个自治区域。1949年以后,中共改变了看法,认为任何自治区域都应该在中共政权的管辖之下,而"中国人"指的是所有生活在中国领土上的人。1949年初,解放西藏的问题开始被讨论,该年末即开始制订具体计划。这个计划后来又经过各种调整。最终,对西藏的态度是采取政治性的和平管理。于是武装进驻西藏成为必需,只有在此条件下西藏地方精英才能接受中共管辖。1950年,达赖喇嘛向印度、英

---

① T. Mullaney, *Coming to Terms with the Nation*: *Ethnic Classification in Modern China*, Berkeley: University of California Press, 2011, p. 12.

② J. Brown & P. G. Pickowicz, *Dilemmas of Victory*: *The Early Years of the People's Republic of China*, Cambridge, MA: Harvard University Press, pp. 126 – 127.

国和美国请愿失败以后开始流亡。1951 年 5 月 23 日,《中央人民政府和西藏地方政府关于和平解放西藏办法的协议》①签署。在作者看来,这个过程充满了军事与政治协商的张力。该协议的签署使中共认为"历史站在我们这一边"。② 高峥(James Gao)探讨了中共在新疆建立政权的过程。中共采用了"拜庙不拜神"(worship the temple but not the Gods inside)的做法③,通过军事手段和政治协商,并以生产建设兵团的形式巩固了在新疆的管理。哈斯(Hass)探讨了中共如何管理被苏联控制的东北城市大连,体现了 1945—1947 年之间与苏联进行正面冲突的中共地方干部,与 20 世纪 50 年代《中苏友好协定》签署之后大量宣传品、展览和公开演讲中出现的苏联的美好形象之间的强烈反差。

第四节　性别与家庭、记忆政治、女性劳工史

与阶级、种族一样,性别也是社会过程的一部分。④ 因此,从一开始,性别研究就溢出了"性别、家庭研究"的框架,将之与更重大的议题,比如国家构建、公民政治参与、平权等议题相勾连。中国女性研究作为一个领域的扩大与兴盛,与"中国研究"之外研究的发达息息相关,这些研究争论社会性别问题是否始终难以与性问题分离,性别研究与政治、移民、国家构建和现代性之间的关系,还包括了行动者与结构、抵抗、主体性和表达权等问题的争论,同时还为被西方女权运动所重塑的马克思主义的传统,以及后殖民主义的文献所关注。贺萧从婚姻、家庭、性与性别差异、劳工、国家认同等部分分析了中国女性在 20 世纪里的命运。与传统的历史学家将 1949 年作为一个重要的历史分水岭,将 1949 年以后的中国研究交给社会科学工作者来处理不同,她倾向于跨越 1949 年的分界线,并指出大多数女性研究都引入民族学和文学研究等多学科方法来完成,或者其研究者本身就是社会学家、文学研究者和人类学家,虽然他们

---

① 简称《十七条协议》。

② J. Brown & P. G. Pickowicz, *Dilemmas of Victory: The Early Years of the People's Republic of China*, Cambridge, MA: Harvard University Press, p. 158.

③ J. Brown & P. G. Pickowicz, *Dilemmas of Victory: The Early Years of the People's Republic of China*, Cambridge, MA: Harvard University Press, pp. 185 - 186.

④ Susan L. Glosser, *Chinese Visions of Family and State*, *1915 - 1953*, Berkeley, Los Angeles, London: University of California Press, 2003, Foreword: ix.

其中的一些学者甚至也并不将自己看作是性别研究领域的学者。①

当然,尽管与国家构建和阶级形成等宏大议题不可分割,女性的婚姻、家庭、性、社会性别差异的部分仍然占据了 20 世纪中国女性研究的中心,成为研究文献最为集中和数量众多的部分。这个领域的一个重要特点是在变革集中的 20 世纪 20 年代、50 年代和 80 年代,都能看到许多历史现象在不同时期的回响与重现,因而被视作"永久化"的话题。②

婚姻自由是 1915 年新文化运动以来的一个重要议题。20 世纪 40 年代国民党的婚姻法禁止未达法定结婚年龄的婚姻,但其法律效力和实施范围都比较有限。20 世纪 30 年代,共产党在江西苏区和陕甘宁根据地进行婚姻改革,禁止买卖新娘、限制结婚最低年龄,并允许一定条件下的离婚,希望通过婚姻改革来动员更多的年轻男女加入户外生产。③ 然而,这些改革推进起来十分困难,因为男性农民,尤其是他们的母亲,对共产党的离婚政策颇多怨言。除此之外,这些改革也遭到相当部分地方干部的反对。最终关于女性婚姻自由的政策无法推行。在农村,占据主导地位的仍然是包办婚姻。④

在此克罗尔(Croll)对 20 世纪 50 年代的《婚姻法》的研究,认为该法律反对包办婚姻和买卖婚姻,将婚姻自由作为立法的基石,同时赋予当事人离婚的权利。这部法律试图将婚姻从群体之间的女性交换和长辈对晚辈的婚姻控制权转移到结婚的平等个体手上,强化了年轻一代的权利,⑤同时也强化了社会主义大家庭取代亲情为纽带的社会群体关系的趋势。⑥ 除此之外,还有学者从国家与社会权利之拉锯来看待新婚姻法的实施。他们认为:新婚姻法的实施

① Gail Hershatter, *Women in China's Long Twentieth Century*, Berkeley: University of California Press, 2007, Introduction: 1 - 2.

② Gail Hershatter, *Women in China's Long Twentieth Century*, Berkeley: University of California Press, 2007, p. 4.

③ C. M. Hua, "Peasants, Women and Revolution — CCP Marriage Reform in the Shaan-Gan-Ning Area", *Republican China*, 10. 1B(Nov.) pp. 1 - 14; Walker, "The Party and Peasant Women", In *Chinese Communists and Rural Society*, edited by Philip C. C. Huang, Lynda S. Bell, and Kathy Le Mons Walker. Berkeley: Center for Chinese Studies, Unviersity of California, pp. 57 - 82.

④ E. Croll, *The Politics of Marriage in Contemporary China*, New York: Cambridge University Press, 1981.

⑤ N. Diamont, *Revolutionizing the Family: Politics, Love and Divorce in Urban and Rural China*, Berkeley and Los Angeles: University of California Press, 2000.

⑥ E. Croll, *The Politics of Marriage in Contemporary China*, New York: Cambridge University Press, 1981.

是国家权力意志对个体生活的介入,国家对女性的解放是不彻底而且并非一以贯之的,而多方面的抵抗,尤其是地方干部和婆婆,则代表社会的抵抗①:花了大价钱买卖新娘却最终面临离婚的家庭抗议这部新婚姻法,因为婆婆们认为这给她们造成了严重的财产损失;在 1953 年 3 月关于婚姻法集中宣传的一个时期过去后,党的干部们有所让步,尤其是当离婚冲突危及土地改革和集体化的工作成效时。②

　　也有别的研究者如戴茂功(Neil Diamont)的看法不同,通过对法庭离婚判决和政府工作文件的档案研究,他认为这部法律的实际履行效果与国家权力的预期效果有差距:农民积极地利用了 1950 年婚姻法为自己争取权利,从而使这部法律的实际效力在一定程度上背离了共产党发动婚姻法改革运动的初衷。被认为具有"封建思想"的农民,因为更少社会身份和隐私的顾虑,因而更积极地寻求离婚的途径。离婚案件中最大的获益者是年轻的农村妇女和享受更高社会权利的男性官员。尽管国家保护军婚,但是军人、老人和穷人还是新婚姻法的受害者。③ 当然,戴茂功的研究也承认婚姻法的实施体现了国家对社会的介入,但是认为地方权益与国家目标发生冲突时,农民可以利用不同的机构和组织来有策略地达到自己离婚的目的,而地方干部对此的态度也是随机变动的,他们可能出于自己利益的考虑或支持或反对婚姻法的推行。而婚姻法并非被土改运动所影响和约束;恰恰相反:农民利用婚姻法,借用了土地改革的话语和方法。④ 但是,即便如此,国家在婚姻法实施中对私人领域的介入,产生了一种"毛泽东时代的公正",这种趋势在 20 世纪 60 年代和 70 年代尤为

---

　　① K. A. Johnson, *Women*, *the Family and Peasant Revolution in China*, Chicago: University of Chicago Press, 1983; J. Stacey, *Patriarchy and Socialist Revolution in China*, Berkeley and Los Angeles: University of California Press, 1983; K. A. Johnson, *Women*, *the Family and Peasant Revolution in China*, Chicago: University of Chicago Press, 1983; M. Wolf, *Revolution Postponed*: *Women in Contemporary China*, California: Stanford University, 1985.

　　② E. Honig and G. Hershatter, *Personal Voices*: *Chinese Women in the 1980s*, California: Stanford University Press, 1988; X. Zang, "Family, Kinship, Marriage, and Sexuality." In Gamer, *Understanding Contemporary China*, Boulder, Colo.: Lynne Reinner, 1999.

　　③ N. Diamont, "Re-examining the Impact of the 1950s Marriage Law: State Improvisation, Local initiative, and Rural Family Change", *China Quarterly*, 161(Mar.), 2000, pp. 171 - 198; T. Diamont, *Revolutionizing the Family*: *Politics*, *Love and Divorce in Urban and Rural China*, Berkeley and Los Angeles: University of California Press, 2000.

　　④ N. Diamont, *Revolutionizing the Family*: *Politics*, *Love and Divorce in Urban and Rural China*, Berkeley and Los Angeles: University of California Press, 2000.

明显。①

格洛瑟(Glosser)的看法与上述几位学者又有所不同。从晚清以来,"小家庭"的概念里,寄托了独立和公民关切等涉及国家建设的重要需求。② 改革者将中国政治文化传统之中"家国一体"的概念,作为家庭的变革和民族自强话语的一部分进行陈述和宣导。正如罗威廉(William Rowe)所言,家庭被置于政治意识形态的中心有三种渠道:一是家国同构、家和国兴;二是和谐持家能够成为邻里示范,从而推动整个国家的公序良俗;三是国家被视作无数家庭的结合体,并提供了更大范围空间的社会、经济和仪式秩序。③ 格洛瑟认为,从康有为、梁启超一代人开始,再到以"娜拉出走"为隐喻的新文化运动时期,尽管"破坏文化偶像",而且反对"大家族"的观念和结构,但是就"国家—家庭"的传统理念,即有了有序的家庭才有强大国家而言,这个"传统"不仅没有被打破,而且得到了维持。因为他们虽然承认传统的大家族已经不能再重新组织起一个强大有序的社会,但是他们依然接受社会秩序缘起于家庭——"没有家哪有国"的前提。从这个方面而言,在家庭观念问题上中西观念的交往和碰撞,是否真的造成了列文森所言的文化信仰的坍塌④,可能值得商榷。⑤

更进一步地展开,格洛瑟认为新文化运动以来的改革倡导者,致力于重塑女性在家庭结构中的位置的主要动机,是实现其自我满足和自我快乐。如果一个男性想要过上自己喜欢的生活,那他就必须重新定义自己与国家的关系,并重新定义自己与家庭成员的关系。女性成为改革的对象,是因为她们现在的丈夫需要一个令人满意的伴侣。⑥ 更有甚者,格洛瑟认为新文化运动时期男

① P. Huang, "Divorce Law Practices and the Origins, Myths, and Realities of Judicial 'Mediation' in China", *Modern China*, 31. 2 (Apr.), 2005, pp. 151 - 203.

② S. L. Glosser, *Chinese Visions of Family and State*, 1915 - 1953, Berkeley, Los Angeles, London: University of California Press, 2003, Introduction: 10.

③ W. T. Rowe, "Ancestral Rites and Political Authority in Late Imperial China: Chen Hongmou in Jiangxi", *Modern China*, Vol. 24, No. 4 (Oct.), 1998, pp. 378 - 407, pp. 381 - 382.

④ J. R. Levenson, *Confucian China and Its Modern Fate: A Triology*, Berkeley: University of California Press, 1965.

⑤ S. L. Glosser, *Chinese Visions of Family and State*, 1915 - 1953, Berkeley, Los Angeles, London: University of California Press, Introduction: 10.

⑥ S. L. Glosser, *Chinese Visions of Family and State*, 1915 - 1953, Berkeley, Los Angeles, London: University of California Press, p. 11.

性改革者对"娜拉"形象的欢迎,代表的是他们自身对等级制的厌恶和重新定义其自身的艰难过程。① 在传统大家族的结构里,父子关系等成为男性感到权利和权力受到约束的来源,而在小家庭里,没有来自父母一代的约束,一个男人的声望不再受到他们控制,而只得到来自妻子的扶持和帮助。他们想从大家族中的受压迫者,变成小家庭中的压迫他人的人。正是这样一种男性摆脱父权约束的动机,导致了他们如此热心于讨论家庭与社会中女性地位的问题。当然,这不是说当时的男性改革者怀揣操纵女性解放运动的不良企图,而是说这些新文化运动时期的激进分子所建议的家庭革命,在逻辑上并不可能质疑等级结构和国家权威,而他们希望革新家庭和国家的意愿最终没能拯救那些他们想要帮助的人。正相反:他们作为男性,比女性在这场关于家庭制度的变革之中获益更多。②

就共产党政权时期的女性问题而言,格洛瑟的研究与克罗尔、约翰逊和玛杰丽·沃尔夫(Margery Wolf)认为共产党放弃更激烈的家庭改革是顾忌激起农民的不满,进而动摇统治的根基不同,格洛瑟认为如果将民国时期甚至更早的新文化运动讴歌时期和1949以后的政权打通来审视就会发现:正相反,中共从其政党诞生之日起,即在其居于城市的早期,甚至从新文化运动开始,就建构出一系列关于家庭和性别角色的话语,这些话语并非始于农村根据地时期。而他们将女性的权利置于国家之下的意愿开始于五四运动时期的城市。③

甲午战争以后的深重民族危机,使更多的改革者意识到必须将更多的个体从婚姻中解放出来。然后解放个体不是为了个体利益和目的本身,而是解放出来以投入国家的建设。经由新文化运动,"个体"与"国家"这对截然对立的概念在国民党和中国共产党的政权里,通过"婚姻自由"的话语实现了国家对个体的更全面的控制。因此,1949年并不是关于婚姻政策讨论的一个分水岭:正相反,在国民党和共产党对待该问题的价值判断和实际立法来看,并无

---

① V. Schwarcz, *Chinese Enlightenment: Intellectuals and the Legacy of the May Fourth Movement of 1919*, Berkeley: University of California Press, 1986, p. 166.

② S. L. Glosser, *Chinese Visions of Family and State*, 1915–1953, Berkeley, Los Angeles, London: University of California Press, Introduction: 12.

③ S. L. Glosser, *Chinese Visions of Family and State*, 1915–1953, Berkeley, Los Angeles, London: University of California Press, p. 13.

太大的差别,虽然正是共产党将"国家"意识最深入地牵涉进"家庭"之中。①

而关于女性劳工的部分,学者们认为女性在众多劳动领域,如工厂、田野、家庭之中都有自己的劳动和贡献,并促成了劳工阶层的形成。他们的研究关注重大的历史时刻,比如女性的组织和动员如何改变了革命的结果,"女性""性别"这样的概念是如何生成、演变并成为观察中国现代性路径演变的重要视角。对女性和劳动问题的探讨,更多将问题转向不付薪酬的家庭劳动领域和付酬的社会劳动领域。但是,越来越多的学者开始打破家庭/社会领域、付酬/不付酬领域的框架,探讨女性劳工的日常生存策略、性虐待、被低估的劳动价值等问题,并在逻辑上将女性劳工问题和更宏大的毛泽东时代的国家政策、革命动员等问题相连。

中国共产党从早年起就一直宣称:女性能够通过参与有益于国家的社会运动而达到自我解放。"女性劳工"这一概念一直都被认作是"党国"(party-state)的构建策略。20 世纪 50 年代宣传女性劳工模范时,强调的是她们的身强体壮和熟练的劳动技巧。在劳力短缺时,特别是"大跃进"和三年困难时期,则强调女性的家庭角色,如作为妻子、母亲和家庭主妇的角色。1949 年以后,在毛泽东时代,城市女性职工的收入基本都是以计酬工资的形式发放的。同岗位上男女基本同工同酬,但是男性仍然享有更高层的职位和更便捷的职业升迁通道。领导层的女性比例依然较低。在农村土改期间,女性享有同等的土地权利,但实际上土地是以"户"为单位进行分配的。② 最大的变化发生在集体化和"大跃进"时期。随着互助组的成立,女性的酬劳以工分来计。1958 年时女性的计工分率已经达到了 90%。在"大跃进"期间,男性被征用做更大的水利工程或炼钢工程劳力,女性则承担了大量的农田劳作。③ "大跃进"运动以后,男性开始进入农村小型工业领域工作,而女性则继续田间劳作。这呈现了

---

① S. L. Glosser, *Chinese Visions of Family and State*, 1915 - 1953, Berkeley, Los Angeles, London: University of California Press, p. 200.

② D. Davin, "Women in the Liberated Areas". In M. Young, pp. 73 - 91.

③ E. Croll, *Woman in Rural Development in China: Production and Reproduction*, Geneva: International Labour Office, 1979; Pasternak and Salaff, *Cowboys and Cultivators: The Chinese of Inner Mongolia*, Boulder, Colo.: Westview Press, 1993; G. Hershatter, "The Gender of Memory: Rural Chinese Women and the 1950s", *Signs: Journal of Women in Culture and Society*, 28. 1(Fall), pp. 43 - 70; Manning, "Marxist Maternalism, Memory and the Mobilization of Women in the Great Leap Forward", *China Review*, 5. 1 (Spring), pp. 83 - 110.

一种悖论：一方面,毛泽东认为男性能做的事女性都能完成；另一方面又有一种广泛被接受的观念,即认为女性的生理和心理因素都决定她们只能胜任相对轻巧和技术含量更低的工作。虽然劳动扩大了女性的交往范围,但是她们最终还是得到比男性少的工分。同时,如为家庭成员准备食物、缝补和看护儿童这样的系列工作,都被视作理所当然而并不计酬。① 无酬劳的家庭劳动继续使女性在社会生活中没有存在感,而国家经济导致的家庭劳动的经济贡献重要性的降低,更使这种情况雪上加霜。"文革"时期,对意识形态的关注胜过了对社会生产的关注,官方发起的政治运动开始抨击"封建"思想对女性智力和思想的贬低。② 改革开放以后,尽管职业女性取得了相当程度的工作报酬,但是在家庭领域,她们依然被认为需要担负社会工作以外的家庭劳作和子女教育工作,而这些工作依然不计酬劳,并阻碍了她们在社会工作中的进一步职业升迁。克罗尔(Croll)认为,女性在家庭中的无报偿的劳动,作为国家经济的补贴,是使中国的经济能够在改革开放以后飞速发展的重要因素之一。③

除了婚姻和劳工问题之外,性别研究还直接与革命和国家现代化的话语相关,这种关于女性和国家的论述建立在两种假设之上：一种是在每个重大的革命时刻,女性都在场；第二种假设是女性久受"孔教社会"的压迫,只有革命才能解救她们。随着研究的深入,越来越多的学者开始反思革命对中国女性而言究竟是好是坏,并质疑将女性解放视作中国社会危机和革命成败的晴雨表是否可靠,开始注意作为国家意识产物的"妇女"和自我意识产物的"女性"之间的差异。④

---

① G. Hershatter, "The Gender of Memory: Rural Chinese Women in the 1950s", *Signs: Journal of Women in Culture and Society*, 28. 1(Fall), pp. 43 - 70; H. R. Yan, "Spectralization of the Rural: Reinterpreting the Labor Mobility of Rural Young Women in Post-Mao China", *American Ethnologist*, 30. 4(Nov.), pp. 578 - 596.

② P. Andor, *The Unfinished Revolution of Chinese Women*, 1949 - 1980, Bloomington: Indiana University Press, 1983; K. Johnson, *Women, the Family and Peasant Revolution in China*, Chicago: University of Chicago Press, 1983; E. Croll, *Feminism and Socialism in China*, London: Routledge and Kegan Paul, 1978. Reprint, New York: Schocken; Croll, *Women and Rural Development in China: Production and Reproduction*, Geneva: International Labour Office.

③ E. Croll, *Chinese Women Since Mao*, London: Zed Books, 1983.

④ G. Hershatter, *Women in China's Long Twentieth Century*, Berkeley: University of California Press, 2007, Introduction: 4 - 5.

　　吉尔马丁（Gilmartin）①研究了早期的女共产主义者。作为五四运动的结果之一，她们认为马克思主义的教义与女性主义的教义是并行不悖的。她和其他几位学者也探讨了早期共产党组织如何训练女干部，比如作为党内知名女干部的向警予如何支持大量的女性组织，推动她们"去精英化"并参与到更广阔的政策转变中来。然而，共产党的组织最终并没有实现性别平等式的干部政策，多数女性还是被束缚和压制在较为初级和低等的权力职位上。尽管女性在全国范围的军事政治战争动员和国民革命中发挥了重大的作用，而且中国的主要城市也出现了较大规模的女性意识革命的浪潮，但是在女性革命动员时，面对强调民族主义还是强调女性解放之间的紧张拉锯，最终共产革命放弃了后者。② 而在 20 世纪 30 年代早期以及后来陕甘宁根据地时期，中国共产党试验着将五四以来的部分议程变成现实，比如婚姻自由等。这个工作的难度在于如何在推行婚姻自由、妇女解放运动的同时，还能得到最广泛的群众支持。于是，当这样的政策推动遇到麻烦时，共产党决定转向动员组织女性进行生产。③ 在对战争和自我解放的两种需求中，前者的需求更为紧迫。

　　斯特拉纳汉（Stranahan）等人的研究关注了延安时期女性知识分子对女性处境和地位的不满。斯特拉纳汉认为中国共产党许诺女性和其所在的家庭更高的生活水平，而并不是更完全的平等。④ 史塔西（Stacy）则认为：中国共产党在 1949 年之前和之后的行为。是将女性对宗族社会的效忠转变为对社

　　① C. Gilmartin, "Gender, Politics, and Patriarchy in China: The Experiences of Early Women Communists, 1920 - 1927". In Kruks, Rapp, and Young (ed.), *Promissory Notes: Women in the Transition to Socialism*, New York: Monthly Review Press, 1989; C. Gilmartin, "Gender in the Formation of a Communist Body Politic", *Modern China*, 19. 3 (July) 1993, pp. 299 - 329; C. Gilmartin, "Gender, Political Culture and Women's Mobilization in the Chinese Nationalist Revolution, 1924 - 1927": 195 - 225. ; C. Gilmartin, *Engendering the Chinese Revolution: Radical Women, Communist Politics, and Mass Movements in the 1920s*, Berkeley and Los Angeles: University of California Press, 1995.

　　② P. Y. Hsieh, *Autography of a Chinese Girl*, Trans. Chi Tsui, London and New York: Pandora, 1986; B. Y. Xie, *A Woman Soldier's Own Story*, Trans. Lily Chia Brissman and Barry Brissman, New York: Columbia University Press, C. Beahan "Feminism and Nationalism in the Chinese Women's Press", *Modern China*, 1. 4 (Oct.), 1975, pp. 379 - 416.

　　③ G. Hershatter, *Women in China's Long Twentieth Century*, Berkeley: University of California Press, 2007, Introduction: 89.

　　④ P. Stranahan. "Labour Heriones of Yan'an", 9. 2 (Apr.), 1983a, pp. 228 - 252; Patricia Stranahan, "Yan'an Women and the Communist Party", *Institute and Eastern Asian Studies*, Berkeley: University of California, 1983b.

会主义的效忠。① 贺萧、韩起澜等学者关于 1949 年以后国家号召"妇女"进行社会主义建设的研究,展示了一组画面:大量的宣传机器及其宣传品都宣扬把生命献给党的革命事业,铁路工地上长时期工作的模范工人,棉纺厂中长时间工作并维持家庭和谐的女工,证明妇女能顶半边天的"铁姑娘"。② 1949 年以后的女性不再是男性性意识之下的"凝视"对象,而是一心向党、勇于自我牺牲参加社会主义建设的女能手和女英雄。她们依然是勇于牺牲的,只是这种牺牲由之前为家庭而牺牲,转而变成为国家而牺牲。

关于"妇女"和"女性"两个术语的差异,也是部分学者关注的焦点。塔尼·巴洛(Tani Barlow)认为,"女性"是与"男性"在生理和社会意义上对等的一个概念。但是正是在毛泽东时代,"妇女"而非"女性",成为渗透了国家意识形态的一个词汇,它的相应的概念不再是"男性",而是类似"青年"这样的词汇,成为能够在共产党组织的社会动员中被归入容易组织和分类的类别。因此,"妇女"这一词汇的意义在 1949 年以后不断变迁,预示着国家对这一群体应该为何的观念的变迁。③ "妇女"一词成为国家意识的产物和载体,被放置在国家与革命的叙述史中,作为"女性"的个体意识反而被淹没了。

克罗尔④的研究指出,在 20 世纪的前半部分,女性常常被塑造为挑战家庭伦理的反叛者,急切地希望获得教育并抵抗父母的包办婚姻。每个这样的叛逆者都认为自己独一无二,但事实上她们之间有很大共性,即她们都受到家庭之外的革命政治风潮的影响。李(Lee)和维尔斯(Wiles)的研究针对长征时期的三个女性:毛泽东的妻子贺子珍、朱德的妻子康克清以及王泉媛,并记述了

---

① J. Stacey, *Patriarchy and Socialist Revolution in China*, Berkeley and Berkeley and Los Angeles: University of California Press, 1983.

② G. Hershatter, "Local Meanings of Gender and Work in Rural Shannxi in the 1950s", In Barbara Entwistle and Gail. E. Henderson (eds.), *Re-Drawing Boundaries: Work, Households and Gender in China*, Berkeley and Los Angeles: University of California Press, 2000, pp. 79 – 96; G. Hershatter, "The Gender of Memory: Rural Chinese Women in the 1950s", *Signs: Journal of Women in Culture and Society*, 28. 1(fall), 2002, pp. 43 – 70; E. Honig, "The Contract Labor System and Women Workers: Pre-liberation Cotton Mills in Shanghai", *Modern China*, 9. 4, (Oct.), 1983, pp. 421 – 454.

③ T. Barlow, "Theorizing Woman: Funu, Guojia, Jiating", In Angela Zito and Tani Barlow (eds.), *Body, Subject and Power in China*. Chicago: University of Chicago Press, 1994.

④ E. Croll, D. Davin & P. Kane (eds.), *China's One-Child Policy*, London: Macmillan, 1995.

长征结束以后她们的经历。通过对 21 位长征参与者的口述采访(包括康克清和王泉媛),发现大多数的女共产党员的地位,还是由她们的丈夫的政治地位决定的,并且她们当中的许多人最终都不得不面对悲剧性的离异命运。① 同时,对毛泽东时代的第一夫人江青的研究,也多关注她成为毛泽东夫人之前的早期贫困和演员生涯,以及她如何进行权色交易,并指责她应该为"文革"而承担的个体责任。② 也有学者关注她早期所扮演的娜拉的角色,并分析一个太过引人注目的"新女性"所面临的困境。③

与共产主义革命话语中妇女解放的视角不同,王政认为五四时期的自由女权主义的话语,被中国共产党批判为"充满资产阶级幻想的女权主义",但它对建立"现代中国的女性主体意识"却至关紧要,而它却在 1949 年被切断了。她认为,人道主义在中国与在西方的实践不同,它不是要突出女性的性别意识与特征,而是希望女性得到同男性一样的地位,即"女性也是人"。④ 从晚清以来到汪伪政权时期,中产阶级女性都被倡导要在现代性之中寻找传统价值,不仅要为家庭牺牲,更要参与到国家和公共服务事务之中。20 世纪 30 年代,更是提倡女性通过红十字会等机构参与社会生活。这样的观念在同时期的女校、职业女性联合会以及新生活运动中都得到倡导。林育沁对施剑翘复仇案⑤的研究,更是将施剑翘塑造为公众同情的当代女性勇士。她跨越了公共与私人的界限,既成了传统家庭中孝顺的为父报仇的女儿,又成为了国民党失败抗

---

① Lee Lily Xiao Hong and Sue Wiles, *Women of the Long March*, St. Leonards, NSW: Allen and Unwin, 1999.

② R. Terril, *Madam Mao: The White-Boned Demon*, Revised edition, California: Stanford Univeristy, 1999.

③ N. Vittinghoff, "Jiang Qing and Nora. Drama and Politics in the Republican Period", in Mechtild Leutner and Nicola Spakowski, *Women in China. The Republican Period in Historical Perspective*, Berlin: Lit Verlag, 2005, pp. 208–241.

④ W. Zheng, *Women in the Chinese Enlightenment: Oral and Texual Histories*, Berkeley and Los Angeles: University of California Press, 1999.

⑤ 1935 年秋天,一个名叫施剑翘的女子发现仇敌、前军阀孙传芳成了天津南马路清修院居士林的理事长。她在 1935 年 11 月 13 采取行动,向孙传芳射了三颗子弹。佛堂陷入一片混乱,施剑翘却镇静并胜利地宣布:"大家不要害怕,我是为父报仇,绝不伤害别人,我也不跑。"11 月 13 日晚上,事发几小时内,当地报纸《新天津报》便印发了号外报道。14 日,《大公报》亦刊载了报道。这一报道将施剑翘形容为"异常从容"。同日,上海《申报》也有电报连载,并通过其报道激起了大量的公共讨论和同情。在各种力量的角力下,1936 年 10 月 14 日,国民政府宣布给予施剑翘特赦。上海报纸《福尔摩斯》在1936 年 11 月 6 日有关该案件改编的电影的相关报道中指出:"杀人小姐施剑翘自为乃父施从滨复仇,刺杀孙传芳后,一时轰动全国,大快人心,各地戏院,均争相竞排侠女复仇记,号召力之大盛极一时。"

日政策的间接谴责者,并通过暗杀孙传芳的行为,在城市公共空间赢得了巨大的政治影响。① 之后,又有越来越多从日本留学归来的女性活跃于政治舞台,致力于争取女性选举权、婚姻改革、改善女性工作条件等运动。抗战使更多的中产阶级女性加入到与战事相关的社会活动之中。然而,国共内战的开始使许多努力付诸东流。

在《胜利的困境》中,贺萧关注了遥远的乡村里默默无名的产婆群体。通过利用地方卫生报告和访谈得来的材料,贺萧探讨了对于乡村的产婆和产妇来说,中共的统治意味着什么。在此基础上,她还进一步探讨国家通过推销新的科学分娩法的计划,如何改变了普通农村家庭的生活。从地方农村妇女的视角出发,国家的在场不是通过大规模政治运动和意识形态斗争,而是借地方的卫生官员和妇联干部,通过劝服性地而非暴力挟持地持续不断推广科学的医疗知识,并将产婆定性为"封建的、迷信的和落后的"方式来加以实现的。而"此时共产党的做法,与南京政府时期国民党的做法非常相似,但是却更为有效"。②

第五节　结　语

由以上文献综述可知:在革命、现代性与国家构建的视角之下,几代中国当代政治史研究者们,已经从共产党的思想史与运动史、国家与社会关系的变迁、国家与边疆政治、中央与地方关系、性别与劳工政治等诸多方面进行了广泛而深入的探讨。这些研究,都展示了 1949 年作为分水岭的意义在日益模糊,而国家和革命传统,与中国今日经济成就之间的关系密不可分。而从整个20 世纪甚至更长远时段来看,中国的国家构建与现代化的过程,似乎是一个普遍的研究趋势。

如果将西方学术界对中国当代史的研究,与晚清民国史领域的研究相比,会发现后者似乎更加超越了现代化与国家构建叙事,而将"中国"视为一个流

---

① E. Lean, "The Making of a Public: Emotions and Media Sensation in 1930s China", *Twentieth-Century China*, 29.2 (Apr.), 2004, pp. 39 – 61.

② J. Brown & P. G. Pickowicz, *Dilemmas of Victory: The Early Years of the People's Republic of China*, Cambridge, MA: Harvard University Press, 2010, pp. 341 – 349.

动而不断变迁的概念,①将分析单元向中国作为欧亚大陆的一部分之"欧亚"扩展,②同时,既超越"冲击—反应"说,③又超越"中国中心论",④探讨中国作为欧亚大陆的重要陆地帝国,与海洋帝国的政治策略和文化习俗的差异,探讨其可能走的不同发展道路。也许在这样一种视野中,对中国与外部世界的交错与互为影响,将在时空两个方面带给当代史研究更大的时空纵深感,将中国社会的连续性继续往前追溯。⑤ 在一定程度上,这也可以帮助学者们更进一步地开拓中国革命与国家建设,中国在东亚的地位及其在欧亚大陆一体政治之中的意义。这对更好地理解在当今"中国崛起"的背景之下,"一带一路"等政策的历史渊源和政治意涵,理解中华人民共和国的政权性质、中国国家构建路径的特殊性贡献更多的智慧与洞见。

---

① E. Tagliacozzo, H. F. Siu & P. C. Perdue, *Asia Inside Out: Changing Times*, Cambridge, Massachusetts: Harvard University Press, 2015.

② P. C. Perdue, *China Marches West: The Qing Conquest of Central Eurasia*, Cambridge, Mass.: Belknap Press of Harvard University Press, 2005; M. W. Mosca, *From Frontier Policy to Foreign Policy*. [*Electronic Resource*]: *The Question of India and the Transformation of Geopolitics in Qing China*, Stanford, Calif.: Stanford University Press, 2013.

③ John Fairbank (1978/1993/1995/2008), *The Cambridge History of China*, Vol. 10, Late-Ch'ing, 1800 – 1911, Part I, New York: Cambridge University Press, 1978/1993/1995/2008, p. 35; Matthew Mosca, *From Frontier Policy to Foreign Policy: The Question of India and the Transformation of Geopolitics in Qing China*, Stanford: Stanford University Press, 2003.

④ P. A. Cohen, *Discovering History in China: American Historical Writing on the Recent Chinese Past*, New York: Columbia University Press, 2010.

⑤ O. A. Westad, *Restless Empire: China and the World Since 1750*, New York: Basic Books, 2012.

第六章 中华人民共和国经济研究：
基于实证的考察[*]

如果没有清楚认识中国过去和现在的经济发展，就不可能深刻了解现代中国的社会转型。本章的目的之一就是考察先前的研究是否充分了解了现代中国的经济状况，并借此得出一个对现代中国社会转型更全面的理解。

中华人民共和国成立已有 60 多年的时间，而有关中国经济的研究也差不多同步。截至 20 世纪 50 年代中期，大部分研究 1949 年之前中国的专家都已经退休或者转而研究其他的问题，而刘大中（Liu Ta-chung）则是个值得注意的例外。对于中国经济的跨国研究和国内研究需要不同的立足点和分析技巧。中国的经济学家和技术工作者对经济研究贡献卓越，其中部分著作和研究成果也得以发表。但是一个更普遍的情况是，更多国内外经济学家所关注的经济数据和研究成果并没有发表或是分散在海外。

中国经济的海外研究基本上是从 20 世纪 50 年代末到 20 世纪 60 年代初开始的。尽管同期中国政府发布了大量经济数据和其他基本指标，仅有很少的海外学者能发现这些数据的价值。后来涌现出一些有经验的中国经济研究的教授，比如密歇根大学的艾克斯坦（Eckstein Alexander）和雷麦（Remer Charles）教授、哥伦比亚大学的何廉（Franklin Ho）教授、伯克利的李周明教授，以及中国的非经济领域的专家。日本也成为美国之外中国经济研究最活跃的国家，为此还专门成立了东京发展中国家研究中心。

任何海外中国经济的研究都有强烈的主观色彩，本章也不例外。其中最明显的偏见是对中俄经济研究成果的忽略以及对日本经济研究成果的参考不足。中国人口统计值得专门做认真研究，因此本章基本忽略这个内容。由于篇幅所限，很多重要问题也无法覆盖。中国农村地区的人口研究将有助于我

* 原文发表于 The Journal of Asian Stadies，Vol. 42，No. 2(Feb. ，1983)，PP. 345 – 372。

们理解中国的农业,但不作为重点。本章简略回顾了中国经济史。经济发展本质上是一门交叉学科。例如,如果一国的政治环境非常恶劣,那经济发展也几乎是不可能的,因此不考虑政治而去有效解决经济问题也是不可能的。简而言之,要想全面研究中国的经济,就得了解中国的各个方面。本章主要基于研究中国经济的经济学家的成果这一比较窄的视角进行分析。

笔者并没打算完整地综述回顾有关中国经济研究的著作,即使是那些英文著述,原因在于此项工作将占用大量的篇幅。本章重点在于经济数据的调查,这一点是以往研究经常忽略的。当然,笔者也会回顾一些相关领域的经典研究。

20 世纪五六十年代中国经济研究最主要的成果是中国经济到底发生了什么。随着 1960 年后中国政府对统计数据发布的限制,数据的获取变得越来越困难。而 1970 年初出现了少量的经济统计数据,20 世纪 80 年代后则出现了数据大爆炸。

经济学家并没有等到 1980 年后再去重建数据和中国的经济描述。早在 20 世纪 70 年代,经济学家就对收入分配、农村地区发展产生了强烈兴趣,一些经济学家甚至将中国看作解决这些问题的榜样。部分专家认为中国有效提高了农村地区的生产力并消除了贫穷问题。

当今中国主要面临以下四个问题:首先是中国距离工业化还有多远的距离,这个问题其实依赖于中国的经济表现,而这个问题在过去 20 年里也受到了中国专家的关注。第二个问题是中国计划经济是否有效配置,以及未来有没有改革的可能性和必要。换言之,中央掌控的计划经济是如何运作的,改革的阻力是什么。第三个问题,中国经常被看作消除农村贫困和城市贫富差距的楷模,那么中国在多大程度上改变了这两个问题。最后,中国农业表现也非常值得关注。

第一节　数据估算的核心作用

经济学本质上是一门关于数量的学科。诸如一国经济增速、收入分配都是数据的呈现。所以立足数据来研究中国经济增长和收入分配也非常自然。由于统计数据的限制,中国的经济数据的估算工作十分困难。经济数据估算的一大问题在于用有限的、残缺的数据估算的数据能否真实地反映这一阶段

（1960—1970）中国经济社会的转变。

20 世纪 50 年代的问题不是缺少数据，而是如何解释这些数据。那个年代共产主义国家没有采用联合国国内生产总值（GDP）统计体系，另一方面数据的真实准确性也受到了许多西方经济学家的质疑。"大跃进"时期的乐观的经济数据则没有任何参考价值。苏联数据的经验则告诉我们，官方数据是有操作和利用空间的。

1949—1952 年的一批学者试图以联合国体系重新构建国民经济账户，其中的代表包括李[①]和吴[②]，统计数据由北京发布。而首份系统国民经济账户则是由霍利斯特（William W. Hollister）[③]构建的，这份报告采用的是官方数据。至今，最被广泛认可的国民经济账户重建报告则是由刘大中和叶孔嘉（Kung-chia Yeh）[④]在兰德公司的协助之下完成的。

这份报告在几个方面有别于之前的研究。其一就是估算了 1933 年的经济数据。另外这份研究同时估计了国民账户的生产和支出两个方面，账户也被分解得更为细致。刘大中和叶孔嘉利用中国 1933 年、1952 年、1957 年三年的数据估算了物价变化对中国经济产值的影响。而之前对苏联经济的研究表明物价变化在计划经济体制下对经济增长、资本累计和其他数据是有显著影响的。不过颇有争议的是，两人不仅用估算数据填补了官方数据的空缺，还修正了部分官方数据，因为他们认为这些数据是不真实的。

这些报告影响重大。若以 1953 年的价格为基础，第一个五年计划期间（1953—1957 年）中国国民收入增速约为 9%。刘大中和叶孔嘉的研究结果表明，同期以 1933 年、1952 年、1957 年的物价为基础，国民收入增速分别为 6%、5.7%、4.4%。是采用 9% 还是 4.4%，当然在经历了几十年的停滞后，中国经济无疑是加速增长的。如果以 4.4% 的增速，过去 3 年中国国民产出增长了 4 倍，而若以 9% 的增速，则增长了 6 倍。

---

① Choh-ming Li, *Economic Development of Communist China*, Berkeley: University of California Press, 1959.

② Yuan-li Wu, *An Economic Survey of Communist China*, New York: Bookman Associates, 1956.

③ William W. Hollister, *China's Gross National Product and Social Accounts 1950 - 1957*, Glencoe: The Free Press, 1958.

④ Kung-chia Yeh, *The Economy of the Chinese Mainland; National Income and Economic Development, 1933 - 1959*, Princeton: Princeton University Press, 1965.

随后有关细分领域的研究结果证实了刘大中和叶孔嘉关于官方数据不准确的结论,同时也否认了赵[1]和李[2]的研究结果。刘大中和叶孔嘉的研究也于1965年得以发表;然而随后的问题在于中国国民经济账户数据产生了戏剧性的变化。"大跃进"时期的经济危机和苏联撤援,从1965年起,中国政府停止发布所有的经济数据。20世纪60年代的农业、工业产出、国民生产总值(GNP)完全依据前一年的估计产生。同期官方数据主要通过口头发布,数据真实性严重受疑。

20世纪60年代的经济数据估算非常多,在此不一一罗列。其中最为著名的是刘大中和叶孔嘉的更新版本,这份研究结果是基于美国总领事馆对谷物产量的估计完成的[3]。但是这份研究的很多结果广受争议。1967年克拉特(Klatt)[4]另一份基于数据估算的报告问世,但结果同样广受争议。

20世纪70年代初期,中国发布了部分数据,旨在减少外界对官方估计的猜测。尽管估计和官方真实性的争议都十分巨大,但一些经济学家依然利用官方数据在此完成了国民账户的重构[5],而一些学者则坚持利用假设和其他分析构建国民账户[6]。

既然官方也发布了完整的国民收入和工农业增长的报告,那么将民间和官方报告加以对比或许有所帮助。(结果参见表6-1、6-2、6-3。)或许有其他的研究结果,但是差异反映了20世纪70年代最主要的差别。

---

① Kang Chao, *The Rate and Pattern of Industrial Growth in China*, Ann Arbor: University of Michigan Press, 1970; *Agricultural Production in Communist China*, *1949 - 1965*, Madison: University of Wisconsin Press, 1965.

② Choh-ming Li, *The Statistical System of Communist China*, Berkeley: University of California Press, 1962.

③ Steve Washenko, "Agriculture in Mainland China- 1968", *Current Scene*, 1969, March 31, pp. 1 - 12. John R. Wenmohs, "Agriculture in Mainland China- 1967", *Current Scene*, 1967, December 15, pp. 1 - 12.

④ Werner Klatt, "Comment on Economic Growth in China and the Cultural Revolution", *China Quarterly*, 1967, July-September, pp. 151 - 155.

⑤ Alexander Eckstein, "Economic Growth and Change in China: A Twenty-Year Perspective", *China Quarterly*, 1973, April-June, pp. 211 - 41. Dwight H. Perkins, "Constraints Influencing China's Agricultural Performance", In U. S. Congress, Joint Economic Committee, *China: A Reassessment of the Economy*, 1975, pp. 350 - 365.

⑥ Ta-chung Liu, and Kung-chia Yeh, The Economy of the Chinese Mainland: National Income and Economic Development, 1933 - 1959, Princeton: Princeton University Press, 1965; "China and Other Asian Economies: A Quantitative Evaluation", American Economic Review, 1973, May, pp. 215 - 223.

表 6 - 1 国民收入及产值估计(1952＝100)

年份	1952	1957	1965	1970
国民收入				
官方	100	153	234	(293)*
国内生产总值/净值				
盖迪斯	100	153	202	287
帕金斯	100	145	203	274
艾克斯坦	100	136	182	232
刘和叶(1)	100	135	167	193
刘和叶(2)	100	133	151	——
斯瓦米	100	127	157	159

数据来源：官方数据除 1970 年数据外全部来自《中国经济年鉴》(1981：VI - 9)。其他数据来自：Gabor Hidasi，Charles Hoffman，*Work Incentive Practices and Policies in the People's Repuhlic of China，1953 - 1965*，Albany：State University of New York Press；Dwight Perkins，"Constraints Influencing China's Agricultural Performance"，In U. S. Congress，Joint Economic Committee，*China：A Reassessment of the Economy*，1975 pp. 350 - 365；Alexander Eckstein，"Economic Growth and Change in China：A Twenty-Year Perspective"，*China Quarterly*，1973 April-June，pp. 211 - 241；Ta-chung Liu and Kung-chia Yeh，"*China and Other Asian Economies：A Quantitative Evaluation*"，*American Economic Review*，1973 May，pp. 215 - 223；Ta-chung Liu and Kung-chia Yeh，*The Economy of the Chinese Mainland；National Income and Economic Development*，1933 - 1959，Princeton：Princeton University Press，1965；Subramanian Swamy，"Economic Growth in China and India，1952 - 1970：A Comparative Appraisal"，*Economic Development and Cultural Change 21*，1973，No. 4，PartII（July），entire issue. 导致这些不同数据的方法在 1980 年有更长篇幅的讨论①。

说明：这些估算并非具有完全可比性，因为它们是用不同方法计算的。官方指数的净产出基于 1952 年和 1957 年的价格。1970 年的官方数据来自 1975 年的数据，依据是 1971—1975 年间平均增速 5.6%②。这可能导致一定误差。

表 6 - 2 工业产出估计(1952＝100)

年份	1952	1957	1965	1970
官方	100	229	453	786
罗斯基(Rawski 1)	100	241	513	821
罗斯基(Rawski 2)	100	228	451	758
菲尔德，拉蒂和艾默生	100	228	445	747
盖迪斯	100	227	504	726

---

① Dwight H. Perkins，"National Product"，In *Quantitative Measures of China's Economic Output*，ed. by Eckstein，1980，pp. 246 - 73.

② Guoguang Liu and Wang Xiangming，"A Study of the Speed and Balance of China's Economic Development"，*Social Sciences in China*，1980(4)pp. 15 - 43.

续　表

年份	1952	1957	1965	1970
帕金斯	100	228	458	697
菲尔德	100	208	415	652
刘和叶	100	239	349	422
斯瓦米	100	183	267	390

数据来源：官方数据除 1970 年数据外全部来自《中国经济年鉴》(1981：Ⅵ-9)。其他数据来自：Thomas G. Rawski, "Chinese Industrial Production, 1952-1971", *Review of Economics and Statistics*, 1973 May, pp. 169-181; Thomas G. Rawski, "Industrial Production", In *Quantitative Measures of China's Economic Output*, ed. by Eckstein, 1980; Robert Michael Field, Nicholas R. Lardy and John Philip Emerson, *A Reconstruction of the Gross Value of Industrial Output by Province in the People's Republic of China: 1949 -73*, Washington: U. S. Department of Commerce, Foreign Economic Reports, FER-No. 7, 1975; Gabor Hidasi, Charles Hoffman, *Work Incentive Practices and Policies in the People's Repuhlic of China*, 1953- 1965, Albany: State University of New York Press; Dwight Perkins, "Constraints Influencing China's Agricultural Performance", In U. S. Congress, Joint Economic Committee, *China: A Reassessment of the Economy*, 1975, pp. 350-365; Ta-chung Liu and Kung-chia Yeh, *The Economy of the Chinese Mainland; National Income and Economic Development*, *1933-1959*, Princeton: Princeton University Press, 1965. Subramanian Swamy, "Economic Growth in China and India, 1952-1970: A Comparative Appraisal", *Economic Development and Cultural Change 21*, 1973, No. 4, PartⅡ (July), entire issue.

表 6-3　农业产出估计

年份	1952	1957	1965	1970
（1952＝100）				
官方	100	125	137	166
韦恩斯	100	125	—	188
盖迪斯	100	125	149	174
刘和叶	100	118	149	150
斯瓦米	100	109	112	122
（1957＝100）				
官方	80	100	102	133
帕金斯	—	100	96	134

数据来源：官方数据来自《中国经济年鉴》(1981：Ⅵ-10)。

　　首先，外界估计和官方发布的差别并不意味着外界是错的。估计所采用的方法并不一定是唯一的估计方法，也不一定是最合适的。

　　随后出现了越来越多的研究来验证新数据的一致性，结果证明这些数据

之间是一致的，中国政府拥有这一阶段的最佳数据估计。例如菲尔德
（Field）①、拉蒂（Lardy）②、艾默生（Emerson）③证明了经济增长和工业增加值
在全国范围和各省份之间具有高度的一致性。当然一致性并不代表数据真实
可靠，统计数据总有误差，况且中华人民共和国是一个发展中国家并且有着短
暂不太愉快的历史。除此之外，大量数据必须依据空缺数据重构。即使知道
每年的增长率，我们也很难根据现在的指标了解基础年份绝对的经济数值。
比如一组由中国政府公布大豆谷物产量的数据，部分时间可能是缺失的，但是
新公布的数据却可以完美解决这类问题（见菲尔德④、马克斯维尔⑤的研究）。
这类问题实际上是很多的。

　　1975 年出现了两个代表性事件，有助于学界和政府经济学家构建经济指
标来评估中国的经济状况。在社会科学研究委员会的协助之下，1975 年 1 月，
艾克斯坦于布鲁克组织了一场关于中国经济的论坛，会议旨在就中国经济数
据达成更广泛的共识。尽管在哪些数据更合适上仍有分歧，学者们对这些经
济指标还是达成了很大共识⑥。这一共识也在美国国会联合经济委员会主办
的《中国经济季刊》1975 年卷和 1978 年卷中得以体现。

　　那么 1979 年以前，国外的数据估计质量如何呢？从表 6 - 1、6 - 2、6 - 3 来
看那些尝试尽可能减少以假设来填补缺失的数据的经济学家们得到了更多的

---

①　Robert Michael Field，"Chinese Industrial Development，1949 - 1970. " In U. S. Congress，
Joint Economic Committee，*People's Republic of China*，*An Economic Assessment*，1972，pp. 61 - 85；
"Civilian Industrial Production in the People's Republic of China，1949 - 1974"，In U. S. Congress，
Joint Economic Committee，*China：A Reassessment of the Economy*，1975，pp. 146 - 174；"Recent
Chinese Grain Claims"，*China Quarterly*，1976，March，pp. 96 - 97；"Capital Formation. " In
Quantitative Measures of China's Economic Output，ed. by Eckstein，1980.

②　Nicholas R. Lardy，"Centralization and Decentralization in China's Fiscal Management"，
China Quarterly，1975，March，pp. 25 - 60；"Reply to Audrey Donnithorne"，*China Quarterly*，1976，
June，pp. 340 - 354；*Economic Growth and Distribution in China*，Cambridge：Cambridge University
Press，1978.

③　John Philip Emerson，*Nonagricultural Employment in Mainland China：1949 - 1959*，
Washington：GPO，1965.

④　Robert Michael Field，"Recent Chinese Grain Claims"，*China Quarterly*，1976，March，pp. 96
- 97.

⑤　Neville Maxwell，"Recent Chinese Grain Figures"，*China Quarterly*，1976，December，pp. 817
- 818.

⑥　Alexander Eckstein，*Quantitative Measures of China's Economic Output*，Ann Arbor：
University of Michigan Press，1980.

认可。

采用两种不同估计方法得到的结果差异非常显著,对中国经济发展的解释也完全不同。例如官方数据表明尽管 20 世纪 60—70 年代与 20 世纪 50 年代相比 GDP 增速有所放缓,而这一时期 GDP 的增速也有 5%(人均增速 3%)。但是 5%的增速也反映了中国这一阶段的经济转型。而外界估计这一时期 GDP 增速不足 3%,或者相比 20 世纪 30 年代增速稍快。

另一项主要结论是这一阶段 GDP 增长的主要贡献来自工业增长,而农业增长严重滞后①。不管工业增长是 1957 年的 9%甚至更高,这一增速都远高于同期农业 2%—3%的增长。简言之,中国正在快速工业化,但是没有解决温饱问题。

第二节　从宏观数据到宏观分析

经济学家也试图利用中国经济的数据构建宏观模型②。这类模型的最大贡献是如果合理设计和评估,模型可以记录一个部门变化对另一部门的影响(以及反向影响)。这些模型也可以预测未来中国可能面临的情况③。丰收、歉收或是国防开支的增减将会对经济的运行产生复杂的影响。

以模型解释中国的问题在于很难得到一个合适的参数,比如投资与进出口的关系,资本增加和工业增加值的关系。20 世纪 50 年代的数据足够多,完全可以解决这些问题,但是 60 年代后数据的价值有限,即使 1979 年后发布了大量数据,模型参数的估计仍然需要非常强的判断能力以及技巧。后来越来越多的数据让构建常规模型成为了可能。

---

① Robert Michael Field, "Chinese Industrial Development, 1949 - 1970", In U. S. Congress, Joint Economic Committee, *People's Republic of China*, *An Economic Assessment*, 1972, pp. 61 - 85; "Civilian Industrial Production in the People's Republic of China, 1949 - 1974", In U. S. Congress, Joint Economic Committee, *China*: *A Reassessment of the Economy*, 1975, pp. 146 - 174; Perkins, "Surplus and Stagnation in Modern China", In *Modern China's Economy in Historical Perspective*, 1975a, pp. 49 - 84; Thomas G. Rawski, "Chinese Industrial Production, 1952 - 1971", *Review of Economics and Statistics*, 1973, May, pp. 169 - 181; Thomas B. Wiens, "Agricultural Production." In *Quantitative Measures of China's Economic Output*, ed. by Eckstein, 1980, pp. 44 - 107.

② Robert F. Dernberger, "The Opportunity Costs of Defense Expenditures in Communist China", Prepared for the Arms Control and Disarmament Agency, 1970; Shigeru Ishikawa, *Paper Presented to Conference on China*, Australian National University, 1970.

③ Shigeru Ishikawa, "Choice of Techniques in Mainland China", *Developing Economies*, 1962, Sept. -Dec., pp. 23 - 56.

库兹涅茨(Kuznets)和钱纳里(Chenery)、帕金斯①、斯瓦米②将中国的宏观数据进行了国际比较。中国的经济发展路径相比于其他发展中国家尤其是东亚国家，是否有相似之处，抑或中国是否会经历苏联这样的变革是一个非常有意思的课题。

多年来，许多经济学家将中国资本迅速积累以及农业份额占国民收入比重迅速下降归结于领导的魅力以及强调发展钢铁行业和制造行业，而忽视了农业③。而与东亚其他国家经济结构对比表明，斯大林主义仅仅是其中的部分原因。这项研究比较了中国和日本、韩国以及台湾地区，发现这些国家和地区的农业在国民收入中份额下降的速度远高于世界其他发展中国家④。这些国家和地区都不追随斯大林主义的政权，下降原因可能是耕地面积偏低。

第三节　计划和管理

中国经济的微观分析更看重经济是如何计划和管理的。在多数人看来计划经济是缺乏效率的，源于中国在 20 世纪 50 年代继承了苏联的体制。如今，关于经济体制的讨论也可以在中国期刊《经济研究》《经济管理》上看到，部分学者只希望能让现有体制变得更好，而部分学者则希望以市场机制代替现有体制。

研究计划和经济管控的问题，重点在于外界的研究成果是否对理解中国经济运行有帮助，抑或计划和管控是否会阻碍经济的发展。

过去的经济研究表明中国的经济体制并没有明显缺点。一些严谨的研究发现 20 世纪五六十年代的计划经济实际上让经济发展充满了活力，而对于产业是否该以利润为目标以及如何定价在 20 世纪 50 年代和 1976 年后也依然是热议的问题。事实上对于这种观点的批判主要源于 1965 年后持这类观点

---

① Dwight H. Perkins, *China's Modern Economy in Historical Perspective*, Stanford: Stanford University Press，1975.

② Subramanian Swamy, "Economic Growth in China and India, 1952 - 1970: A Comparative Appraisal", *Economic Development and Cultural Change*, 1973(21), No. 4, PartII (July), entire issue.

③ Alexander Eckstein, *Communist China's Economic Growth and Foreign Trade*, New York: McGraw-Hill,1966; *China's Economic Revolution*, Cambridge: Cambridge University Press,1977.

④ Dwight H. Perkins, *China's Modern Economy in Historical Perspective*, Stanford: Stanford University Press,1975.

的文章在 15 年内凤毛麟角。

大部分关于中国体制的研究聚焦在如何计划经济,如何运用价格作用和财政计划控制经济、如何进行企业内部管理①,部分研究主要是描述性的。这类研究的特点和其他类型的中国研究非常接近,研究的主要目的是为了探讨这一阶段中国经济的发展历程,而忽略了中国是如何发展成当前的经济体制。

总体来说中国的生产生活都是有计划的,并且有一套严格的机制确保计划执行。现实当中,计划如果有偏失而被盲目执行,则会导致混乱。决策者如何计划经济,将决策失误的负面影响降到最低,是一个有趣而艰巨的过程。

一种观点认为通过与苏联以及东欧国家的比较,将更有助于了解中国经济的运行机制②。20 世纪 50 年代,中国的计划管理体制完全照搬苏联,并在苏联专家指导下完成。中国没有必要像俄罗斯人或匈牙利人那样精确地执行这样的体制,但那种行为在不同国家变化的程度是被迫的。例如,关键进口物品的计划分配的错误,必定会导致企业管理者囤积必需进口品的数量在短时间内增加,以备日后所需或进口贸易的短期供应。因为苏联和东欧关于这些非正式调整的信息更丰富,研究也更深入,甚至在 20 世纪 80 年代研究中国计划经济的经济学家,依然通过与其他经济体研究成果的比较更多地了解中国。

---

① Audrey Donnithorne, *China's Economic System*, New York: Praeger, 1967. U. S. Congress, Joint Economic Committee, *People's Republic of China: An Economic Assessment*, Washington: GPO, 1972. Nicholas R. Lardy, "Centralization and Decentralization in China's Fiscal Management", *China Quarterly*, 1975 March, pp. 25 – 60. *Economic Growth and Distribution in China*, Cambridge: Cambridge University Press, 1978. Tadao Miyashita, *The Currency and Financial System of Mainland China*, Seattle: University of Washington Press, 1966. Dwight H. Perkins, *Market Control and Planning in Communist China*, Cambridge: Harvard University Press, 1966. Dwight H. Perkins, "Industrial Planning and Management", In *Economic Trends in Communist China*, ed. by Eckstein, 1968, pp. 597 – 635. Dwight H. Perkins, "The International Impact on Chinese Central Planning", In *International Trade and Central Planning*, ed. by A. A. Brown and E. Neuberger, 1968, pp. 177 – 198. Bruce Reynolds, "Decentralized Planning and Agricultural Development in the People's Republic of China, 1952 – 1977", Paper Presented to the Allied Social Sciences Association, New York City, 1977 December. Barry M. Richman, *Industrial Society in Communist China*, New York: Random House, 1969.

② M. Gardner. Clark, *The Development of China's Steel Industry and Soviet Technical Aid*, Ithaca, N. Y.: N. Y. State School of Industrial and Labor Relations, 1973. Alexander Eckstein, *China's Economic Revolution*, Cambridge: Cambridge University Press, 1977. Dwight H. Perkins, *Market Control and Planning in Communist China*, Cambridge: Harvard University Press, 1966. Barry M. Richman, *Industrial Society in Communist China*, New York: Random House, 1969. Benjamin Ward, "The Chinese Approach to Economic Development", In *China's Development*, 1980.

然而，中国的计划管理体制并不是苏联体制的简单照搬。中国比苏联更大，更重要的是，中国在 20 世纪 50 年代比苏联更贫穷，甚至 20 世纪 70 年代的中国比 20 世纪 30 年代的苏联还要贫穷。因此，对于经济学家而言，中国就成为研究中央计划体制应用于真正贫穷的发展中国家时如何去调整的一个模板。

中国计划管理体制调整的主要方式之一是根据巨大经济倒退的需求去集权化①。除了农业之外，地方拥有部分商品流通和定价的权力。那地方到底有多大权力，这是个值得商榷的问题。唐尼索恩（Donnithorne）认为 1960年后的中国实际上是一个"细胞经济体"，即严格意义上中国并不是一个整体的而是由多个独立经济体组成的经济体。拉蒂②则认为如果从政府掌控和分配资源的角度来看，中国还是一个中央集权控制的经济体③。这两种观点的争论，只有在更多地了解中国是如何计划管理经济的基础上才能辨明孰对孰错。

对于组织内部的研究以及中国企业、农村生产队、社区行为的研究要远少于对更高决策机构的研究；虽然在中国国内流行的刊物上有关于用工参与率管理层面的讨论，但是这里的用工参与率和通常所理解的不同，并不适用南斯拉夫模式（Yugoslav Model）。有别于以往简单描述组织的构成，近期还兴起

---

① Marianne Bastid, "Levels of Economic Decision Making", In *Authority Participation and Cultural Change in China*, ed. by Stuart Schram, Cambridge: Cambridge University Press, 1973, pp. 159 – 198. Audrey Donnithorne, *China's Economic System*, New York: Praeger, 1967. Dwight H. Perkins, *Market Control and Planning in Communist China*, Cambridge: Harvard University Press, 1966. Barry M. Richman, *Industrial Society in Communist China*, New York: Random House, 1969. H. F. Schurmann, *Ideology and Organization in Communist China*, Berkeley: University of California Press, 1968.

② Nicholas R. Lardy, "Centralization and Decentralization in China's Fiscal Management", *China Quarterly*, 1975 March, pp. 25 – 60. Nicholas R. Lardy, "Reply to Audrey Donnithorne", *China Quarterly*, 1976 June, pp. 340 – 354. Nicholas R. Lardy, *Economic Growth and Distribution in China*, Cambridge: Cambridge University Press, 1978.

③ Robert F. Dernberger, China's Development Experience in Comparative Perspective, Cambridge: Harvard University Press, 1980. Audrey Donnithorne, "China's Cellular Economy: Some Economic Trends Since the Cultural Revolution", *China Quarterly*, 1972 October/December, pp. 605 – 619. "Comment on Centralization and Decentralization in China's Fiscal Management", *China Quarterly*, 1976 June, pp. 328 – 340. National Academy of Sciences, *Report of the CSCPRC Economics Delegation to the People's Republic of China*, Washington: NAS, 1980.

了对农村生产队、社区行为和组织的对比模式研究①。

考察了这些关于计划管理的研究成果后,作为外部研究人员的我们是否已经理解这一体制如何运行或者采取什么样的变化可以使其运转得更好? 广义上而言,答案应该是肯定的。正如上文中提到的,苏联模式是依照一定的限制和规则运行的,而大量证据表明中国也是按照这些限制和规则运行的。比如苏联和中国都倾向于积累更多的原料,而两个国家又都更看重产量而非质量。

最后一定要提一下主要解释毛泽东个人的计划、管理和经济发展广义政策的研究成果,其中许多是根据马克思主义的观点写成的。有几项成果关注收入分配和消灭阶级,这些将会在下面的内容中具体讨论,而另一部分研究则体现了毛泽东的基本经济理念,这些理念在许多经济学家看来注定是失败的,但是对于这个独特的国度(农村失业率非常高)又有很多创新之处。尽管这些研究成功指出了接下来"大跃进"的"光明前景",但是却忽略了推行"大跃进"政策后出现的难以弥补的困难局面②。实际上很多研究都暗示毛泽东的经济理念在向全国推广的过程中是非常成功的。斯蒂芬(Stephen Andors)在他的研究中这样写道:

"劳动部门和分散的学习机制或许可以和西方媲美。到目前为止,在不公平面前中国人民拒绝物质激励,这体现了分配的公正;而强调小组自治以及参与和合作而非金钱,也与美国人际关系管理理论非常接近。在中国发生的一切与许多西欧公司进行的先进民主实验是一致的。"

从近些年在华工作的美国人和其他人的经验以及中国自己对劳动生产产

---

① Dennis L. Chinn, "Income Distribution in a Chinese Commune", *Journal of Comparative Economics*, 1978 September, pp. 246 - 265. Thomas B. Wiens, "The Limits to Agricultural Intensification: The Suzhou Experience", In U. S. Congress, Joint Economic Committee, *China Under the Four Modernizations*, 1982, pp. 462 - 474.

② Stephen Andors, *China's Industrial Revolution. Politics, Planning and Management. 1949 to the Present*, New York: Pantheon, 1977. Jack Gray, "The Economics of Maoism", *Bulletin of the Atomic Scientists*, 1969 February, pp. 42 - 51. John G. Gurley, "Maoist Economic Development: The New 'Man' in the New China", In *America's Asia*, ed. by E. Friedman and M. Selden, New York: Pantheon, 1969. *Challengers to Capitalism: Marx, Lenin and Mao. Stanford: Stanford Alumni Association*, 1975. *China's Economy and the Maoist Strategy*, New York: Monthly Review Press, 1976. Reiitsu Kojima, *Chugoku no keizai to gijutsu* (*The economy and technology of China*), Tokyo: Keiso, 1975.

生的问题来看,安德洛斯的赞美都远远脱离实际。1977 年后中国重新引入激励、晋升和工资机制来提高劳动生产力。一些最近的马克思主义著作将 1977 年后的中国变化也纳入考虑,形成了与理想社会主义和经济发展相对的更为实际的观点①。

第四节　激励和收入分配

全球对收入分配的关注,也把我们的目光投向了中国经验。中国被很多人认为是一个解决收入分配问题优先于经济发展的国家。中国已经基本消除了由于产权造成的收入不平等问题,而技能的差异则并没有引起类似其他发展中国家那样的收入不平等问题。另外,中国包括农村地区的每个人都是分配就业,衣、食、药则是通过按需进行分配而不是市场机制进入各个家庭。

研究中国问题的经济学家在收入分配问题受到全球关注之前就已经关注这个问题了。而工资以及其他城市激励系统是最为关心的领域。实际上学者们以工资为代表的物质激励机制和非物质激励机制以及激励机制的变化历史已经做过大量研究②。关于城市收入结构也有一些数量方面的研究,尽管数量可以更多③。这里的争议在于对于中国民主政治的看法,部分争论演变成中国不论是城市还是农村地区是通过物质激励还是道德自律才能达到发展的目的。或者简单地理解为,受到高等教育的人们就会自发地为更好的社会工作,还是为了更高的收入而工作呢?

这个问题实际上要比物质激励的层面更加深刻。以毛泽东的视角来看,他更关心中国是否能消除阶级。收入差别只是问题的一部分,但是经理、技师、非熟练工对待彼此的态度也非常重要。中国外界的学者如果从马克思主

---

① Mark Selden and Victor Lippit (eds.), *The Transition to Socialism in China*, Armonk: M. E. Sharpe, 1982. Theodore Shabad, *China's Changing Map*, New York: Praeger, 1972.

② Charles Hoffman, *Work Incentive Practices and Policies in the People's Repuhlic of China*, *1953 - 1965*, Albany: State University of New York Press, 1968. *The Chinese Worker*, Albany: State University of New York Press, 1974. Carl Riskin, "Workers' Incentives in Chinese Industry", In U. S. Congress, Joint Economic Committee, *China: A Reassessment of the Economy*, 1975, pp. 199 - 224.

③ Christopher Howe, *Wage Patterns and Wage Policy in Modern China*, *1949 - 1972*, Cambridge: Cambridge University Press, 1973. William L. Parish, "Egalitarianism in Chinese Society", In Problems of Communism, 1981 Jan. -Feb. , pp. 37 - 53.

义的角度可以完美解释"文化大革命"的立场。正如前文所述,这些观点错误地描述了"文革"对经济的影响①。

在很多方面,对中国农村地区收入分配问题的研究兴趣实际上是要强于城市地区的。在 1980 年以前,只有一份关于中国农村地区的收入分配问题的数量研究②。以及一篇关于广东省收入不平等问题的研究③。另外,还有一篇调查了包括 13 个社区的实地考察研究④。

罗尔(Roll)的数量研究表明 20 世纪四五十年代的中国土地改革明显改变了农村地区的收入分配格局。而此后少有研究表明 20 世纪 50—80 年代的中国农村不平等程度是降低还是增加了。近期一些学者又开始重新研究中国农村的问题⑤。其中最杰出的作品当属 1982 年维米尔(E. B. Vermeer)⑥的成果,他不仅利用 20 世纪 70 年之后的数据,而且还与先前数据加以对比,得出了农村的收入差距正在缩小的结论。格里芬(Griffin)⑦和赛斯(Saith)⑧用更

① Charles Bettelheim, *Cultural Revolution and Industrial Organization in China*: *Changes in Management and the Division of Labor*, New York: Monthly Review Press, 1974. Leo Goodstadt. *China's Search for Plenty*. *The Economics of Mao Tse-tung*, New York: Weatherhill, 1972. Jack Gray, "The Economics of Maoism", *Bulletin of the Atomic Scientists*, 1969 February, pp. 42 - 51. "The Two Roads: Alternative Strategies of Social Change and Economic Growth in China", In *Authority Participation and Cultural Change in China*, ed. by S. Schram, Cambridge: Cambridge University Press, 1973, pp. 109 - 158. John G. Gurley, *China's Economy and the Maoist Strategy*, New York: Monthly Review Press, 1976. Joan Robinson, *The Cultural Revolution in China*, London: Penguin Books, 1969. E. L. Wheelwright and Bruce McFarlane, *The Chinese Road to Socialism*: *Economics of the Cultural Revolution*, New York: Monthly Review Press, 1970.

② Charles Robert Roll, Jr., "A Distribution of Rural Incomes in China: A Comparison of the 1930s and the 1950s", Ph. D. dissertation, Harvard University, 1974.

③ William L. Parish and Martin King Whyte, *Village and Family in Contemporary China*, Chicago: University of Chicago Press, 1978.

④ Shahid Javed Burki, *A Study of Chinese Communes*, *1965*, Cambridge: Harvard East Asian Monographs, 1969.

⑤ Keith Griffin and Ashwani Saith, *Growth and Equality in Rural China*, Geneva: International Labour Office, 1981. William L. Parish and Martin King Whyte, *Village and Family in Contemporary China*, Chicago: University of Chicago Press, 1978.

⑥ E. B. Vermeer, "Income Differentials in Rural China", *China Quarterly*, 1982 March, pp. 1 - 33. Kenneth R. Walker, *Planning in Chinese Agriculture*: *Socialisation and the Private Sector*, *1956 - 1962*, Chicago: Aldine, 1965.

⑦ Keith Griffin and Ashwani Saith, *Growth and Equality in Rural China*, Geneva: International Labour Office, 1981.

⑧ Keith Griffin and Ashwani Saith, *Growth and Equality in Rural China*, Geneva: International Labour Office, 1981.

复杂的分析方法解释了为什么收入差距随时间在减少。这套分析方法在我们弄清中国农村地区收入分配发生了什么之后将会更加有用。而证据表明 20 世纪 50 年代中期之后，农村地区收入差距仅略微缩小。如果具备计量天赋的学者能得到近几年中国农村地区的调查数据，那么他们或许能够解释为何差距在延续，并提出可行的解决收入差距的方案。那中国也将成为其他国家解决收入分配问题的范例，前提是我们必须突破对实际调查肤浅的理解。

第五节　农　　业

我们对中国农村经验的兴趣要远高于对收入分配问题的兴趣。作为中国最受关注的经济部门，农业备受关注是有原因的。之后的农业产出不仅影响农民的服务，也会影响到城市人口规模以及出口能力。另外，1979 年之前关于中国农村有大量资料，因而学者没有缺乏相关数据的困扰。中央政府和地方政府通过报刊传达政策旨意，这对国外学者也是公开的。

中国农业发展的核心问题在于农业产出是否会迅速增加，如此食物将不再限制经济的发展，抑或是农业始终以微弱的优势领先人口的发展[1]。围绕这个核心问题的还有中国农村社会是否会向社区、生产队或是其他方式转变以解决农业生产问题。社区和其他机构对农村的福利有显著影响，下文将对其详细介绍。而之前的土改为社区化释放农村产能铺平了道路[2]。

1962 年后农村地区产量增加究竟是受社区化和劳动流动影响还是主要由化肥普及造成是一个争议很强的话题，而里斯金（Riskin）[3]在他 1975 年的历史著作研究中得出了不错的结论。20 世纪 60 年代末期以及 70 年代大部分中国以及海外学

---

①　A. Doak. Barnett, *China's Economy in Global Perspective*, Washington：Brookings Institution，1981.

②　Victor D. Lippit，"Land Reform and Economic Development in China：A Study of Institutional Change and Development Finance"，*Chinese Economic Studies*，1974 Summer，entire issue. Carl Riskin，"Surplus and Stagnation in Modern China"，In *Modern China's Economy in Historical Perspective*，ed. by Perkins，1975，pp. 49－84.

③　Carl Riskin，"Surplus and Stagnation in Modern China"，In *Modern China's Economy in Historical Perspective*，ed. by Perkins，1975a，pp. 49－84. "Workers' Incentives in Chinese Industry"，In U. S. Congress，Joint Economic Committee，*China：A Reassessment of the Economy*，1975b，pp. 199－224.

者将农业的进步归结于社区化运动和劳动要素的加速流动。然而很多中国国内经济学家认为公社改革是加速农业发展的关键,但他们并不是从大寨模型的角度来解释的。其实是私有化、更高的农产品价格以及激励机制才提高了农业的生产能力。

另一部分学者认为农业产出的增加主要是受现代化要素的投入和农业生产技术进步驱动的,这部分学者大多来自海外。波克(Buck)[①]、沈(Shen)[②]、托尼(Tawney)[③]以及很多其他经济学家的研究成果基本描绘出了过去 20 年中国农业的基本情况[④]。在此之前,广泛流传的是中国农民延续宋朝及宋以前的生产技术,生产极其低效;而实际上,中国农业生产技术是在一直缓慢更新,与传言不符的是中国农业极为复杂。农耕时间是复杂的,不同的作物会选择在不同时节耕种。农民也会构筑灌溉系统。1949 年后的中国农业问题不是如何改进落后的农耕技术。

1949 年后农村机构的巨变是各界公认的,而土改造成了收入分配格局的改变,并促进释放过剩地区过剩产能[⑤]。1955 年、1956 年的合作社运动和1958 年的人民公社化运动也彻底改变了农村决策和资源配置格局[⑥]。合作社和人民公社也让农村劳动力进行了史无前例的转移[⑦]。这里的问题是以上的

---

① John Lossing Buck, *Land Utilization in China*, Nanking: University of Nanking, 1937.

② T. H. Shen, *Agricultural Resources of China*, Ithaca: Cornell University Press, 1951.

③ R. H. Tawney, *Land and Labour in China*, London: Allen and Unwin, 1932.

④ Ramon H. Myers, *The Chinese Peasant Economy*, Cambridge: Harvard University Press, 1970. Dwight H. Perkins, *Agricultural Development in China*, *1368 – 1968*, Chicago: Aldine, 1969.

⑤ Robert Ash, "Economic Aspects of Land Reform in Kiangsu, 1949 – 52 (PartI)", *China Quarterly*, 1976 June, pp. 261 – 292. Victor D. Lippit, "Land Reform and Economic Development in China: A Study of Institutional Change and Development Finance", *Chinese Economic Studies*, 1974 Summer, entire issue. John Wong, *Land Reform in the People's Republic of China*, New York: Praeger, 1973.

⑥ Frederick W. Crook, "*An Analysis of Work Payment Systems Used in Chinese Mainland Agriculture*, *1956 to 1970*", Ph. D. dissertation, Tufts University, 1970. "*The Commune System in the People's Republic of China*, *1963 – 1974*", In U. S. Congress, Joint Economic Committee, *China. A Reassessment of the Economy*, 1975, pp. 366 – 410. David L. Denny, "*Rural Policies and the Distribution of Agricultural Products in China: 1950 – 1959*", Ph. D. dissertation, University of Michigan, 1972. Shigeru Ishikawa, "*Resource Flow between Agriculture and Industry-The Chinese Experience*", *Developing Economies*, 1967 March, pp. 3 – 49. Peter Schran, *The Development of Chinese Agriculture: 1950 – 1959*, Urbana: University of Illinois Press, 1970. Kenneth R. Walker, *Planning in Chinese Agriculture: Socialisation and the Private Sector*, *1956 – 1962*, Chicago: Aldine, 1965. "Organization for Agricultural Production", In *Economic Trends in Communist China*, ed. by Eckstein, Galenson, and Liu, 1968, pp. 397 – 458.

⑦ Curtis Ullerich, *Rural Employment and Manpower Problems in China*, NewYork: M. E. Sharpe, 1979. E. B. Vermeer, *Water Conservancy and Irrigation in China*, Leiden: Leiden University Press, 1977.

改革有没有解决中国农业面临的问题。

1960 年后的农业发展得益于化肥的推广而非机构改革并没有受到多少学者的质疑。现代要素投入的增加在很多书以及文章中都有记述[1]。

不仅是体制改革，化肥和农业机械方面的现代投入也对 1960 年后的农业发展产生了一些影响。对于这一论点，严肃的学者并没有太大分歧。关于此方面的巨大现代投入增长有着详尽的记载，也有大量书籍和文章对此进行分析[2]。也有大量深度研究是关于中国如何运用小规模技术手段提供大量此类型的投入[3]。不过，问题是如何解释 1960 年后农业产出的增长，即如何排列现代投入、体制改革和劳动力转移三者的重要性。正规的增长分析（中国农业生产功能计量经济学预算）原则上可以回答部分问题，此类分析运用了 20 世纪

---

[1]　Owen L. Dawson, *Communist China's Agriculture. Its Development and Future Potential*, New York: Praeger, 1970. Alva Lewis Erisman, "Potential Costs and Benefits from Diverting River Flow for Irrigation in the North China Plain", Ph. D. dissertation, University of Maryland, 1967. "China: Agriculture in the 1970s", In U. S. Congress, Joint Economic Committee, *China: A Reassessment of the Economy*, 1975, pp. 324 – 349; Leslie Tse-chiu Kuo, *The Technical Transformation of Agriculture in Communist China*, New York: Praeger, 1972. Jung-chao Liu, *China's Fertilizer Economy*, Chicago: Aldine, 1970. James E. Nickum, "Hydraulic Engineering and Water Resources in the People's Republic of China: Report of the U. S. Water Resources Delegation, August-September, 1974", Stanford: U. S. -China Relations Program, 1977. Benedict Stavis, *Making Green Revolution: The Politics of Agricultural Development in China*, Ithaca: Rural Development Committee, Cornell University, 1974. *The Politics of Agricultural Mechanization in China*, Ithaca: Cornell University Press, 1978. E. B. Vermeer, *Water Conservancy and Irrigation in China*, Leiden: Leiden University Press, 1977.

[2]　Owen L. Dawson, *Communist China's Agriculture. Its Development and Future Potential*, New York: Praeger, 1970. Alva Lewis Erisman, "Potential Costs and Benefits from Diverting River Flow for Irrigation in the North China Plain", Ph. D. dissertation, University of Maryland, 1967. Leslie Tse-chiu Kuo, *The Technical Transformation of Agriculture in Communist China*, New York: Praeger, 1972. Jung-chao Liu, *China's Fertilizer Economy*, Chicago: Aldine, 1970. James E. Nickum, "Hydraulic Engineering and Water Resources in the People's Republic of China: Report of the U. S. Water Resources Delegation, August-September, 1974. " Stanford: U. S. -China Relations Program, 1977. E. B. Vermeer, *Water Conservancy and Irrigation in China*, Leiden: Leiden University Press, 1977.

[3]　American Rural Small-Scale Industry Delegation, *Rural Small-Scale Industry in the People's Republic of China*, Berkeley: University of California Press. Carl Riskin, "China's Rural Industries: Self-Reliant Systems or Independent Kingdoms?", *China Quarterly*, 1978 March, pp. 77 – 98. Jon Sigurdson, *Rural Industrialization in China*, Cambridge: Harvard Council on East Asian Studies, 1977. Christine Wong, "Rural Industrialization in the People's Republic of China: Lessons from the Cultural Revolution Decade", In U. S. Congress, Joint Economic Committee, *China Under the Four Modernizations*, 1982, pp. 394 – 418.

50 年代的数据①。但真正的问题是 20 世纪六七十年代究竟发生了什么,以及对这一时期数据限制所带来的大量增长计算错误②。

更紧密相关的问题是,中国通过增加现代投入和依靠公社自助发展来提高农业产值的努力,是否导致了直到 20 世纪 70 年代的显著收益递减③。该问题的答案很大程度上在于中国取得科技突破的能力,这种能力可以让各种投入更具生产效率。没有科技能力的稳步提升,投入增加情况下的收益递减将会不可避免,而且这种情况已经存在。随着农业技术的提升,尤其是对作物多样化的提升,不能依靠进口,必须根据中国的自身情况来发展。到访中国的美国科技代表团发布的考察报告指出,想要担当重任,中国关键领域的实验室要做的工作还有很多④。

第六节　工业和外贸

关于不同行业的研究恐难一一尽述,很多行业的研究结果只能单纯地列举投入和产出数据。如果篇幅允许,有关工农业产出⑤、资本形成⑥等内容将会在我们的国民经济核算讨论中提及,但是不会深入探讨。丹羽春喜(Haruki

①　Anthony M. Tang, "Policy and Performance in Agriculture", In *Economic Trends in Communist China*, ed. by Eckstein, Galenson, and Liu, 1968, pp. 459 – 508.

②　Anthony M. Tang and Bruce Stone, *Food Production in the People's Republic of China*, Washington: International Food Policy Research Institute, 1980.

③　Dwight H. Perkins, "Constraints Influencing China's Agricultural Performance", In U. S. Congress, Joint Economic Committee, *China: A Reassessment of the Economy*, 1975, pp. 350 – 365. Benedict Stavis, *Making Green Revolution: The Politics of Agricultural Development in China*, Ithaca: Rural Development Committee, Cornell University, 1974.

④　American Plant Studies Delegation, *Plant Studies in the People's Republic of China*, Washington: National Academy of Sciences, 1975. American Wheat Studies Delegation, *Wheat in the People's Republic of China*, Washington: National Academy of Sciences, 1977.

⑤　Kang Chao, *The Rate and Pattern of Industrial Growth in China*, Ann Arbor: University of Michigan Press, 1965. *The Construction Industry in Communist China*, Chicago: Aldine, 1968. Robert Michael Field, "Chinese Industrial Development, 1949 – 1970", In U. S. Congress, Joint Economic Committee, *People's Republic of China, An Economic Assessment*, 1972, pp. 61 – 85. "Civilian Industrial Production in the People's Republic of China, 1949 – 1974", In U. S. Congress, Joint Economic Committee, *China: A Reassessment of the Economy*, 1975, pp. 146 – 174. Thomas B. Wiens, "Agricultural Production." In *Quantitative Measures of China's Economic Output*, ed. by Eckstein, 1980, pp. 44 – 107.

⑥　Robert Michael Field, "Capital Formation." In *Quantitative Measures of China's Economic Output*, ed. by Eckstein, 1980. K. C. Yeh, "Capital Formation", In *Economic Trends in Communist China*, ed. by Eckstein, Galenson, and Liu, 1968, pp. 509 – 548.

Niwa)曾尝试构建中国投入产出表①，但该项研究为填补大量数据空缺，广泛应用了源于日本经验的投入产出系数，因此最多只能算是一个关于中国投入产出矩阵的初步研究尝试。

劳动力和外贸领域在文献中占有重要位置。贺维(Howe)②、艾默生③、罗斯基④有专注于人力资源和就业的一般性研究。利奥(Leo Orleans)⑤、郑竹园(Cheng Chu-yuan)⑥也有专注于有关高技能技术型和科技型人力的研究。遗憾的是，这些研究只涉及20世纪50年代初期至中期的情况。在20世纪六七十年代的动荡中，核心问题占主导地位，人力资源和就业问题被搁置。在这20年间的大部分时间里，城市高中毕业生被有组织地安排上山下乡⑦，他们大多迁徙至被严格限制的城市。这段时间的大学也长期处于政治动荡中或者干脆关门大吉。从这些事件中我们可以充分了解这个时代的一些核心问题，例如城市化和工业化的关系、教育发展和经济发展之间的关系。缺少数据是中国劳动力研究存在的主要问题⑧，不过得益于最近发布的数据，关于20世纪六七十年代的情况，学者们可以做较之以往更多的研究。

在外贸方面，研究数据则十分丰富，即便是20世纪六七十年代的数据也大量存在，没有数据方面的问题。中国绝大部分的贸易数据都是从其贸易伙伴处收集而来，而非来自中方，甚至连20世纪80年代初期的数据也是如此。因此，我们需要将对方的出口离岸数据转化为中方的进口到岸数据。同时也

---

①　Hariku Niwa, "An Outline of Compilation Work for an Input-Output Table for the People's Republic of China, 1956", Chinese Economic Studies, 1972(5), No. 3 - 4, entire volume.

②　Christopher Howe, *Employment and Economic Growth in Urban China, 1949 - 1957*, Cambridge: Cambridge University Press, 1971.

③　John Philip Emerson, *Nonagricultural Employment in Mainland China: 1949 - 1959*, Washington: GPO, 1965. Alva Lewis Erisman, "Potential Costs and Benefits from Diverting River Flow for Irrigation in the North China Plain", Ph. D. dissertation, University of Maryland, 1967.

④　Thomas G. Rawski, *Economic Growth and Employment in China*, Oxford: Oxford University Press, 1979.

⑤　Leo A. Orleans, *Professional Manpower and Education in Communist China*, Washington: National Science Foundation, 1961.

⑥　Chu-yuan Cheng, *Scientific and Engineering Manpower in Communist China, 1949 - 1963*, Washington: National Science Foundation, 1965.

⑦　Paul Ivory, "Sent Down Youth", Ph. D. dissertation, University of California, Berkeley, 1976.

⑧　Chi-ming Hou, "Manpower, Employment and Unemployment", In *Economic Trends in Communist China*, ed. by Eckstein, Galenson, and Liu, 1968, pp. 329 - 396.

不是所有的中国贸易伙伴都会发布数据,以供进行此类运算。早年间的学术研究者必须自己汇总并计算数据,这是一个很大的工程。如今中央情报局经济调查办公室会定期汇总并及时发布这些数据,尽管并不是每次都会提供足够详尽的分解。

广义地讲,有关中国外贸的研究可以分为两类。学术研究大抵专注于外贸和经济发展。中国人经常讲要自给自足,但是自给自足在特定时期对于一些特定群体来说,更像是最小化中国人对外贸的依赖。"四人帮"倒台后,最小化外贸依赖显然已不再是国家政策,而且在此之前这条政策也并非一以贯之。弄清楚中国经济对各种进口产品的依赖程度,依然十分重要。类似地,了解中国扩大出口的限制条件是理解中国进口能力的关键。艾克斯坦为美国外交关系协会所做的研究是此方面做得最好的[1],尽管现在看有些过时。其他有价值的研究包括由马丰华(音译,Mah Feng-hwa)[2]、登伯格[3]和美国国会[4]做的相关研究,以及其他关于技术转让等具体问题的文章[5]。

第二类有关中国外贸的研究主要针对有意与中国做生意的商人。尽管这些由美国、日本等他国学者所做的研究很多都是指导丛书,但还是有一部分涉及经济学家感兴趣的议题,如对于中国贸易的长期性预测。由美中贸易理事会编写的《中国商业评论》尽管也是为商人所做,但是包含了很多经济学家感兴趣的信息。

对中国经济的研究也得益于对单个行业研究的大量成果。最受关注的行

---

[1] Alexander Eckstein, *Communist China's Economic Growth and Foreign Trade*, New York: McGraw-Hill, 1966.

[2] Feng-hwa Mah, *The Foreign Trade of Mainland China*, Chicago: Aldine, 1966. Yoshiro Matsuda, "An Attempt at Estimating China's Industrial Production Indices", In *Chugoku keizai hatten no tokeiteki kenkyu* (*Statistical Studies of China's Economic Development*), ed. by Ishikawa. Ajia keizai kenkyujo, 1962(3), pp. 197 - 248.

[3] Robert F. Dernberger, "Prices, the Exchange Rate, and Economic Efficiency in the Foreign Trade of China", In *International Trade and Central Planning*, ed. by A. Brown and E. Neuberger, Berkeley: University of California Press, 1968, pp. 202 - 240.

[4] U. S. Congress, Joint Economic Committee, *An Economic Profile of Mainland China*, Washington: GPO, 1967. *China: A Reassessment of the Economy*, Washington: GPO, 1975.

[5] Hans Heymann, Jr., "Acquisition and Diffusion of Technology in China", In U. S. Congress, Joint Economic Committee, *China: A Reassessment of the Economy*, 1975, pp. 678 - 729.

业包括钢铁行业①、制造业②、一般能源研究与石油专项研究③、化肥制造业④、运输业⑤和建筑业⑥。还有很多研究成果与棉纺织业有关⑦，尽管其中只有一项研究主要围绕后 1949 时期展开⑧。其中一些产业研究只是进行数据重建，另一些则是以单一产业为基础对计划经济的运行进行宏观研究，其余的则是进行宏观政策问题研究。这些行业的大部分研究都需要重新进行。随着一些行业大量数据的发布，加上偶尔可以直接接触中国行业专家，如今可进行更多的分析性研究，而不只是描述性研究。

如果你想知道中国能源瓶颈的特性，就必须先弄清中国能源使用效率如此低下的原因。你也必须弄清能源问题到底是不是交通问题——是不是由于

---

① M. Gardner Clark, *The Development of China's Steel Industry and Soviet Technical Aid*, Ithaca, N. Y.: N. Y. State School of Industrial and Labor Relations, 1973. Ronald Hsia, "Capital Investment and Output of the Steel Industry", *Contemporary China*, 1962 - 1964, No. 6, pp. 22 - 36. *Steel in China: Its Output Behavior*, Productivity and Growth Pattern, 1971. U. S. Congress, Joint Economic Committee, *China: A Reassessment of the Economy*, Washington: GPO, 1975.

② Chu-yuan Cheng, *The Machine Building Industry in Communist China*, Chicago: Aldine, 1971. Central Intelligence Agency, Office of Economic Research, *Prices of Machinery and Equipment in the People's Republic of China*, Washington: CIA, 1975. Thomas G. Rawski, "The Economics of Chinese Machine-Building, 1931 - 1967", Ph. D. dissertation, Harvard University, 1972. *China's Transition to Industrialism. Producer Goods and Economic Devel-opment in the Twentieth Century*, Ann Arbor: University of Michigan Press, 1980.

③ Chu-yuan Cheng, *China's Petroleum Industry*, New York: Praeger, 1976. Selig S. Harrison, *China, Oil, and Asia: Conflict Ahead?*, New York: Columbia University Press, 1977. Central Intelligence Agency, Office of Economic Research, *China. The Coal Industry*, Washington: CIA, 1976. Vaclav Smil, *China's Energy. Adjustments, Problems, Prospects*, New York: Praeger, 1976. Kim Woodard, *The International Energy Relations of China*, Stanford: Stanford University Press, 1980. Yuan-li Wu, *Economic Development and the Use of Energy Resources in Communist China*, New York: Praeger, 1963.

④ Jung-chao Liu, *China's Fertilizer Economy*, Chicago: Aldine, 1970.

⑤ Holland Hunter, "Transport in Soviet and Chinese Development", *Economic Development and Cultural Change*, 1965 October, pp. 71 - 84.

⑥ Kang Chao, *The Construction Industry in Communist China*, Chicago: Aldine, 1968.

⑦ Kang Chao, *The Development of Cotton Textile Production in China*, Cambridge: Harvard East Asian Research Center, 1977. Albert Feuerwerker, "Handicraft and Manufactured Cotton Textiles in China, 1871 - 1910", *Journal of Economic History*, 1970 June, pp. 371 - 378. Richard A. Kraus, "Cotton and Cotton Goods in China 1918 - 1936: The Impact of Modernization on the Traditional Sector", Ph. D. dissertation, Harvard University, 1968.

⑧ Kevin Barry Bucknall, "The Cotton Textile Industry as a Case Study of the Planning of Economic Development in China, 1949 - 1961", Ph. D. dissertation, Australian National University, 1973.

铁路系统不堪重负无法将煤运送至需要的地方？

关于中国外汇情况的研究也存在类似的问题。我们知道的外汇情况只有中国提供的外汇储备和年收益数据，但却没有历来经济增长策略和进口需求的系统分析。例如，外汇收益增长 25% 会不会打破能源和其他瓶颈，从而加速经济增长，或者说目前的外汇短缺难道不是对经济增长的硬约束？答案可能是肯定的，但经济学家没有分析过这种约束的性质。

第七节 历 史 传 统

本调查报告的重点在于中华人民共和国的经济情况，但是任何研究中国的学者都会发现，不了解 1949 年之前的中国，就不可能弄清 1949 年之后的中国。中国在 1949 年时很穷，但也并非如毛泽东所说的一穷二白。

近些年，即便是业余的观察者也会发现，像韩国和新加坡这样受中国文化影响的地区，其经济一直在高速发展。但在亚洲东部和东南部的其他地区，经济增长缓慢或者停滞。从政策层面（出口带动增长或进口带动增长）或者经济体系层面（自由资本主义或社会主义）解释该现象的尝试均以失败告终，因为经济迅猛增长地区的经济体系及对应的政策大相径庭。这些地区的共同点是有共同的历史文化传统。

早先的研究主要侧重于中国历史遗产对中国现代经济增长的负面影响；确实，有负面元素。那些强调负面元素的研究认为，中国共产党自 1949 年以后的主要成就是摒弃了历史遗产，破旧重建。但是中国共产党自 1949 年以后的巨大成功也说明这些文化遗产有很大的积极作用，当时的问题是如何鉴别这些积极元素。

1973 年，在对 19 世纪及 20 世纪中国经济的研究基础上，中国经济调查委员会召开了一次调查会议，旨在从历史的角度看待当前中国的发展①。只有从这个角度，我们才可以认清 1949 年之后中国经济的新形势，以及早就形成并持续的经济发展趋势。1949 年前历史遗产负载的积极元素在于对教育的高度重视和对复杂的经济及非经济组织的管理经验。中国在现代产业建设上拥有

---

① Dwight H. Perkins, *China's Modern Economy in Historical Perspective*, Stanford: Stanford University Press, 1975.

的经验也比外界认为的要更多样，延安的经验让中国共产党具备了经济政策制定方面的遗产①。这方面的遗产对政策制定的影响有利有弊，作用巨大。最明显的负面影响是让 1949 年前的政府无法调动税收和其他资源以供发展之需②，甚至让政府无法维持政治稳定，不能避免内战。

关于中国经济和国家历史遗产之间最具争议的问题，是 19 世纪和 20 世纪上半叶西方大国和日本对中国经济的影响。强调帝国主义对中国经济负面影响的研究者，都直接或间接地表示，将外国参与者从中国经济发展中剔除是 1949 年后中国经济取得重大成功的关键原因之一③。

强调 1949 年前外国人对中国经济带来积极影响的经济学家，更乐于强调 1949 年后外国人可以（一定程度上已经）对中国发展产生积极影响。中国限制与外国人接触的举措被视为迅速接受世界先进技术、接纳投资资本的阻碍④。但这一辩论与当代中国的内外政策密切相关，所以短期内几乎不可能达成学术共识。

一些发展经济学家已经开始提出，既然现在具备获得中国数据的渠道，就不再需要研究中国经济的"汉学家"了⑤。这个研究领域可以移交给那些具备现代经济研究技术的人，这个要求甚至可以再降低一点。没有比这更不负责的假设了，原因之一是因为历史的向心性令其与对中国的任何理解相关，经济也不例外。笔者一直强调，我们需要更善于分析的方法论和更好的分析技术，换汤不换药根本没有作用。

---

① Kuo-chun Chao, *Agrarian Policy of the Chinese Communist Party*, 1921 - 1959, Bombay: Asia Publishing House, 1960. Peter Schran, "On the Yenan Origins of Current Economic Policies", In *China's Modern Economy in Historical Perspective*, ed. by Perkins, 1975, pp. 279 - 304. *Guerrilla Economy: The Development of the Shensi-Kansu-Ninghsia Border Region*, 1937 - 1945, Albany: State University of New York Press, 1976.

② Carl Riskin, "Surplus and Stagnation in Modern China", In *Modern China's Economy in Historical Perspective*, ed. by Perkins, 1975, pp. 49 - 84. Yeh-chien Wang, *Land Taxation in Imperial China*, 1750 - 1911, Cambridge: Harvard University Press, 1973.

③ Frances V. Moulder, *Japan, China, and the Modern World Economy*, Cambridge: Cambridge University Press, And various articles in the CCAS Bulletin, 1977.

④ Robert F. Dernberger, "The Role of the Foreigner in China's Economic Development, 1840 - 1949", In *China's Modern Economy in Historical Perspective*, ed. by Perkins, 1975, pp. 19 - 48. Chi-ming Hou, *Foreign Investment and Economic Development in China*, Cambridge: Harvard University Press, 1965. Charles F. Remer, *Foreign Investment in China*, New York, 1933.

⑤ Keith Griffin and Ashwani Saith, *Growth and Equality in Rural China*, Geneva: International Labour Office, 1981.

第八节 今后的道路

专家们描述过去 20 年中国经济情况的记录大抵水平很高。有人认为中国有效地施行了全面革命,并可以为其他国家树立榜样。这种观点并不正确,但行业内这么认为的人很少。也有人认为中国经济没有什么变化,20 世纪 70 年代的经济水平只是比革命前略高。这种观点也不正确。第二种观点直至 20 世纪 80 年代仍在流行,但是也会随着之后中国人均 GNP 的逐年增长而自动消亡。

若是问到中国经济专家是否成功预测了中国经济表现的关键特征,或是这些专家是否运用了他们的中国发展知识,让我们更好地理解中国经济发展,则是对他们提出了更高要求。后面这一领域的成就更是不多。大部分专家根本没有努力尝试,即便是尝试了,也是基于一些领导人心中的理想模型进行分析,而不是根据中国社会的现实进行研究。

然而过去的这些成果最多只能为将来有关中国的经济研究提供部分指导。经济学家的首要职责依然是尽量客观且准确地描述中国的进程,但不再需要将大部分时间用于梳理成千上万页只记录着少量数据的资料。中国国家统计局较之 20 世纪 50 年代,更有能力且更愿意给研究者提供更多的数据。

尽管没有必要再去费时重建工业产出总值,但仍有必要探索运用不同价格权数建立国内生产总值(GDP)数据或者将中国的 GDP 转化为美元以进行国际比较的内涵。根据以往使用的方法论进行计算,1980 年中国人均 GDP 从 280 美元(使用法定汇率转换)到超过 1 000 美元(使用逐项商品购买力平价转换率)不等[1]。

经济学家研究中国之前的第二大任务是深度分析宏观和微观的重要关系。例如,具备智能基础判断未来 20 年中国经济的持续增长率,是有能力达到 7%—8%,还是只能达到 4%—5%,具有极其重大的国际意义。此区间内 2000 年中国 GDP 的高端和低端差额分别为 1.9 万亿元人民币和 9 000 亿元人民币,这个差别意味着中国的国际地位和中国人民生活水平的不同。

---

[1] *Report of the CSCPRC Economics Delegation to the People's Republic of China*, Washington: NAS.

　　要想在 4% 至 8% 之间做出明智的选择，就必须做出广泛的判断，而不是无系统的定性判断①。另外，建立能源、工业产出和外贸之间的变量关系这样的准备工作并没有完成。更加系统的分析意味着运用比如今中国经济研究水准更高的经济分析技术。而对宏观关系的研究则需要运用更加正式的模型。如果有大量的宏观数据组可供使用，就可以运用精细的计量经济学技术来分析诸如为何有些公社富有而其他公社贫穷这样的问题。同时，更好的经济研究技术必须与广泛的中国经济知识及其历史和政治社会背景形成互补，而不是取代它们。

　　研究中国的经济学家面临的第三大挑战是，他们要做出一种研究，让中国的经验成为经济学界必不可少的一部分。中国的经验与经济增长放缓或停滞前国家收入可以多大程度上被重新分配密切相关。中国同时也是发展中国家中不多的社会主义计划型经济体之一。中国当前的体制改革举措或许可以让我们了解，怎样的计划经济最适合大型发展中国家。

　　显然，中国巨大的国土面积便是其成为经济圈巨大潜力股的原因。如果中国可以解决贫困问题，就能让世界五分之一的人口摆脱贫困。但对中国经验的兴趣不仅应该源于中国广大的国土面积，还应来自这些历史经验的相对价值。中国是一个全面运行社会主义经济的发展中国家，并且出台了大量其他国家讨论过但是没有实施过的政策。如果社会主义制度和不同的政策从本质上改变了经济增长的节奏和性质，并改变了经济结构，那其中涉及的改变显然存在巨大利益。另一方面，如果经济增长和正在改变的结构以及其他拥有不同政策和制度的发展中国家一致，那也就暗示着这种经济增长性质的特殊性。提供有关中国经济发展的各种信息来回答各种问题，并从这些问题的答案上开始着手研究，这对于中国经济领域的研究来说是一个巨大的挑战。

---

　　①　Dwight H. Perkins, "The International Consequences of China's Economic Development", In *The China Factor*, ed. by Richard Solomon, Englewood Cliffs, N. J.: Prentice Hall, 1981, pp. 114 - 36.

第七章　前苏联和俄罗斯的
中国当代经济史研究动态

　　前苏联和俄罗斯对中国当代问题的研究都非常重视。据学者对研究成果内容分类的统计,前苏联和俄罗斯对中国当代问题的研究比例分别为 43.8％和 52.6％。其中对中国当代经济问题的关注呈现出强化的趋向,据统计,俄罗斯有关中国经济问题的研究成果所占的比例由苏联时期的 10.8％上升到 11.6％。其原因应归结为中国社会和经济的长足进步,引起了俄罗斯研究中国问题的学者的兴趣,并就中国的社会经济过程,尤其是就中国经济改革等问题撰写了许多著作。研究内容也越来越细化,涵盖了中国的经济方针政策、经济机制、发展模式和发展战略、经济结构与体制、经济成分、所有制形式、具体经营方式、产业结构、技术发展与革新、专业化与协作、资源开发与利用、经济效益等各个方面。①

　　前苏联和俄罗斯对中国当代经济史的研究大体经历四个阶段:(1)20 世纪 50—60 年代中期,中苏关系友好时期。中国在苏联的援助和指导下开始走上工业化道路,苏联学者对这一领域的关注比较突出。(2)20 世纪 60—80 年代中期,中苏关系恶化时期。苏联对研究中国的机构做了一些调整,但研究工作并未受到太大冲击,对中华人民共和国成立后恢复国民经济和开展社会主义建设的历史进行了更为深入全面的研究,出版了大量研究成果。(3)20 世纪 80 年代中期至 1991 年苏联解体,中俄关系走向正常化,很快出现了一批关于中国改革开放的研究成果。(4)1991 年以来中俄友好交往时期,俄罗斯克服了前苏联史学中极端意识形态化的表现,使研究工作趋于正常发展,研究团队和

---

　　①　于文兰:《从成果统计看俄罗斯中国学研究的主要方向和特点》,《国外社会科学》,2004 年第 3 期。

研究成果都大为扩展,经济领域主要关注中国改革开放政策的研究。①

第一节　前苏联的中国当代经济史研究

由于中华人民共和国成立初期中苏之间的友好关系,苏联对中华人民共和国史的研究也最为积极。苏联对中国经济建设的指导和援助也引起了学者对中华人民共和国经济的研究兴趣,一批颇负声望的研究者出版了大量的研究成果。

安德烈耶夫,1957 年毕业于莫斯科大学历史系。1957 年起任苏联对外贸易部行情科学研究所研究人员。关于中国当代经济史的主要成果有《在东南亚的中国资本》(《亚非人民》,莫斯科,1967 年第 4 期),《海外的中国资本家》(《在东南亚的北京傀儡》,莫斯科,1975 年),《中华人民共和国与发展中国家:大国主义的生意经》(莫斯科,1980 年),《中国与东盟国家的经济联系》(《远东问题》,莫斯科,1981 年第 3 期)。这些成果都着眼于中国与东南亚国家的经济关系。

阿尼西莫夫,苏联科学院国际工人运动研究所研究人员。1974 年获经济学副博士学位,学位论文《中国工人阶级发展再生产的过程和条件(1960—1970 年代)》。1972 年 6 月,在"研究中国工人阶级现状问题"会议上做题为"中华人民共和国职工人数的统计问题"的报告。1973 年 1 月,在第四次"中国的社会国家"学术讨论会上论述了中国城乡的人口问题。主要著作有《对中华人民共和国职工人数变动的估计》(《中国人工人阶级状况的研究问题》,莫斯科,1972 年)。

阿斯塔菲耶夫,苏联科学院远东研究所副所长。他出生于赤塔州职员家庭。1930 年毕业于国立远东大学东方系。1944 年 11 月 25 日获经济学副博士学位。阿斯塔菲耶夫对中华人民共和国成立前的中国经济史即有很深的研究,代表成果有《新疆:政治经济概论》(《新疆的经济地理》,1938 年);《美国在中国的扩张》(《太平洋研究所学术论丛》第 3 卷,中国集,莫斯科—列宁格勒,1949 年);《美帝国主义 1945～1949 年中国的对外贸易(第二次世界大战以后

---

① 参考中华人民共和国国史网,《俄国当代中国研究》,http://www.hprc.org.cn/gsyj/gwddzgyjjg/eg/。

美帝国主义经济扩张的形式和方法》(《苏联科学院东方学研究所学术论丛》第 11 卷中国集,莫斯科,1955 年)。中华人民共和国成立后,他对中国的研究更加全面而深入,其中涉及中国当代经济的成果有《为消灭经济落后和争取国家工业化而斗争的中国共产党》(《经济问题》,莫斯科,1951 年第 6 期);《中国工业的恢复和发展问题》(《苏联科学院东方学研究所学术论丛》第 2 卷中国集,莫斯科,1951 年);《中国的经济提纲》(莫斯科,1952 年);《中国人民建设社会主义的伟大胜利》(莫斯科,1956 年);《中国工业的发展问题(1949~1957)》(莫斯科,1970 年);《第一个五年计划时期中华人民共和国工业的发展问题》(《现代中国的社会经济问题》,莫斯科,1972 年);《中国和欧洲资本主义》(莫斯科,1976 年);《1970 年代的中国和发展中国家》(莫斯科,1982 年)。1980 年 3 月,在全苏"中国对发展中国家的政策"大会上,发言评论中国对发展中国家的社会经济政策问题。

贝格尔,地理学副博士、历史学博士。主要代表成果有《中华人民共和国新疆维吾尔自治区(经济地理概况)》;《现代中国的国家和农村》;《中华人民共和国黑色冶金工业的发展和分布》(《中华人民共和国地理》,莫斯科,1956 年,合著);《中国民族地区经济发展的新特点(以新疆维吾尔自治区为例)》(《中华人民共和国地理》,莫斯科,1956 年);《中国经济地理概论》(莫斯科,1959 年);《中华人民共和国新疆维吾尔自治区农业的发展》(《中华人民共和国的经济地理问题》,莫斯科,1959 年);《中华人民共和国:人口经济和地理概论》(塔林,1962 年);《社会主义国家发展的自然地理历史基础和农业专业化》(《苏联地理》第 6 卷第 1 期,纽约,1965 年,合著);《论中国的事件》(莫斯科,1967 年,合著);《中华人民共和国经济发展和社会问题的几点展望》(莫斯科,1971 年);《当代中国农村的社会经济问题》(莫斯科,1982 年);《当代中国农村的社会过程》(莫斯科,1988 年)。

博尔德列夫,主要研究中国财政金融。1950—1953 年在北京中国人民大学任教研室学术领导。1960—1967 年任全苏函授财经学院教务副校长。1953—1956 年为苏联科学院经济研究所研究人员。1956—1959 年在日内瓦任联合国欧洲部分苏联政府顾问。主要代表成果有《中华人民共和国货币信贷制度建设》(《货币与信贷》,莫斯科,1950 年第 8 期);《为经济建设服务的中华人民共和国国家预算》(《苏联财政》,莫斯科,1951 年第 7 期);《中华人民共和国加强货币流通》(《货币与信贷》,莫斯科,1951 年第 4 期);《中华人民共和国货币信贷制度的巩固》(《货币与信贷》,莫斯科,1951 年第 10 期);《为中华人民共和国经济文化建设服务的财政、货币与信贷》(北京,1951 年,中文);《为中华人民共和国经济建设服务的财政、货币与信贷》(《经济问题》,莫斯科,1951年第 9 期);《中华人民共和国的预算和经济的巩固》(《苏联和人民民主国家财政论文集》,北京,1952 年,中文);《中华人民共和国建立新币制与财政信贷制度的成就》(莫斯科,1952 年);《财政和信贷——中华人民共和国经济发展的强大杠杆》(《苏联财政和信贷》,莫斯科,1952 年第 2 期);《中华人民共和国财政》(莫斯科,1953 年,俄文版,北京,1955 年中文版);《为社会主义经济建设服务的中华人民共和国预算》(《苏联财政》,莫斯科,1954 年第 8 期);《中华人民共和国巩固和发展财政的成就》(《经济问题》,莫斯科,1954 年第 1 期);《为第一个五年计划服务的中华人民共和国财政》(《经济问题》,莫斯科,1955 年第 9期)。

维诺格拉多夫,1984 年毕业于莫斯科大学亚非学院。主要著作有《中国社会主义建设的民族构想的形成(1976~1987)》(莫斯科,1991 年);《“社会主义初级阶段”概念：发展趋势》(莫斯科,1990 年);《关于社会主义建设道路的争论(1976~1978)》(莫斯科,1991 年)。

沃尔科娃,经济学副博士。主要著作有《1949~1970 年中国农村社会经济结构的变化》(莫斯科,1972 年);《1949~1974 年中华人民共和国的农业》(莫斯科,1978 年,合著);《1980 年代初期中共领导对农民的政策》(《苏联科学院远东研究所通报》(莫斯科,1982 年第 34 期);《1980 年代初中国农村经济组织变化的趋势》(《远东问题》,莫斯科,1983 年第 1 期)。

戈尔布诺娃,主要研究中国经济地理。1961 年 2 月 23 日获副博士学位,学位论文《山东的经济地理》。1950 年起为苏联科学院地理研究所研究人员。主要著作有《工业》(《华东沿海诸省》,莫斯科,1955 年);《山东省的自然条件和农业的发展》(《中华人民共和国农业地理》,莫斯科,1959 年)。

扎明,主要研究中国由资本主义向社会主义过渡时期的问题。1958 年 3月 14 日获经济学博士学位,学位论文《中国农业的社会经济改革》。主要著作有《中华人民共和国经济建设的成就》(莫斯科,1953 年,合著);《论中华人民共和国过渡时期的特点》(《莫斯科大学学报》,经济哲学法学类,1956 年第 1 期);《论中华人民共和国农业的社会主义改造》(莫斯科,1957 年);《中华人民共和国农业的社会经济改造(1949~1952 年)》(莫斯科,1958 年);《中华人民共和国农业科学发展的若干问题》(1959 年);《中国的农业》(莫斯科,1959 年);《吴江著〈中华人民共和国资本主义商业的改造问题〉》(莫斯科,1960 年,主编和序)。

科诺瓦洛夫,主要研究现代中国经济。1951 年毕业于莫斯科东方学院。1958 年 6 月 18 日获经济学副博士学位,学位论文《中国城乡物资交流在巩固工农联盟中的作用》。1975 年 4 月在"中国社会经济制度"讨论会上做题为"中国经济基础与上层建筑的相互关系"的报告。主要成果有《中国的农业合作化问题》(《经济问题》,莫斯科,1956 年第 9 期);《工农联盟经济基础的巩固》(《中华人民共和国的经济》,莫斯科,1959 年,合著);《中华人民共和国》(《世界社会主义经济体系》第 4 卷,莫斯科,1967 年);《中华人民共和国"大跃进"的社会经济后果》(莫斯科,1968 年);《中华人民共和国人口问题的社会经济方面》(莫斯科,1970 年);《中国关于人口问题的社会经济方面》(《现代中国的社会经济问题》,莫斯科,1972 年);《论对中华人民共和国人口问题的研究》(《苏联中国学问题》,莫斯科,1973 年);《现代中国的社会经济问题》(《远东问题》,莫斯科,1974 年第 4 期);《"毛主义"经济政策的实质和主要倾向》(《经济问题》,莫斯科,1974 年第 11 期);《中华人民共和国的经济:财政、贸易、运输》(莫斯科,1979 年,主编);《论中华人民共和国社会经济结构的演变》(《远东问题》,莫斯科,1980 年第 3 期);《中国的社会经济矛盾》(《远东问题》,莫斯科,1981 年第 1期)。

科尔库诺夫,主要研究中国经济。1952 年毕业于莫斯科东方学院。1956 年 6 月 22 日获经济学副博士学位,学位论文《中华人民共和国的农业生产合作化(1949~1955)》。主要成果有《恢复时期中国共产党争取农业合作化的斗争(1949~1952)》(《历史问题》,莫斯科,1958 年第 4 期);《农村的阶级斗争和富农阶级的消灭》、《高级农业生产合作社》、《合作社在组织上和经济上的巩固及社员收入的增长:国家的农业高潮》(《中国农业的社会主义改造(1949~1957)》,莫斯科,1960 年);《中华人民共和国土地资源及其利用》(《亚洲民族研究所简报》59,《亚洲社会主义国家的经济》,莫斯科,1961 年);《1976 年中华人民共和国的经济》(《远东问题》,莫斯科,1977 年第 1 期);《中国的农业(1949~1974)》(莫斯科,1978 年,合著);《中国农村的社会经济问题》(《远东问题》,莫斯科,1982 年第 1 期);《中国共产党政策中工农经济联盟基础的破坏》(《苏联科学院远东研究所通报》,莫斯科,1982 年第 34 期);《中华人民共和国 1980 年代的经济:战略、问题、发展的基本方向》(合著,莫斯科,1991 年);《中华人民共和国的经济政策：第一个十年》(合著，莫斯科，1989年)。

摩尔托夫，主要研究中国的农业经济。1962年12月24日获经济学副博士学位，学位论文《中华人民共和国农业中的国资成分及其在农村社会主义改造的作用(1949～1957)》。主要成果有《中国农业机械化的若干问题》(《苏联中国学》，莫斯科，1958年第3期)；《中华人民共和国农业中的国营成分》(《中国的社会主义改造(1949～1957)》，莫斯科，1960年)；《中华人民共和国的农业社会主义改造》(莫斯科，1960年，合著)；《国营农场在中华人民共和国农业生产发展中的作用》(《亚非人民》，莫斯科，1967年第3期)；《中华人民共和国农业社会经济改造的土地所有制和土地使用的变化》(《远东国家(历史和经济)》，莫斯科，1971年)；《中国生产资料增长的透视》(《中国的社会与国家》，莫斯科，1973年)；《关于中国农村的社会进步问题》(《中国的社会与国家》，莫斯科，1974年)；《19世纪60年代中期至90年代中期中国经济发展的若干问题》(《中国的社会与国家》，莫斯科，1977年)；《中华人民共和国农业合作化和技术改造的相互关系》(《中国的社会与国家》，莫斯科，1975年)；《中华人民共和国提高劳动生产率问题》(《中国的社会与国家》，莫斯科，1976年)；《中华人民共和国经济危机的若干特点(根据中国报刊材料)》(《中国的社会与国家》第3卷，1991年)；《中国学者论中华人民共和的人口问题(根据中华人民共和国的报纸和学术期刊的材料)》(《中国的社会与国家》第2卷，1991年)；《中国农村生产责任制体系的演变》(《亚非人民》，1986年第4期)；《中华人民共和国的人口问题》(《亚非人民》，1987年第6期)；《中华人民共和国农业的结构改造》(《亚非人民》，1989年第6期)；《1980年代中国农村的成就和困难》(《经济科学》，莫斯科，1990年第12期)；《中华人民共和国农田的土壤改良》(《土壤改良和水利》，莫斯科，1991年第7、8、9期)。

马斯连尼科夫，主要研究中国经济。主要成果有《中国政治经济概况》(莫斯科，1946年)；《中华人民共和国的社会主义改造》(莫斯科，1956年)；《中华人民共和国的经济制度》(莫斯科，1958年)。

梅里克谢托夫，主要研究中国近代和现代史。1953年毕业于国立莫斯科大学历史系。1956年9月24日获历史学副博士学位，学位论文《中国资本主义工商业的社会主义改造》。其他经济史相关成果有《中国经济和文化发展中的大跃进》(《苏联中国学》，莫斯科，1958年第4期)；《论中国经济生活中国家调节的传统性》(《中国历史和文化中传统的作用》，莫斯科，1972年)。

穆格鲁津,主要研究中国农业经济。1948 年毕业于莫斯科东方学院。中国当代经济史研究的相关成果有《高级农业生产合作社》(《中国农业的社会主义改造》,莫斯科,1960 年,合著);《中华人民共和国的国民经济》(《中华人民共和国》,莫斯科,1970 年,合著);《中国社会经济发展之路》(《中国的传统和现代》,莫斯科,1976 年);《E.E.雅什诺夫论中国经济制度和历史的特点》(《亚非人民》,1984 年第 2 期);《中国农民的社会经济特点》(《远东问题》,1984 年第4 期)。

瑙莫夫,经济学博士、教授、主任研究员。主要相关成果有《中国的粮食问题》(莫斯科,1972 年);《1976 年中华人民共和国的经济》(《远东问题》,莫斯科,1977 年第 1 期);《中华人民共和国的经济:运输、贸易、财政》(合著,莫斯科,1979 年);《中国新领导政策中劳动者的生活水平问题》(《远东问题》,莫斯科,1978 年第 2 期);《发展中国家的人口状况和经济增长》(合著,莫斯科,1981 年);《东方的劳力资料:人口经济问题》(合著,莫斯科,1987 年);《中华人民共和国的经济处于复杂文件的夹攻中》(《经济问题》,莫斯科,1982 年第 2 期);《中华人民共和国居民生活水平的形成与提高问题》(莫斯科,1989 年);《1980 年代的中华人民共和国经济:发展战略、问题与趋势》(合著)。

尼科利斯基,主要研究现代中国经济。1953 年毕业于莫斯科东方学院。1959 年 11 月 3 日获经济学副博士学位,学位论文《经济恢复时期中华人民共和国的国营经济成分的巩固和它的主导作用》。1975 年 4 月在"中国社会经济制度"讨论会上做题为"中国国有制关系的演变"的报告。主要成果有《中华人民共和国实现社会主义国有化的特点》(《经济和国际关系问题》,莫斯科,1957 年);《恢复时期中华人民共和国管理国营经济成分的主要原则和方法》(《东方国家的经济问题》,莫斯科,1958 年);《在中国经济学家辩论中修正主义倾向的形成(1950～1960 年初)》(《马克思列宁主义同资产阶级和小资产阶级经济理论的斗争》第 1 册,莫斯科,1970 年);《中华人民共和国经济基础的形成和发展》(《苏联中国学问题》,莫斯科,1973 年);《现代中国社会经济问题》(《远东问题》,莫斯科,1974 年第 4 期,合著);《中华人民共和国民族资本的命运》(《远东问题》,莫斯科,1974 年第 4 期)。

佩列维尔泰洛,主要研究中国现代史。1935 年毕业于莫斯科东方学院社会政治系。1950—1956 年东方学研究所研究人员。1956—1959 年中国学研究所所长、历史和经济研究室主任。主要成果有《向社会主义工业化迈进的中华人民共和国》(《国际生活》,莫斯科,1955 年第 10 期)。

西季赫梅诺夫,主要研究中国社会主义经济和政治。1935 年毕业于国立远东大学东方系。1961 年 5 月 19 日获经济副博士学位,学位论文《中国的社会主义改造(1955～1956)》。主要成果有《中国社会主义改造的新阶段(关于资本主义私有制的改造)》(《苏联东方学》,莫斯科,1956 年第 2 期);《中华人民共和国》(《国际年鉴(政治和经济)》,莫斯科,1962 年);《为建立社会主义经济基础的斗争》(《国际工人运动和民族解放运动史》第 3 卷,莫斯科,1966 年);《论社会主义建设时期生产关系适合于生产力性质规律的表现特点》(《社会主义经济发展诸问题》,莫斯科,1968 年)。

斯拉德科夫斯基,主要研究中国和远东国家的经济、苏中和俄中经济关系。1952 年 6 月 26 日获经济学副博士学位,学位论文《中国和世界主要国家的对外经济关系》。主要成果有《中国对外经济关系发展概论》(莫斯科,1953 年);《苏中经济关系概述》(莫斯科,1957 年,作为博士论文);《苏中贸易》(《苏联和社会主义国家的对外贸易》,莫斯科,1957 年);《苏中经济合作》(《中华人民共和国 10 年》,莫斯科,1959 年);《七年计划和社会主义阵营各国的经济合作》(莫斯科,1959 年);《对中国社会主义经济基础的威胁》(《共产党人》,莫斯科,1967 年第 12 期);《苏联对中国的列宁主义政策》(《伟大的十月和苏联中国学的发展》,莫斯科,1968 年);《中华人民共和国》(莫斯科,1970 年);《中华人民共和国:经济、政治、法律、文化》(莫斯科,1970 年);《中华人民共和国社会经济制度评述》(莫斯科,1970 年);《当代中国的社会经济制度》(《当代中国的社会经济问题》,莫斯科,1972 年);《中华人民共和国工业发展中的问题和矛盾》(莫斯科,1974 年,合著);《1917～1974 年的苏中经济关系史》(莫斯科,1977 年);《1974 年的中华人民共和国:政治、经济、意识形态》(莫斯科,1977 年,主编);《中国:历史、经济、意识形态方面的重要问题》(莫斯科,1978 年);《1976 年的中华人民共和国:政治、经济、意识形态》(莫斯科,1978 年,主编);《中华人民共和国的工业》(莫斯科,1979 年);《1945～1975 年的中华人民共和国:经济、运输、贸易、财政》(莫斯科,1979 年,总编);《1977 年中华人民共和国:政治、经济、意识形态》(莫斯科,1979 年,主编);《中国与英国》(莫斯科,1980 年);《1978 年的中华人民共和国:政治、经济、意识形态》(莫斯科,1980 年,主编);《1980 年的中华人民共和国:政治、经济、意识形态》(莫斯科,1982 年,主编)。

苏哈尔丘克,主要研究中国近代现代社会史。1950 年毕业于莫斯科东方学院。1955 年 12 月 19 日获经济学副博士学位,学位论文《劳动互助组和生产合作社在中国农村社会主义改造中的作用》。主要成果有《社会主义革命的决定性胜利(1955～1957)》(莫斯科,1960 年,责任编辑,合著);《中华人民共和国的农业社会主义改造,(1949～1957)》(莫斯科,1960 年,责任编辑,合著);《今日中国》(莫斯科,1969 年,合著);《中华人民共和国经济和政治史的几个主要发展阶段》(《中华人民共和国:经济、国家和法、文化》,莫斯科,1970 年,合著);《论毛泽东的社会经济观点》(莫斯科,1970 年);《毛泽东的社会经济观点》(《当代中国的社会经济问题》(莫斯科,1972 年);《中华人民共和国成立以前苏联对中国经济史的研究》(《苏联中国学问题》,莫斯科,1973 年);《中国农村的社会经济结构》(《远东问题》,莫斯科,1974 年第 3 期);《中华人民共和国:经济、国家和法、文化》(主编,莫斯科,1971 年)。

切胡托夫,主要研究中国财政金融。1953 年毕业于莫斯科东方学院。1961 年 10 月 9 日获副博士学位,学位论文《中华人民共和国的税制(1949～1957)》。主要成果有《1950～1957 年中华人民共和国的预算》(《苏联中国学》,莫斯科,1958 年第 1 期);《中华人民共和国财政和货币制度的巩固与发展》(T. A. 甘申主编《中华人民共和国的经济》,莫斯科,1959 年);《中华人民共和国的税收制度》(莫斯科,1962 年)。

西利亚耶夫,主要研究中华人民共和国经济。1951 年毕业于莫斯科东方学院。1966 年 10 月 1 日获经济学副博士学位,学位论文《中华人民共和国铁路运输的发展(1949～1955)》。主要成果有《中国行政区域划分的变化》(《苏联中国学》,莫斯科,1958 年第 3 期,合著);《中华人民共和国运输业的发展》(《中华人民共和国的经济(1949～1959)》49,莫斯科,1959 年);《中华人民共和国运输业的发展》(《苏联科学院亚洲民族研究所简报》49,莫斯科,1961 年);《中华人民共和国的运输业》(莫斯科,1962 年);《中华人民共和国的铁路运输》(莫斯科,1969 年);《中华人民共和国的国民经济》(《中华人民共和国:经济、国家和法、文化》,莫斯科,1970 年);《1976 年中华人民共和国的经济》(《远东问题》,莫斯科,1977 年第 1 期);《1977 年中华人民共和国的经济——运输》(《远东问题》,莫斯科,1978 年第 2 期)。[①]

---

① 黄长著、孙越生、王祖望主编:《欧洲中国学》,北京:社会科学文献出版社 2005 年版。

　　继 20 世纪 80 年代末中苏关系正常化之后,苏联很快就出现了不少关于中国经济改革的研究成果。著作主要有阿夫多库申的《中国经济改革的理论基础》、沃尔科娃的《中国农村的改革》、格尔布拉斯的《中国的经济改革:概论、观察与思考》、皮沃瓦洛娃的《中国股份制经营方式的理论与实践》、丹尼洛夫的《1978—1990 年改革条件下中国的国有工业企业》。俄罗斯科学院经济学部副主任兼国民经济预测研究所所长,曾任戈尔巴乔夫总统经济顾问的亚列缅科,也发表了系列研究著作:《社会主义经济中的结构变化》《苏联国民经济发展前景》《关于国家经济改革的政策》《社会主义国家的分配和消费》。俄罗斯科学院远东研究所研究组组长奥斯特罗夫斯基的主要成果有《中国的人口》(莫斯科,1991 年,合著);《工人阶级:在中华人民共和国社会生产体系中的地位与作用》(博士论文,莫斯科,1990 年);《经济改革进程中中国社会的社会结构发展趋势》(《1980 年代中华人民共和国的经济:发展战略、问题的趋势》,莫斯科,1991 年);《作为中国生产力的工人阶级》(莫斯科,1989 年)。[①]

第二节　俄罗斯的中国当代经济史研究

　　苏联解体之后,俄罗斯经济滑向全面危机,而中国则在邓小平南方谈话之后进入了一个充满希望的阶段,市场化改革步子迈得更大,成果也日益显现。这种反差在学术中很自然地得到了体现。1992 年之后出版的主要著作,聚焦问题可概括为经济体制改革、经济发展状况、对外经济关系等方面。

一、经济体制改革

　　经济体制改革是中国经济研究的最重要主题,甚至可以说是俄罗斯中国学学界在社会科学领域的最重要主题。中国和俄罗斯是世界上两个大的转型国家,具有类似的转型前提条件和动机,但采取了不同的方式和路径,其各自走向如何,必然成为学界讨论的热门话题。经济体制改革研究所涉及的问题包括产权改革、市场机制、宏观经济政策、经济思想、社会问题以及综合性问题等。

　　产权改革方面,波尔加科夫的《邓小平时代中国的经济政策》和《1979—

[①]　黄长著、孙越生、王祖望主编:《欧洲中国学》,北京:社会科学文献出版社 2005 年版。

1999 年中国的经济改革》分析了中国经济体制改革的理论与实践问题,探讨了经济改革所经历的复杂过程并做出了评价。勃尼的《1978—2004 年迈向市场之路的中国农村》系统研究了中国农村从计划经济向市场经济过渡的过程,紧紧联系人口、土地和粮食等问题,揭示了这种转型的基本规律和特色,分析了中国农村市场化转型的成果、问题与前景。孔德拉绍娃的《中国探索自己的道路》将理论与实际紧密联系,从内外两个视角探讨了中国的道路。首先,从中国视角出发,作者从汉字的意义着手,通过解读中国的历史、哲学和文明,阐释市场与国家、资本主义与社会主义、私有与公有、进步与现代化等概念,对1949—1978 年中国的发展阶段进行社会经济分析,研究中国改革的战略、策略和成果。其次,从自身视角出发,作者阐释了自己对国家当代社会经济制度的特征的理解。最后,作者指出,按照西方的理解,深化市场改革、建设“小康社会”也就是要建立社会主义市场经济。纳乌莫夫主编的《中国的经济增长与生产力发展问题》详细探讨了中国经济战略的制定与实现、工业基础的建立、“大跃进”时期全民工业化的实施以及此后向科学的经济社会发展远景规划回归等问题,分析了中国从计划经济向多种所有制相结合的混合经济过渡的途径,分析了一些生产部门的发展现状和前景,特别是工业的重组,技术改造和提高在国内外市场上的竞争力等问题。此外,还有叶列缅卡的《中华人民共和国的工业产权保护》、尼日尼亚和丘达科娃的《中国国有工业企业改革的问题与矛盾》等。

市场机制方面,日古缪娃的《从计划到市场——中国价格体系改革的经验》是第一部研究中国价格体制改革过程及其在经济体制改革中的地位与作用的专著,对中国的改革经验做了评价。通过对价格体系改革过程中和宏观调控中价格杠杆运用水平的分析,作者探讨了加快社会经济发展的要素。该书中不仅有统计数据分析和作者本人的判断,还阐述了中国、俄罗斯和西方学者在价格体系改革与经济体制改革相互关系问题上的理论观点。作者认为,价格改革与经济改革其他方面以及政治改革都有着密切联系。勃尼的《1978—1995 年的中国农村市场》是第一部研究中国农村市场机制形成与发展的著作,详细分析了促进市场机制形成的基本因素,如中国的商品经济模式探索、市场的宏观调控、计划与市场的优化组合、粮食生产的商品化、家庭联产承包责任制的实施、要素市场的形成与发展,揭示了转型的规律性特征和内在矛盾。作者指出,中国农村市场化经验对于俄罗斯的经济改革具有重要的参考价值。此外，还有祖巴缪夫的《经济改革条件下的产品质量—中国的理论与经验》、舍维里的《中国的税制改革》、巴留克的《中国国内贸易的改革》和《中国的经济改革—国家与市场》、下诺夫格洛德大学战略研究中心雷恰京的《改革中的经济特区：当代中国经验》等。

　　宏观经济政策方面，诺沃谢洛娃的《中国的投资政策与经济改革》是第一部研究投资因素在中国市场转型过程中的关键作用的著作，其主要论点是将国家调节与市场改革灵活地结合在一起，制定并实施国家投资政策，中国的这种市场化改革模式具有最普遍的意义，因为中国经验证明，在市场转型的普遍过程中适当地考虑本民族的特色，是一种富有成效的政策。作者将投资作为一种涉及经济生活各个层面的现象来研究，主要探讨了中国刺激投资的形式与方法，金融领域外资企业的发展，外资存量的特点，通过建立统一的竞争规则和条件使外资融入全国资本市场等问题。尽管俄罗斯的市场转型有过深刻教训，但仍存在一种很普遍的看法，认为中国经验具有独特性，不适用于其他转型国家。该著作就是对上述观点的驳斥。沙巴林主编的《20世纪末21世纪初的中国农业政策》研究了中国农业存在的问题及其解决之道，所涉及的问题包括文化安全、提高农业效率与竞争力、资源保障、提高农民收入、化解农村社会矛盾、完善农村经济组织结构、农村现代化、农业贷款、生态等，该书研究了经济改革30多年来上述问题的演变，提出21世纪初就是中国深化市场转型、加速实现现代化以及经济全球化的世纪，深入分析了在此复杂条件下中国政府的新农业战略与政策，农民和农村的命运以及中国十几亿人口的粮食保障问题。卡缅诺夫的文集《中共"十七大"与现阶段中国的社会经济发展问题》介绍了中共"十七大"提出的在科学发展观指导下从粗放式向集约式经济增长方式转变的经济改革方针，研究了经济改革、工业发展、创新型经济的建立、生态和对外经济关系等六个领域的问题。此外，还有博格斯洛夫斯基的《毛泽东之后的西藏——1977—1987年西藏农村的社会经济政策》、孔德拉绍娃与科尔涅伊丘克的《中国的改革与区域经济政策》、远东所编写的《中国经济调整中的金融货币杠杆》和《90年代中国农业领域的宏观调整》、舍片科的《中国税收法律》等。

　　俄罗斯中国学学界认为，尽管中国改革经验具有独特性，但其他经济转型国家选择性的借鉴吸收还是有益的，因此他们对于中国经济学界的理论创新也颇为关注。作为最早研究中国特色社会主义的学者，皮沃瓦洛娃在《建设中国特色社会主义道路的探索》《社会主义市场经济—中国进行理论与实践探索中的几个问题》和《中国特色社会主义理论与实践的探索》三部著作中跟踪研究了中国学者在 20 年改革过程中所做的理论探索，阐述了中国从传统社会主义观念向"混合经济"演进的过程。博罗赫的《中国当代经济思想》通过从理论层面思考中国采取的"中国特色社会主义"方针，反思苏东巨变。作者梳理了20 世纪 70 年代末至 90 年代中期中国经济思想的新走向，以中国对科尔奈的短缺经济学、科斯的产权理论和诺斯的制度变迁理论的研究为例，分析了中国对东欧和西方经济理论的吸收过程。作者强调，中国学学界对市场转型问题的思考和中国传统文化的影响是对经济学的贡献。

与经济有关的社会问题方面，远东所集体编写的《中国市场改革的社会影响(1978—2002)》研讨了中国经济改革所带来的社会领域后果。该书运用了第一手中文资料，研究了城市居民的社会地位、个体和私有企业的发展、人口状况和社会保障措施等问题，指出了解决问题的迫切性。其中，皮沃瓦洛娃撰写的《改革时期中国领导层的社会战略：目标、演变及成果》，随着经济的发展，到 21 世纪中叶前，中国的社会目标日趋多样化，在解决温饱问题之后，还要改善生活质量和解决市场改革过程中出现的道德沦陷问题。沃尔科娃撰写的《市场体系建立过程中的农村》指出，城乡差距日益扩大，通信和信息技术的发展促进农村居民对收入和消费有了更高要求，土地法律的不完善导致农民的土地权益受到损害，市场的扩展伴随着农村社会保障的缺乏，这一系列问题蕴含了对农村社会乃至整个国家稳定的威胁。丘万科娃在《市场经济条件下发展个体和私有企业的社会后果》中指出，这两者与其他非公有制形式一起，对于加快发展生产力和实现现代化起着重要作用。谢利万诺娃在《生活水平的变化与社会保障体系》中讨论了人口状况和社保体系改革问题，认为劳动力资源的继续增加与不充分的就业将给中国经济造成严重问题。沃罗赫在《中国学者对当代中国社会结构、财富分化和稳定问题的研究》中写道：中国的著名学者很清楚，像中国这样的人口超级大国，历史上是通过人为地平均分配工作和收入来解决就业问题的，但是今天，单纯依靠技术密集型产业，而不发展劳动密集型产业，是无法扩大就业和提高收入的。此外，还有季卡缪夫的《中国少数民族人口问题》。

综合性问题方面，甘申的《中国的经济改革—演变与成果》简明而全面地描述了中国经济改革的进程、演变与成果，盛赞改革的渐进性有助于社会政治的稳定,显示出作者对中国的深情厚谊。尽管书中也谈到了中国所面临的诸多问题以及所犯的错误,但还是被某些评论批评为过分美化中国的成就。集体著作《现代化与改革征途中的中国(1949—1999)》的总结内容在第二章中已有阐述,这里只补充一些关于经济的情况。该书中由皮沃瓦洛娃与季塔连科合撰的《中国特色社会主义理论的演变》一文,探讨了摆脱经典马列主义模式的中国特色社会主义概念形成的理论与实践。博罗赫在《经济思想的发展》中指出,与 20 世纪 70 年代末相比,中国对于市场改革的经济理论和实践有了更深的理解,因此,他们拒绝照搬西方理论并不是因为意识形态的束缚。此外,还有孔德拉绍娃的《工业化》、舍维里的《国家预算》和《亚洲金融危机与中国》、谢列万诺娃的《人口状况》、诺沃谢洛娃的《战略投资》和《国际资本流动中的中国：现状与趋势》、波塔波夫的《对外经济方针》、戈尔巴乔夫的《中国的银行问题》等。远东所主编的《中国的改革与俄罗斯》一书中的经济内容包括"中国经济中的货币问题：90 年代改革的任务""1979—1992 年中国价格改革的经验""中国的通货膨胀、价格上涨问题及应对措施""中国的税收体制改革""中国经验视野下的俄罗斯吸收外资的现状与前景""当前中国投资政策的性质与特点""当前中国银行体系的发展"等。远东所历史与政治研究中心编写的《中国的改革政策与稳定问题》包括芭拉京的《西方(欧盟、美国和日本)的对华投资政策及扩大俄中经济合作的可能性》、阿斯兰诺夫的《中国的市场社会主义的形成》等。集体著作《中国面临的威胁、风险和挑战》系统评估了可能影响中国未来发展的因素。波尔加科夫的文集《从江泽民到胡锦涛：21 世纪初的中华人民共和国》在第二章也有介绍,文集中有专门的经济章节,结论中评述了对 21 世纪中叶前中国经济发展的预测。此外,还有洛籍诺夫与费里莫诺夫的《略述中国经济发展的特殊道路》、季塔连科等合著的《1996—2050 年中国建设发达工业国家战略》、莫洛措娃的《中国深化改革》和《中国渐进式市场转型的优缺点》、穆罗姆采娃的《中华人民共和国的新型工业化道路》等。①

二、经济发展状况

经济发展状况体现体制改革的成败,因此也必然是中国经济研究的重要主题之一。实际上,关于体制改革和经济发展状况的许多著作是你中有我、相

---

① 　朱达秋：《苏联解体之后的俄罗斯中国学研究》,哈尔滨：黑龙江大学出版社 2013 年版。

辅相成的,不可能截然分开。因此,这里的类别是比较粗略地按照各种著作的侧重点来划分的,目的就是尽量清晰地呈现出该领域的研究状况,便于读者理解和进一步研究。

苏联解体前夕的著作有皮沃瓦洛娃主编的《中国研究的新成果之四:迈向90年代的中国社会经济发展》、萨仁诺夫的《中国现阶段的交通问题与解决前景》、阿列科萨亨纳的《中国农业产业结构形成的基本问题与趋势》、阿尼西莫夫的《中国发展的计量分析》、巴热诺娃的《中国人口》、科尔库诺夫与波塔波夫主编的《80年代中国经济—战略、问题与发展趋势》等。

1992—2010年的著作中,穆格鲁津的《20世纪上半叶中国的农业与农民问题》探索了传统中国艰难的社会经济发展道路的实质,研究了20世纪上半叶中国的生产能力与生产关系的状况,特别是不同规模经营主体的劳动生产率和地租问题,提出了农民的类型问题,论证的结论是中国的农民大部分还属于传统型,作者最后指出,中国的农业与农民问题比俄罗斯更为复杂,客观上需要更长的解决过程,因而社会经济的发展过程也将更复杂。纳乌莫夫的《中国居民生产水平的形成与提高问题》揭示了中国的资本积累过程的特点及其对社会产品结构的积极和消极影响,以及个人消费爆炸性增长的规律和特点,探讨了生活消费品生产严重不足条件下的分配关系和形式、城乡家庭收入的形成。个人消费水平低下和结构落后对人口再生产的负面影响,研究了提高国民福利所面临的与人口自然增长相关的主客观困难。《中国1996—2020年经济发展战略及其实施问题》研究了中国在先进科技成果基础上从粗放型经济向集约型经济转变的问题。奥斯特洛夫斯基的《中国的劳动、就业与人口培养问题》和《中国劳动力市场的形成》系统研究了中国在1980—1990年经济改革过程中劳动力市场的形成问题,特别是对决定劳动力市场发展特点的经济和社会因素进行了全面分析,这些因素包括社会生产的变化趋势,劳动力过剩条件下的就业水平,城镇化,移民,由行业、部门、性别、年龄、教育、职业素养、技能、地域差异等因素决定的劳动力在就业市场上的社会地位,等等。该书特别研究了移民与城镇化对劳动力市场所产生的积极影响。科尔鲁索夫的《中国的私有企业》是第一部以中国为例对计划经济向市场经济转型条件下私有企业发展问题进行跨学科分析的基础研究著作,该书采用新的概念工具和资料,揭示了私有企业发展的前提、影响因素、趋势、动态和结构特征。做出了具有方法论意义的理论概况和理论贡献,作者首创了一套描述转型经济私有化过程特征的概念工具。作者通过对私有经济增长的主要参数(总产值、总营业额、零售总额等)进行分析等方法,对扩大再生产进行要素分析和建模,这在俄罗斯中国学中尚属其次。依据上述论证,作者预测,到 21 世纪前 10 年,中国的私有部门规模就可以满足一个相对规范的现代市场的要求,到那时,市场转型就将不可再逆。库尔巴托夫的《中国在人口、农业和生态领域的紧迫问题》在肯定中国改革的积极方面和取得巨大成就的同时,系统研究了中国当时面临的最尖锐问题:人口的增长与就业、人口政策、粮食保障、农业现状以及居住环境等,重点研究了农村的社会生产组织和农村居民的生产与收入,分析了在人类活动的压力下已经导致严重生态危机的环境恶化问题。作者从多角度研究了人口、农业与生态的相互依存关系和解决之道。他指出,中国的生态问题以引起国际社会的关注,如果政府不采取紧急措施扶持农业,农村的情况必将恶化。他认为,如果中国像美国那样富有,对世界将是无可挽回的生态损失。季塔连科主持的远东所集体著作《中国经济步入 21 世纪》探讨了中国的发展现状以及 21 世纪上半叶经济的增长前景,并对中国政府和学者提出的2050 年前国民经济发展预测进行了科学分析,作者分析了中国面临的机遇与挑战,即实现既定目标的条件和可能导致经济减速的问题,特别用专门章节讨论了工业企业改革、能源系统、机械制造业、基础设施、航天、高新技术和军工系统的发展问题。其中,纳乌莫夫撰写的《中国工业化、信息化经济的战略和发展阶段》梳理了中华人民共和国成立以来的工业化阶段,预测了经济结构改革,研究了就业的变化、国民生活的改善和经济潜力的增长,以及实现长期规划的初步成果和困难。穆拉姆采娃撰写的《国有工业企业的改革与 21 世纪的新经济》阐述了国企改革的过程和主要问题,以及新经济的出现。阿霍特尼科娃撰写的中国燃料能源系统发展的基本方向和科连坚科娃撰写的《冶金系统与国家的金属供应问题》就中国的机械制造系统及其发展问题分析了基础行业的发展前景。卡缅诺夫在《中国的航天计划》中强调,人口培养和鼓励社会上的太空研究是中国实现航天计划的关键。曼德雷克的《交通基础设施和通信系统的发展现状与前景》展示了中国新型基础设施的迅猛发展,同时也介绍了传统交通和通信方式与国际接轨的过程。别图霍夫在《高新技术产业的发展趋势及前景》中阐述了中国的科技发展规划,各地区和开发区的高新技术发展,以及中俄的科技合作。

此外还有巴热诺娃的《中国人口分析》,甘申的《当代中国经济的潜力与现实状况》,科尔库诺夫的《当代中国农村经济发展的基本趋势》,穆拉姆采娃的《1978—1990 年经济改革条件下中国的工业发展》,布卞措夫的《80 年代中国农业的动态与发展中的问题》,科卡缪夫的《俄罗斯与中国的工程管理激励机制的发展》,库济克与季塔连科的《中国与俄罗斯 2050 年共同发展战略》,波尔加科夫的《从江泽民到胡锦涛:21 世纪初的中华人民共和国》,克鲁格洛夫的《中国乡镇企业在国民经济中的作用、问题与前景》,奥尼升纳总编的《中国镍生产企业》,科列建科娃的《中国机械制造业的现状与前景》,远东所编写的《中国经济的迫切问题》《东北亚经济发展体系中的中国东北》和《中国共产党第十七次代表大会与现阶段中国的社会经济发展问题》,远东所科技信息与文献中心编写的《21 世纪中国取得成绩的基础:中国国家统计局对第九和第十个五年计划成就的分析》,别图霍夫的《科技进步对 21 世纪中国经济的意义》,贝尔格尔的《中国的经济战略》《商务中国—俄中经贸合作中心手册》等。①

三、对外经济关系

中国的对外经济关系一直是俄罗斯研究的热点,原因在于:第一,俄罗斯在其认为前景极为广阔的亚太地区具有战略意义,包括建立远东与中国东北的经济联系、与中国共同开发建设大型基础设施等;第二,两国同时面临着融入世界经济的任务;第三,俄罗斯工商界需要详细信息以开发中国市场。因此,与别的研究领域不同,俄罗斯中国学学界对这方面的研究一贯是注重实务和细节的。拉林的《中国与俄罗斯远东的地区协作问题》是第一部论述俄罗斯远东与中国东北之间的地区合作与联系的著作,从一个对中国有着更直观印象的远东人的角度阐述了其对于中俄当时及未来关系的观点,其立场与联邦中央和俄罗斯的学者大异其趣。作者认为,远东地区在对华合作中的地位将逐年提高,因此,联邦中央在制定对华政策时应该更多考虑远东地区居民的想法和利益。此外,他还批判分析了俄罗斯国内外专家在有关问题上的观点。巴拉金的《当前美国、日本和欧盟的对华政策战略》研究了美、日、欧盟工业发达经济体对中国的投资政策及其在广阔的中国市场上既竞争又合作的辩证关系,探索了致力于将中国纳入其他地缘政治轨道的西方国家的战略方针及其长远趋势,还专门分析了所谓俄罗斯因素对西方与中华文明在投资合作领域

---

① 朱达秋:《苏联解体之后的俄罗斯中国学研究》,哈尔滨:黑龙江大学出版社 2013 年版。

的关系所具有的影响。季赫文斯基总编的《文明对话中的中国——庆祝季塔连科院士 70 诞辰》中的经济内容主要有奥斯特洛夫斯基的《20 世纪中国的社会经济发展》、贝尔格尔的《中国的稳定发展问题》、孔德拉绍娃的《中国特色的私有化》、舍维里的《税收体系改革的新举措》、巴拉诺瓦的《俄罗斯与中国区域人口问题的比较分析》、波塔波夫的《东亚对外经济发展模式及其对俄罗斯经济的意义等》。

还有马涅热夫的《中国经济中的外国资本》《国外市场经营条件（进口需求、出口潜力、法律法规、通讯地址）第二部：中国大陆与台湾地区》，伊万契科夫的《中国引进外国技术的理论与实践》，法明斯基的《中国——我们的事业伙伴》，阿夫多库申的《经济特区》《寻找伙伴——中国企业手册》，亚斯金娜与阿诺索瓦的《中国经济特区厦门的形成、发展与管理》，杰伊奇的《中非经济合作的经验》，雷恰金的《改革条件下经济特区的运行——中国的经验》，阿佐夫斯基的《中亚国家在解决交融问题方面的探索》，波尔加科夫的《亚洲多角关系——冲突与一体化潜力》，远东所主编的《俄罗斯对华投资政策与前景》和《世界金融危机对中国经济的影响》，俄中经贸合作委员会、国家杜马外交委员会、经济发展部等共同参与的，由叶尔马乾科夫等编写的商务手册《商务中国：1999—2001 年的中国经济及对俄关系》，格卢申科的《亚太地区国家间的经济区域组织》，科学院世界经济与国际关系研究所冈察连科的《90 年代的亚太经济合作论坛：新区域化组织的建立及俄罗斯的参与》，米赫耶夫的《全球化与亚洲区域化：俄罗斯面临的挑战》，冈察路克等主编的《21 世纪亚太经合组织国家的科技与经济合作》，帕尔康斯基的《21 世纪初欧盟与亚太的经济》等。①

除以上三个比较集中的主题，还涉及政治与经济的关系、中俄比较研究的内容。经济与政治原本是不可分割的，这一点在当代的社会科学研究中早已有共识。因此，在许多经济类著作中，也不乏对政治的探讨。帕先科的《中国的经济改革与民法》是一部采用历史学、社会学、法学等很多学科方法研究中国改革与民法之间关系的著作。作者认为，中国改革进程中的法制建设有两大特征，即国家对改革的主导作用和改革的渐进性。该书重点分析了中国的所有制改革过程及其过程在法制上的体现。经济比较研究方面，中俄对比较多，主要成果有科学院国际经济与政治研究所布坚科的《俄罗斯与中国变革的

_____

① 朱达秋：《苏联解体之后的俄罗斯中国学研究》，哈尔滨：黑龙江大学出版社 2013 年版。

异同》、梁赞诺等人主编的论文集《俄罗斯与中国经济学家眼中的俄中经济改革》、齐亚契科夫与谢苗诺夫的《国家体制的转型及向市场经济的过渡——一些国家的理论与经验》、尼基佛洛夫等主编的《中国与俄罗斯社会经济发展的共同点与特点》、阿达姆切克与尤达舍夫的《亚洲主要国家保险市场概述》。[①]

随着中俄关系的加强,俄罗斯研究中国问题的队伍在不断壮大,成果数量也有较大增加。这支队伍已由集中在圣彼得堡、莫斯科和喀山发展到全国各大城市。不言而喻,俄罗斯的中国当代经济史依然是海外中国当代经济史研究的重要组成部分。

---

① 朱达秋:《苏联解体之后的俄罗斯中国学研究》,哈尔滨:黑龙江大学出版社 2013 年版。

第八章　改革、开放、全球化

——中国当代经济史研究动态

中国自 1978 年起实行改革开放,至今已有近 40 年的历史。改革开放所带来的经济高速增长,使中国的经济实力发生了翻天覆地的变化,中国的国际地位也今非昔比。从 20 世纪 50 年代开始,中国经济采用苏联模式,历 20 世纪六七十年代的"文革"时期,发展中断,"文革"结束后曾短暂地采用日本模式,直到 1979 年邓小平访美,中国现代化的目标从此确定为美国。不过,1991年苏联解体,同年日本泡沫经济破灭,2008 年美国爆发金融海啸,过去曾为中国想象的现代化神话逐一湮灭。

美国的金融危机波及全球,由于人民币尚未国际化,中国金融市场仍未对外完全开放,加上中国外贸盈余积累丰厚,中国避过了一场影响全世界的经济危机,甚至尚有余力去支持欧美,维持世界的正常金融秩序,中国在全球经济中扮演的角色更为瞩目。我们不禁要问,有没有可能出现一个中国的现代化模式? 中国不假外求,自己就可创造一个现代化的模式。

本章要介绍的是自 20 世纪 80 年代以来以日文和英文发表的有关当代中国经济研究成果约 200 种,内容涵盖经济改革、制度及政策,宏观中国经济发展,金融问题,工业、制造行业和企业,中国经济与国外关系及全球化,香港地区和中国经济发展;中国经济的地区性发展,从统计来看中国经济等八大类。这些成果都是具代表性的研究成果,多为学者的研究专著或由研究基金赞助的研究报告,也有由政府机构或民间智库所进行的研究调查。

第一节　经济改革、制度及政策

改革可以说是当代中国经济研究最为基本的一个部分,西方和日本学界对之十分重视,研究成果绵绵不断。对于中国经济改革包括内容、背景、成效,甚至今后的路向等各方面,都有深入的探讨。值得一提的是,学者的研究大多采用跨学科的方法,横跨政治学、经济学、社会学,人类学等。比较早对中国经济改革提出系统性研究的有美国哈佛大学政治学教授裴宜理和黄佩华(Christine Wong)合编的《后毛泽东时代中国改革的政治经济学》(*The Political Economy of Reform in Post-Mao China*, Harvard University Press, 1985)。此后,同类型的研究陆续出现,包括:(1)于君著的《现代中国经济——经济体制改革和经济增长政策》(现代の中国経済——経済体制改革と経済成長政策,玄文社,1990);(2)谢淑丽(Susan L. Shirk)著《中国经济改革的政治逻辑》(*The Chinese State in the Era of Economic Reform*:*The Road to Crisis*, Palgrave Macmillan, 1991);(3)宋恩荣(Yun-Wing Sung)、薛天栋(Hsueh Tien-tung)、于景元(Yu Jingyuan)合编《中华人民共和国经济改革和发展研究》(*Studies on Economic Reforms and Development in the People's Republic of China*, Hong Kong Chinese University Press, 1993);(4)石泽芳次郎著《中国经济的高速增长及其课题——主角是政治而非市场》(中国経済の高度成長とその課題——主役はまだ「政治」であって「市場」ではない,東京産業経済研究協会,2006);(5)唐木国和著《中国经济改革近代化和体制改革》(中国経済近代化と体制改革,慶應義塾大学商学会,2007);(6)张伟(Wei Zhang)编《近代中国的经济改革——经济学上的关键概念》(*Economic Reform in Modern China*:*Critical Concepts in Economics*, Routledge, 2011)。

对于经济改革政策出台后所出现的效果,特别是在政治和社会上的改变,最为学界所注意,例如:(1)山内一男、菊池道树合编的《中国经济改革的新局面——改革的轨迹和展望》(中国経済の新局面——改革の軌跡と展望,法政大学出版局,1990);(2)陈坤耀(エドワード・K・Y・チエン)、丸屋丰二郎合编的《中国改革开放十年与经济发展——中日共同研究》(中国の「改革・開放の10年」と経済発展——中国・日本共同研究,東京アジア経済研究所,1992);(3)苏珊(Susan Young)著《中国私营企业和经济改革》(*Private Business and Economic Reform in China*, M. E. Sharpe, 1995);(4)裴松梅(Margaret M. Pearson)著《中国的新商业精英——经济改革的政治后果》(*China's New Business Elite*:*The Political Consequences of Economic Reform*, University of California Press, 1997);(5)顾道格(Doug Guthrie)著

《穿着三件式套装的龙——资本主义在中国的崛起》(*Dragon in a Three-Piece Suit：The Emergence of Capitalism in China*，Princeton University Press，1999)；(6)迪克逊(Bruce J. Dickson)著《红色资本主义在中国——党派、私营企业家和政治改变的前景》(*Red Capitalism in China：The Party，Private Entrepreneurs，and Prospect for Political Change*，Cambridge University Press，2003)；(7)黄亚生(Yasheng Huang)著《具中国特色的资本主义——国家和企业家精神》(*Capitalism with Chinese Characteristics：Entrepreneurship and the State*，Cambridge University Press，2008)。

不可不提的是，对经济改革政策的评价，虽然大部分的研究成果持正面态度，但亦有给予负面评价的，甚至提出各种猜测或就出现的危机发出警告。有关这一方面的研究，不在少数，计有(1)南亮进著《中国经济向何处去》(どこへ行く中国経済，東京日本評論社，1985)；(2)岛仓民生、丸山伸郎著《中国经济的困局——重新摸索的开始》(中国経済のデイレンマ——新たな模索の始まリ，東京有斐閣，1983)；(3)缺作者名《中国经济体制改革的动向》(中国の経済体制改革の動向，東京日中経済協会，1986)；(4)戈登(Gordon White)著《中国于经济改革的时代——走向危机的道路》(*The Chinese State in the Era of Economic Reform：The Road to Crisis*，Palgrave Macmillan，1991)；(5)缺作者名《中国——经济调整之完结和课题：改革开放的加速化》(中国——経済調整終了と課題：加速化する改革開放，東京日本貿易振興会，1992)；(6)诺顿(Barry Naughton)著《在计划以外的增长——中国经济改革，1978～1993年》(*Growing out of the Plan：Chinese Economic Reform*，1978 - 1993，Cambridge University Press，1995)；(7)渡辺利夫著《中国经济是否成功》(中国経済は成功するか，東京筑摩書房，1998)；(8)南亮进、牧野文夫编著《迈向大国的挑战——转换期的中国经济》(大国への試練——転換期の中国経済，東京日本評論社，1999)；(9)南亮进、牧野文夫编《中国经济入门——苏醒的巨龙走向何处》(中国経済入門——目覚めた巨龍はどこへ行く，東京日本評論社，2001)；(10)日本贸易振兴会海外调查部编《中国经济的持续发展和制约因素》(中国経済の持続的発展と制約要因，東京日本貿易振興会海外調査部，2002)；(11)田代秀敏、贺晓东、英华著《沸腾的中国经济》(沸騰する中国経済，東京中央公論新社，2002)；(12)《有关中国经济兴起和国际竞争力评价的调查研究》(中国経済の台頭と国際競争力の評価に関する調査研究，東京日本国際問題研究所,2003);(13)关志雄著《中国经济的困局——迈向资本主义的道路》(中国経済のジレンマ——資本主義への道,東京筑摩書房,2005);(14)关志雄著《中国经济革命的终结——对资本主义的考验》(中国経済革命最終章——資本主義への試練,東京日本経済新聞社,2005);(15)广岛修道大学东亚经济研究会编著《中国经济持续的发展》(中国経済の持続的発展,広島修道大学総合研究所,2005);(16)深尾光洋、伊藤隆敏等著《中国经济的宏观分析——高增长能否持续》(中国経済のマクロ分析——高成長は持続可能か,東京日本経済新聞社,2006);(17)周牧之著《中国经济论——高速增长的动力和课题》(中国経済論——高度成長のメカニズムと課題,東京日本経済評論社,2007);(18)关志雄等编《阻碍中国经济增长的墙》(中国経済成長の壁,東京勁草書房,2009);(19)朱炎编《中国经济增长的持续性——促进因素和抑制因素的分析》(中国経済の成長持続性——促進要因と抑制要因の分析,東京勁草書房,2011);(20)南亮进、牧野文夫编《中国经济入门——世界第二大经济大国的前途》(中国経済入門——世界第二位の経済大国の前途,東京日本評論社,2012)。

需要一提的是,有个别日文研究成果较着重经济改革的"政策",包括措施和策略方面的研究,例如:(1)西村喝夫著《中国经济研究》(中国経済研究,京都晃洋書房,1992);(2)古泽贤治著《中国经济的历史发展——由原蓄路线向开放路线改变》(中国経済の歴史的展開——原蓄路線から改革・開放路線へ,京都ミネルヴァ書房,1993);(3)田中修著《中国第十个五年计划——如何解读中国经济?》(中国第十次五カ年計画——中国経済をどう読むか?,東京蒼蒼社,2001);(4)田中修著《2011 至 2015 年的中国经济——中国第十二个五年计划》(2011~2015 年の中国経済——第 12 次 5 カ年計画を読む,東京蒼蒼社,2011)。

第二节　宏观的中国经济发展

一、代表人物及其著作

对于当代中国经济的研究,在过去的数十年来,出现了不少知名学者,他们具有丰富和长久的研究经历,根据不同的理论,对中国经济的发展问题给予不同的评价。笔者认为最值得介绍的是中兼和津次与郭益耀。

中兼和津次(Nakagane Katsuji)早年毕业于日本东京大学经济学部,长年任教于该校的经济学院,曾为日本中国经济学会会长,多次访问过中国,现为东京大学名誉教授及东洋文库研究员。中兼和津次对推动日本学界的中国经济研究不遗余力,积极鼓励和参与日本民间智库的中国经济研究,这些机构包括:三菱综合研究所、野村综合研究所、日本综合研究所、日本贸易振兴会、亚洲经济研究所。此外,又于 2002 年组织日本中国经济学会,与 1951 年成立的日本现代中国学会和 1953 年成立的亚洲政经学会,形成三旗并举的态势。

综合以下所列的中兼和津次的出版成果,中兼的研究有以下几点特色:(1)重视历史和现代的关联、结合和中间之过渡;①(2)强调中国社会的特性,不主张硬套西方的理论;(3)提出经济制度的重要性,并鼓励用微观角度来看中国经济。例如早期他研究中国的人民公社,由于当时不能进入中国进行研究,获得相关的研究资料亦十分困难,他遂走遍日本全国各地去拜访已从中国返国的战后遗孤。②

以下为中兼和津次从 1980 年起的主要著作目录:

(1)与岛仓民生合编《人民公社制度研究》(人民公社制度の研究,東京アジア経済研究所,1980);(2)自著《中国经济论——农工关系的政治经济学》(中国経済論——農工関係の政治経済学,東京大学出版会,1992);(3)编著《改革以后的中国农村社会与经济——根据日中共同调查的实态分析》(改革以後の中国農村社会と経済——日中共同調査による実態分析,東京筑波書房,1997);(4)以他名义为研究代表者,《有关云南省农村的市场发展过程的社会经济研究——以路南彝族自治县为中心》(雲南省農村の市場発展過程にかんする社会経済的研究——路南彝族自治県を中心として,平成 9 年度～平成 10 年度科学研究費补助金[国际学术研究]研究成果报告书,1999);(5)自著《中国经济发展论》(中国経済発展論 = Economic Development and Transition in China,東京有斐閣,1999);(6)自编《现代中国的结构变动经济——结构变动与市场化》(現代中国の構造変動経済——構造変動と市場

---

① 加岛润著,薛轶群译:《中兼和津次〈从历史的视角审视当代中国经济〉》,《当代日本中国研究》,2014 年第 2 期,第 119—125 页。

② 中兼和津次、丸山伸郎、今井理之著,何培忠译:《中国经济研究的现状与课题》,《国外社会科学》,1999 年第 5 期,第 30—32 页。

化,東京大学出版会,2000);(7)自著《经济发展与体制移转》(経済発展と体制移行,名古屋大学出版会,2002);(8)编著《中国农村经济与社会变动——云南省石林县的个案研究》(中国農村経済と社会の変動——雲南省石林県のケース・スタディ,東京御茶の水書房,2000);(9)与小岛朋之(Kojima Tomoyuki)合编《重构中国——改革及门户开放后的党、国家和社会》(*Restructuring China: Party, State and Society after the Reform and Open Door*, Tokyo: Toyo Bunko, 2006);(10)编著《从历史视野所看的现代中国经济》(歴史的視野かろみた現代中国経済,京都ミネルヴァ書房,2010);(11)自著《开发经济学与现代中国》(開発経済学と現代中国,名古屋大学出版会,2012);(12)自编《中国经济如何改善——评价改革开放后的经济制度和政策》(中国経済はどう変わったか——改革開放以後の経済制度と政策を評価する,東京国際書院,2014)。

郭益耀(Y. Y. Kueh)原毕业于香港新亚书院,在德国马堡大学获政治经济学博士学位。先后于香港中文大学、岭南大学、珠海学院等任教,又曾为澳大利亚麦格理大学的中国政治经济研究所创办所长暨讲座教授。郭益耀是少数具中国文化涵养、在香港受教育并具有国际影响力的华人学者。他的著作正如下面所列的,绝大部分在海外出版:

(1)与获加(Robert F. Walker)合编《中国农业的经济趋向——后毛泽东时代改革的影响》(*Economic Trends in Chinese Agriculture: The Impact of Post-Mao Reforms*, Oxford Clarendon Press, 1993);(2)自著《中国农业的不稳定性,1931 至 1990 年——天气、技术和制度》(*Agricultural Instability in China, 1931 - 1990: Weather, Technology, and Institutions*, Oxford Clarendon Press, 1995);(3)与艾斯(Robert F. Ash)合编《邓小平管理下的中国经济》(*The Chinese Economy under Deng Xiaoping*, Oxford Clarendon Press, 1996);(4)与蔡俊华(Joseph C. H. Chai)、提斯德尔(Clement A. Tisdell)合著《中国与亚太经济》(*China and the Asian Pacific Economy*, University of Queensland's Dept. of Economics, 1997);(5)与蔡俊华(Joseph C. H. Chai)、樊纲(Gang Fan)合著《中国工业改革与宏观经济的不稳定性》(*Industrial Reform and Macroeconomic Instability in China*, Oxford Clarendon Press & New York Oxford University Press, 1998);(6)与何保山(Samuel P. S. Ho)合著《华南的持续经济发展》(*Sustainable Economic*

Development in South China，London Macmillan Press & New York St. Martin's Press，2000）；（7）与贺维（Christopher Howe）、艾斯（Robert Ash）合编《中国的经济改革——文献研究》（*China's Economic Reform：A Study with Documents*，Routledge Curzon，2003）；（8）自著《中国的新工业化策略——毛主席是否必需的?》（*China's New Industrialization Strategy：Was Chairman Mao Really Necessary?*，Edward Elgar，2008）；（9）自著《中国治下的和平——中国崛起的地缘政治学和经济学》（*Pax Sinica：Geopolitics and Economics of China's Ascendance*，Hong Kong University Press，2012）。

　　毋庸置疑，西方对中国经济研究的最大特点，莫过于用制度和经济学的理论来分析中国经济的制度和组织，这与日本使用区域和微观的研究方法不同。一般来说，西文出版的研究成果多着重寻找改革开放后所造成中国经济腾飞的最主要原因和带来的后果，与此相比，日本的研究成果则多着重于经济的制度问题。[①] 有关此方面的代表性成果有：（1）山内一男、野村浩一编《中国经济的转变》（中國経済の転換，東京岩波書店，1989）；（2）石原享一编《中国经济的多重结构》（中國経済の多重構造，東京アジア経済研究所，1991）；（3）严善平著《中国经济的增长和结构》（中國経済の成長と構造，東京勁草書房，1992）；（4）本桥渥著《现代中国经济论——过渡期的经济和对"文革"时期经济的批评》（現代中國経済論——過渡期経済と文革期経済批判，東京新評論，1993）；（5）百百和著《现代中国经济论——中国型社会经济系统的形成》（現代中国経済論——中国型社会経済システムの形成，京都三和書房，1994）；（6）佐佐木信彰编《现代中国经济的分析》（現代中国経済の分析，京都世界思想社，1997）；（7）丸川知雄著《产生市场的动力——转移时期的中国经济》（市場発生のダイナミクス——移行期の中国経済，東京日本貿易振興会アジア経済研究所，1999）；（8）韦廷（Susan H. Whiting）著《中国农村的权力和财富——制度变迁的政治经济学》（*Power and Wealth in Rural China：The Political Economy of Institutional Change*，Cambridge University Press，2001）；（9）韦德曼（A. H. Wedeman）著《由毛泽东到市场——寻租、本地保护主义和市场化在中国》（*From Mao to Market：Rent-seeking，Local Protectionism and Marketization in China*，Cambridge University Press，2003）；（10）佐佐木信彰著《中国经济

---

　　① 丸川知雄：《当代日本的中国经济研究》，《当代日本中国研究》，2014 年第 2 期，第 3—7 页。

的市场化结构》(中国経済の市場化構造,京都世界思想社,1993);(11)加藤弘之、上原一庆编著《中国经济论》(中国経済論,京都ミネルヴァ書房,2004);(12)大桥英夫著《现代中国经济论》(現代中国経済論,東京岩波書店,2005);(13)关志雄等编《中国的经济大论争》(中国の経済大論争,東京勁草書房,2008);(14)佐佐木信彰编《结构转变期的中国经济》(構造転換期の中国経済,京都世界思想社,2010);(15)堀口正著《中国经济论》(中国経済論,京都世界思想社,2010);(16)门仓贵史著《中国经济的正体》(中国経済の正体,東京講談社,2010);(17)倪志伟(Victor Nee)、奥柏(Sonja Opper)合著《由下而上的资本主义——中国的市场和制度变迁》(*Capitalism from Below：Markets and Institutional Change in China*, Harvard University Press, 2012);(18)南亮进、牧野文夫、郝仁平编著《中国经济的转变点》(中国経済の転換点,東京東洋経済新報社,2013);(19)关志雄著《中国"新常态"经济》(中国「新常態」の経済,東京日本経済新聞出版社,2015)。

二、金 融 问 题

金融改革在整个中国改革体系中,可谓进行得最为迟缓。随着中国于21世纪初加入世贸组织,为了应付外资金融机构进入内地市场和中国实行人民币国际化的目标,中国的金融改革刻不容缓。由于中国的外贸长期顺差,积累了大量外汇储备,为中国实行金融改革和金融业国际化创造了良好的条件,亦引来国际学界的注意。2008年,由美国引发的金融海啸令世界金融市场出现前所未有的动荡,由于人民币尚未国际化,中国并未卷入这一场世界性的金融风暴,亦因此令金融改革的步伐更显沉重。

中国的金融改革虽未完成,但中外金融市场对改革的呼声不断,黑市和地下钱庄活跃,所谓影子银行(shadow banking)已发展到不可收拾的地步。目前,有关中国金融改革和金融问题的研究的主要成果分为以下两大类。

首先,是有关金融制度和改革措施的,有以下代表著作:(1)皮布尔斯(G. Peebles)《中华人民共和国的货币——一个比较的角度》(*Money in the People's Republic of China：A Comparative Perspective*, Allen & Unwin, 1991);(2)鲍尔斯(Paul Bowles)、韦特(G. White)合著《中国后期金融改革的政治经济学》(*The Political Economy of China's Financial Reform in Late Development*, Oxford Westview, 1993);(3)珍利莱(Leroy Jin)著《中国货币

政策和金融制度的设计,1978 至 1990 年》(*Monetary Policy and the Design of Financial Institutions in China* 1978 – 1990,St Anthony's Macmillan,1994);(4)《中国经济改革与国际金融市场》(中国経済改革と国際金融市場,東京立正大学経済学会,1999);(5)理德尔(James Riedel)、金菁(Jing Jin)、高坚(Jian Gao)合著《中国如何成长——投资、金融和改革》(*How China Grows:Investment,Finance,and Reform*,Princeton University Press,2007);(6)贝尔(Stephen Bell)、冯晖(Hui Feng)合著《中国人民银行之兴起——制度变迁的政治学》(*The Rise of the People's Bank of China:The Politics of Institutional Change*,Harvard University Press,2013)。

其次,是有关在改革过程中所出现的社会问题,包括对人民币国际化和升值问题等相关的争论、货币供应与产业成长等,例如:(1)关志雄著《从日元和人民币所见的亚洲货币危机》(円と元から見るアジア通貨危機,東京岩波書店,1998);(2)蔡欣怡(Kellee S. Tsai)著《后街金融——中国的私营企业家》(*Back-alley Banking:Private Entrepreneurs in China*,Cornell University Press,2002);(3)关志雄、中国社会科学院世界经济政治研究所合编《人民币升值的论争——中日美的利益和主张》(人民元切り上げ論争——中・日・米の利害と主張,東京東洋経済新報社,2004);(4)白井早由里著《人民币与中国经济》(人民元と中国経済,東京日本経済新聞社,2004);(5)大久保勋著《人民币升值与中国经济》(人民元切上げと中国経済,東京蒼蒼社,2004);(6)榊原英资著《人民币改革与中国经济的未来》(人民元改革と中国経済の近未来,東京角川書店,2005);(7)今井健一、渡边真理子著《企业的成长和金融制度》(企業の成長と金融制度,名古屋大学出版会,2006);(8)陈纯菁(Cheris Shun-ching Chan)著《营销死亡——中国人寿保险市场的形成和文化》(*Marketing Death:Culture and the Making of a Life Insurance Market in China*,New York Oxford University Press,2012);(9)张化桥(Joe Zhang)著《中国影子银行的内幕——下一个次贷危机?》(*Inside China's Shadow Banking:The Next Subprime Crisis?*,Singapore Enrich Professional Publishing,2014);(10)卡塞那(John A. Cassara)著《以贸易为基本的洗钱活动——另一个国际洗钱活动战线的巩固》(*Trade-based Money Laundering:The Next Frontier in International Money Laundering Enforcement*,John Wiley & Sons,Inc.,2016)。

三、工业、制造行业和企业

中国的工业和制造行业并非从改革开放才开始的,从20世纪50年代起,中国已开始工业化,换句话说,中国在改革开放时期所面对的是如何改造原来的工业、制造行业和企业。不可不提的是,中国加入世贸组织对中国工业和制造行业产生了巨大转变,有人甚至说中国已成为"世界的工厂"。由于廉价的劳动力和土地,加上得宜的引进外资和外来技术的政策,在中国进行生产、包工、完工、装配的世界商品愈来愈多。随着市场的开放,中外合资所占市场的份额逐渐增多,带动了对国有企业的改革,其中最明显的例子为中国的汽车工业。

首先,是讨论宏观中国工业发展的研究,包括从体制改革、工业政策、工业结构调整角度着手的研究成果:(1)日中经济协会编《中国加入关贸协议——有关条件的准备和产业界之影响》(中国のGATT参加——その条件整備と産業界への影響,東京日中経済協会,1994);(2)田島俊雄、江小涓、丸川知雄合著《中国的体制转变与产业发展》(中国の体制転換と産業発展 = China's Industries in Transition, 東京大学社会科学研究所,2003);(3)苏黛瑞(Dorothy J. Solinger)著《由车床到织布机——中国工业政策的比较角度,1979至1982年》(From Lathes to Looms: China's Industrial Policy in Comparative Perspective, 1979–1982, Stanford University Press, 1991);(4)《把握发展关键的中国主要产业》(発展のカギを握る中国の主要産業,東京日本貿易振興会,1996);(5)日本贸易振兴会编《中国主要产业的现状和展望——21世纪为产业的世纪》(中国主要産業の現状と展望——21世紀の産業を占う,東京日本貿易振興会情報サービス課,1999);(6)滕鉴著《中国经济和产业关联》(中国経済の産業連関,広島溪水社,2001);(7)田島俊雄编著《现代中国的电力产业——短缺经济与产业组织》(現代中国の電力産業——「不足の経済」と産業組織,京都昭和堂,2008);(8)朱炎编《国际金融危机后的中国经济——向扩大内需和结构调整进发》(国際金融危機後の中国経済——内需拡大と構造調整に向けて,東京勁草書房,2010)。

其次,是讨论个别产业的,包括汽车、水泥、化学、高端信息科技、计算机软件等,其中以汽车工业较受注意:(1)哈维特(Eric Harwit)著《中国汽车工业——政治、困难和前景》(China's Automobile Industry: Politics, Problems, and

Prospects，New York Sharpe，1995)；(2)日本贸易振兴会编《中国的信息技术产业现状和促进发展的过程》(中國のIT産業の現状と発展促進體制,東京日本貿易振興會情報サービス課,2000)；(3)河村能夫编《中国经济改革与汽车工业》(中國經濟改革と自動車産業,京都昭和堂,2001)；(4)西格尔(Adam Segal)著《数码巨龙——中国高科技产业》(*Digital Dragon*：*High-Technology Enterprises in China*，Cornell University Press，2003)；(5)萨尔(Donald N. Sull)著《中国制造》(*Made in China*，Harvard Business School Press，2005)；(6)田岛俊雄编著《20世纪的中国化学工业——永利化工·天原电化及其时代》(20世紀の中国化学工業——永利化学·天原電化とその時代＝*The Origins and Development of China's Chemical Industry*,東京大学社会科学研究所,2005)；(7)图恩(Eric Thun)著《在中国改变车道——外国直接投资、地方政府和汽车产业发展》(*Changing Lanes in China*：*Foreign Direct Investment*，*Local Governments*，*and Auto Sector Development*，Cambridge University Press，2006)；(8)田岛俊雄、古谷真介编著《中国软件产业与离岸开发、人才派遣和职业教育》(中国のソフトウェア産業とオフショア開発·人材派遣·職業教育＝*Offshore Development*，*Staffing Service*，*and Vocational Education in China's Software Industry*,東京大学社会科学研究所,2008)；(9)田岛俊雄、朱荫贵、加岛润编著《中国水泥产业的发展——产业组织与结构变化》(中国セメント産業の発展——産業組織と構造変化,東京御茶の水書房,2010)。

　　第三，是有关企业改革的，表现于产权、企业管理、市场竞争等各方面，计有：(1)《中国大型国营企业的活力和改革开放》(中国の国有大中型企業の活性化と改革·開放,東京日中経済協会,1993)；(2)南亮进、本台进合著《中国企业改革的总结——机械工业劳动力分配率的推测和分析》(中国企業改革の帰結——機械工業における労働分配率の推計と分析,一橋大学経済研究所中核的拠点形成プロジェクト,1994)；(3)基斯特(Lisa Keister)著《中国商业集团——经济发展中的企业关系结构和影响》(*Chinese Business Groups*：*The Structure and Impact of Interfirm Relations during Economic Development*，Oxford University Press，2000)；(4)林益民(Yi-Min Lin)著《在政治和市场之间——后毛泽东时代中国的企业、竞争和制度变迁》(*Between Politics and Markets*：*Firms*，*Competition*，*and Institutional*

Change in Post-Mao China，Cambridge University Press，2001)；(5)日中经济协会编《急速增长的中国私营企业》(急成長する中国の私営企業，東京日中経済協会，2001)；(6)霍尔茨(Carsten A. Holz)著《中国国营工业企业——介乎于盈利和破产之间》(*China's Industrial State-Owned Enterprises*：*Between Profitability and Bankruptcy*，Singapore World Scientific Publishing Co. Pte. Ltd.，2003)；(7)卞历南(Morris L. Bian)著《制度变迁的逻辑——中国现代国营企业制度之形成》(*The Making of the State Enterprise System in Modern China*：*The Dynamics of Institutional Change*，Harvard University Press，2005)；(8)优素福(Shahid Yusuf)、锅岛郁(Kaoru Nabeshima)、帕金斯(Dwight H. Perkins)合著《转营——中国国有企业民营化》(*Under New Ownership*：*Privatizing China's State-Owned Enterprises*，Stanford University Press，2006)；(9)水野一郎、永井良和编著《中国经济、企业的多元发展和交流》(中国経済・企業の多元的展開と交流，大阪関西大学出版部，2011)。

值得一提的是,也如日本学者田岛俊雄所指的,中国的大型国有企业如汽车工业今后应走怎样的路,将是大家最为关心的。日本和美国相同,汽车工业均采用股份制,不过日本的股东无法干预企业的运作,美国的股东则对企业有绝对的控制权。此外,日本的汽车工业都已转移海外,汽车制造行业已跨国化,中国的汽车工业今后是否保持其自身的特色,大家拭目以待。[1]

田岛俊雄早年毕业于日本一桥大学经济学部,其后考进东京大学研究院农学系研究科,获农业经济学博士。田岛在受聘为东京大学社会科学研究所前,曾于日本政府的农林水产省农业总合研究所当研究员,具有长久研究农业问题的工作经验。根据他的自述,他对中国经济问题的研究,最早是由农业开始的,自加入东京大学社会科学研究所后,才逐渐转移到工业等其他方面。当然,在田岛看来,中国农业亦是重要的产业,同样存在着产权、管理、市场开放等各种挑战。田岛的著作《中国农业的结构和变动》曾获日本农业经济学会奖,1998 年被翻译成中文,由北京经济科学出版社出版。[2] 以下是他在中国农

---

① 张帆：《日本学者田岛俊雄谈产业组织的比较制度分析》,《经济学动态》,1999 年第 6 期,第 49—50 页。

② 有关田岛俊雄的个人经历,可参考：http://web. iss. u-tokyo. ac. jp/evaluation/self_III-tajima. html(2016 年 7 月 2 日)。

业方面的代表著作：(1) 自著《中国农业的结构和变动》(中国農業の構造と変動,東京御茶の水書房,1996)；(2) 以他名义为研究代表者《中国农业、农村的经济结构和社会变动——根据农家追踪调查的分析》(中国農業・農村の経済構造と社会変動——農家追跡調査にもとづくパネル分析,平成 12～14 年度科学研究費補助金・基盤研究(A)(1)研究成果報告書,2003)；(3) 自编《结构调整下的中国农村经济》(構造調整下の中国農村経済,東京大学出版会,2005)；(4) 以他名义为研究代表者《中国农业、农户的经济计算和收入分配——根据农户个别调查和地区统计的社会经济分析》(中国農業・農家の経済計算と所得分配——農家個票調査・地域統計にもとづく社会経済分析,平成 15～17 年度科学研究費補助金・基盤研究(A)(1)研究成果報告書,2006)；(5) 以他名义为研究负责人《中国对杂豆的需求和对外贸易——公共慈善团体日本豆类协会委托的研究成果报告》(中国の雑豆需給と対外貿易——公益財団法人日本豆類協会受託研究成果報告,东京公益財団法人日本豆类协会受托研究成果报告,2014)。

第三节　中国经济与国外关系及全球化

当中国经济逐渐发展、外来投资不断增多、出口持续扩充,中国与外国的关系更趋密切。目前,学界关心的是中国经济膨胀后对邻近国家,甚至对世界所产生的影响。从另一角度看,在改革开放后的中国可在世界经济中扮演一个怎样的角色,相关的研究有：(1) 河地重藏、藤本昭、上野秀夫合著《亚洲的中国经济》(アジアの中の中国経済,京都世界思想社,1991)；(2) 加诺特(Ross Garnaut)、刘国光(Liu Guoguang)合著《经济改革和国际化——中国和太平洋地区》(*Economic Reform and Internationalisation：China and the Pacific Region*,Allen & Unwin,in association with the Pacific Trade & Development Conference Secretariat,the Australian National University,1992)；(3) 渡辺利夫、白砂堤津耶合著《图说中国经济——世界中的中国》(図説中国経済——世界のなかの中国,東京日本評論社,1993)；(4) 河地重藏、藤本昭、上野秀夫合著《现代中国经济与亚洲——市场化与国际化》(現代中国経済とアジア——市場化と国際化,京都世界思想社,1994)；(5) 缺作者名《中国政经动向——东盟华人资本与中国经济：亚洲经济领域之扩大》(中国政治

经济动向——ASEAN 華人資本と中国経済：アジア経済フロンティアの拡大,東京：日中経済協会,1996）；(6)石原享一编《中国经济的国际化与东亚》（中国経済の国際化と東アジア,東京アジア経済研究所,1997）；(7)石原享一编《中国经济与外资》（中国経済と外資,東京アジア経済研究所,1998）；(8)日本贸易振兴会海外调查部编《加入世贸后的中国的结构调整和国际化》（WTO加盟で進展する中国の構造調整と国際化,東京日本貿易振興会海外調査部,2001）；(9)穆尔（T. Moore）著《中国在世界市场——后毛泽东时代的中国工业和改革的国际资源》（*China in the World Market：Chinese Industry and International Sources of Reform in the Post-Mao Era*，Cambridge University Press，2002）；(10)南亮进、牧野文夫编《中国经济入门——从世界工厂变为世界市场》（中国経済入門——世界の工場から世界の市場へ,東京日本評論社,2005）；(11)大西康雄编《中国与东盟经济关系的新展开——迈向相互投资和自由贸易协议的时代》（中国・ASEAN 経済關係の新展開——相互投資とFTAの時代,東京アジア経済研究所,2006）；(12)冈本信广、桑森启、猪俣哲史合编《中国经济之勃兴和亚洲产业的重组》（中国経済の勃興とアジアの産業再編,東京アジア経済研究所,2007）；(13)小岛丽逸、堀井伸浩合编《变得巨大的中国经济和世界》（巨大化する中国経済と世界,東京アジア経済研究所,2007）；(14)高桥五郎编《向海外发展的中国经济》（海外進出する中国経済,東京日本評論社,2008）；(15)坂田幹男编著《中国经济的增长和东亚发展》（中国経済の成長と東アジアの発展,京都ミネルヴァ書房,2009）；(16)内阁府政策统括官室（经济财政分析负责人）编《2015 年下半年世界经济报告——中国经济减速和世界经济》（2015 年下半期世界経済報告——中国経済の減速と世界経済,東京全国官報販売協同組合,2016）。

进入 2000 年,中国先后加入了世贸组织、关贸协议、自由贸易组织,中国经济产生了翻天覆地的变化,在全球化的进程中跨进了一大步,但有不少研究提出全球化的含义并不只限于经济制度上的,还应包括普世价值观、社会的开放度和信息的流通。目前的研究多集中于两方面,亦可说是一币的两面,即全球化对中国的影响,此其一;中国是否已达到全球化的目标,如否,原因何在?又如何解决? 此其二。有关这方面的研究成果如下:

(1)国分良成、藤原归一、林振江编《全球化后中国将变得如何》（グローバル化した中国はどうなるか,東京新書館,2000）；(2)唱新著《全球化与中国经济》(グローバリゼーションと中国経済,東京新評論,2002);(3)日中経済研究会編《全球化进展下的中国经济和中日经济合作的可能性》(グローバリゼーション進展下の中国経済と日中経済協力の可能性,東京日本戦略研究所、フジタ未来経営研究所,2002);(4)岩田胜雄、陈建编著《全球化与中国经济政策》(グローバル化と中国経済政策,京都晃洋書房,2005);(5)京都产业大学ORC 中国经济计划编《中国经济的市场化和全球化》(中国経済の市場化・グローバル化,京都晃洋書房,2006);(6)何泺生(Lok Sang Ho)、艾斯(Robert Ash)合编《中国、香港和世界经济——全球化研究》(*China, Hong Kong and the World Economy: Studies on Globalization*, Palgrave Macmillan, 2006);(7)姚洋(Yang Yao)、岳琳达(Linda Yueh)合编《全球化和中国经济增长》(*Globalisation and Economic Growth in China*, Singapore World Scientific Publishing Co. Pte Ltd., 2006);(8)本多光雄等著《产业集结和新国家分工——全球化进展中的中国经济新分析视角》(産業集積と新しい国際分業——グローバル化が進む中国経済の新たな分析視点,東京文眞堂,2007);(9)孔诰烽(Ho-fung Hung)编《中国和全球资本主义的转变》(*China and the Transformation of Global Capitalism*, Johns Hopkins University Press, 2009);(10)布雷斯尼兹(Dan Breznitz)、莫福利(Michael Murphree)合著《红桃皇后的败北——中国的政府、创新、全球化和经济增长》(*Run of the Red Queen: Government, Innovation, Globalization, and Economic Growth in China*, Yale University Press 2011)。

第四节　香港地区和中国内地经济发展

香港地区与内地毗连,为自由贸易港和国际金融中心,在整个改革开放的过程中,香港一直是中国外来投资的来源地,为内地最大的外来投资者。从 20 世纪 80 年代初起,香港为内地引进外资 6 500 亿美元,占总数的 47%,为 735 家在港上市企业筹集资金 35 000 亿港元,经港转口的中国贸易,2012 年时已超过 2 700 亿美元。香港也是人民币的最大和最重要的离岸市场,在港的人民币资金池已达 7 300 亿元,而内地在港发行人民币债券也有 3 680 亿元。因此,无论在金融、贸易、制造业等各方面,香港和内地的关系密切,因此,国际学界一直关心中国的经济发展和香港地区的关系。

在以下罗列的研究成果中,不难看到"香港回归"一度成为 20 世纪 90 年代研究问题的核心,到底"香港回归"对香港本身和内地造成了怎样的影响,其中以日本学者的成果最多。值得一提的是,长期以香港和内地经济关系为研究对象的经济学者宋恩荣,强调香港对促进内地经济发展所发挥的重要作用,香港和内地经济的融合是一个双赢的结局。有关的代表性研究,计有:(1)宋恩荣(Yun-Wing Sung)著《中国—香港之间的关系——中国门户开放政策的关键》(*The China-Hong Kong Connection: The Key to China's Open-door Policy*, Cambridge University Press, 1991);(2)野村总合研究所(香港)有限公司编《香港与中国——融合的华人经济圈》(香港と中国——融合する華人経済圏,東京日本能率協会マネジメントセンター,1994);(3)石原享一编《从大陆、香港、台湾来看中国经济——中日共同研究》(大陸香港・台湾かちみた中国経済——中国日本共同研究,東京アジア経済研究所,1994);(4)菊池诚一著《中国的香港——回归后的经济形象》(中国の香港——返還後の経済イメージ = *Hong Kong, P. R. C.: The Economic Landscape after the Reversion*,東京サイマル出版会,1996);(5)罗利(Chris Rowley)、路易斯(Mark Lewis)合著《大中华——政治经济、招商引资和商业文化》(*Greater China: Political Economy, Inward Investment and Business Culture*, Frank Cass, 1996);(6)稻垣清著《香港回归与中国经济》(香港返還と中国経済,東京蒼蒼社,1997);(7)日中经济协会香港研究会著《香港回归与中国经济——155年殖民地统治的结束与主权回归后的过渡期考验》(香港回帰と中国経済——155 年植民地統治の終焉と主権回復の過渡期の試練,東京日中経済協会,1997);(8)三菱总合研究所亚洲市场研究部编《香港回归后的亚洲经济》(香港返還後のアジア経済,東京日本能率協会マネジメントセンター,1997);(9)宋恩荣著《香港和华南——经济的原动力》(*Hong Kong and South China: The Economic Synergy*, City University of Hong Kong Press, 1998);(10)日本贸易振兴会海外经济情报中心编《香港回归对香港及中国产生的影响》(香港返還の香港および中国に与ぇた影響,東京日本貿易振興会海外経済情報センター,1998);(11)筱原三代平著《变得巨大的中国经济与香港——对其动力的阐明》(中国経済の巨大化と香港——そのダイナミズムの解明)(東京勁草書房,2003);(12)宋恩荣著《大中华的崛起——中国大陆、台湾和香港的经济融合》(*The Emergence of Greater China: The Economic Integration of*

Mainland China，*Taiwan and Hong Kong*，Palgrave Macmillan，2005）。

第五节　中国经济的地区性发展

从地理的角度来看中国经济的发展，一直是学界重视的研究课题。在中国改革开放的历程中，次序是先沿海而后内地。为了更有效吸引外资，特别是来自港澳台地区的境外资金、人力和技术，又于广东和福建建立经济特区。1992 年邓小平南方讲话后，上海又被提上进一步改革开放的议程。上海虽比广东和福建起步迟，但由于实力雄厚，大有后来居上之势，因而长三角和珠三角常成为比较的对象。无可否认，珠三角和长三角已成为推动中国经济增长的火车头，其带动腹地经济发展的影响，效果是有目共睹的。到了 2000 年，中国政府公布了西部开发的计划并成立了地区领导小组，从此经济改革的焦点逐渐由沿海往西部转移。

从目前的研究成果来看，以讨论广东的，特别是珠江三角洲的最多，由于珠三角和港澳最为接近，日本学者率先提出"华南经济圈"这一概念，意思是把在改革开放下的广东和福建与港澳结合，其所产生的经济效果是无可比拟的。有关这一方面的代表性研究有：（1）傅高义（Ezra F. Vogel）著《先行一步——改革中的广东》（*One Step Ahead in China*：*Guangdong under Reform*，Harvard University Press，1989）；（2）简卡纳（Jane Khanna）著《华南、香港和台湾——次地域经济的演进》（*Southern China*，*Hong Kong*，*and Taiwan*：*Evolution of a Subregional Economy*，Washington，D. C. Center for Strategic and International Studies，1995）；（3）宋恩荣编《第五条小龙——珠江三角洲的崛起》（*The Fifth Dragon*：*The Emergence of the Pearl River Delta*，Singapore Addison Wesley，1995）；（4）丸山伸郎编《华南经济圈——被开发的地方主义》（華南経済圏——開がれた地域主義）（東京アジア経済研究所，1992）；（5）日本贸易振兴会编《华南经济圈的发展和扩大》（華南経済圏の発展と拡大，東京日本貿易振興会，1995）；（6）霍克（Brian Hook）编《广东——中国的福地》（*Guangdong*：*China's Promised Land*，Hong Kong Oxford University Press，1996）；（7）林初升（George C. S. Lin）著《华南的红色资本主义——珠江三角洲的成长和发展》（*Red Capitalism in South China*：*Growth and Development of the Pearl River Delta*，Vancouver UBC Press，

1997）；(8)杨汝万（Y. M. Yeung）、朱剑如（David K. Y. Chu）合编《广东——对一个正在迅速转变的省份的调查》（*Guangdong*：*Survey of a Province Undergoing Rapid Change*，Hong Kong Chinese University Press，1998）；(9)刘岛（Leo Douw）、黄岑（Cen Huang）、戈德利（Michael R. Godley）合编《侨乡纽带——对华南文化资本主义的一个跨学科研究》（*Qiaoxiang Ties*：*Interdisciplinary Approaches to "Cultural Capitalism" in South China*，London Kegan Paul International，1999）；(10)黄钧尧（Kwan-yiu Wong）、沈建法（Jianfa Shen）合编《香港和珠江三角洲的资源管理、城市化和管治》（*Resource Management，Urbanization and Governance in Hong Kong and the Zhujiang Delta*，Hong Kong Chinese University Press，2002）；(11)关满博著《世界工厂——中国华南与日本企业》（世界の工場——中國華南と日本企業，東京新評論，2002）；(12)叶嘉安（Anthony Gar-on Yeh）编《在一国两制下于华南发展一个具竞争力的珠江三角洲》（*Developing a Competitive Pearl River Delta in South China under One Country-Two Systems*，Hong Kong University Press；London Eurospan，2006）；(13)叶嘉安、徐江（Jiang Xu）合编《中国的泛珠江三角洲——地区性合作和发展》（*China's Pan-Pearl River Delta*：*Regional Cooperation and Development*，Hong Kong University Press，2011）。

长期研究城市规划和城市地理学的专家叶嘉安，早年毕业于香港大学地理及地质系，他对香港如何与内地，例如与珠三角融合有一套独到的看法。他善于利用因子分析法和发展变量等研究城市发现的模式，凭城市的人口结构、就业情况、教育水平等来判断哪些城镇有较大增长和发展潜力。叶嘉安从20世纪80年代起一直关注内地城市的发展模式和方向，特别是广东珠三角地区如何与香港融合，以充分发挥两地的优势和关联，从而提高竞争力，寻找一个双赢的发展模式。[①] 叶嘉安的代表性研究，除上文所列有关珠三角的部分外，还有：(1)吴缚龙（Fulong Wu）、徐江（Jiang Xu）、叶嘉安合编《中国在后改革时代的城市发展——国家、市场和空间》（*Urban Development in Post-reform China*：*State，Market，and Space*，Routledge，2007）；(2)徐江（Jiang Xu）、叶

---

① 有关叶嘉安的个人经历，可参考：http://www. bhkaec. org. hk/articles/? do＝view&l＝299&catalog_id＝369&article_id＝594(2016 年 7 月 2 日)。

嘉安合编《超级城市区域的管治和计划——一个国际比较的角度》
（*Governance and Planning of Mega-city Regions：An International
Comparative Perspective*，Routledge，2011）；（3）叶嘉安、杨帆（Fiona F.
Yang）合编《中国的生产性服务业——经济和城市发展》（*Producer Services in
China：Economic and Urban Development*，Routledge，2013）。

　　相对于广东、华南、珠三角而言，上海的研究则相对地少，有关以上海为中
心的经济或城市、区域发展为主题的研究，计有：（1）大阪市立大学经济研究
所编《上海》（东京大学出版会，1986）；（2）宋恩荣、杨汝万（Y. M. Yeung）合编
《上海——中国开放政策下的转变和现代化》（*Shanghai：Transformation
and Modernization under China's Open Policy*，Hong Kong Chinese
University Press，1996）；（3）帕克（Philip M. Parker）著《上海的经济竞争
力——财务收入、劳动生产率和国际差距》（*The Economic Competitiveness of
Shanghai，China：Financial Returns，Labor Productivity and International
Gaps*，San Diego Icon Group Ltd.，2003）；（4）甘宝（Jos Gamble）著《转型中的
上海——一个中国大都市的转变面貌和社会轮廓》（*Shanghai in Transition：
Changing Perspectives and Social Contours of a Chinese Metropolis*，
Routledge Curzon，2003）；（5）白吉尔（Marie-Claire Bergère）著《上海——中
国现代化之门》（*Shanghai：China's Gateway to Modernity*，Stanford
University Press，2009）；（6）华志坚（Jeffrey N. Wasserstrom）著《全球化的上
海，1850 至 2010 年——分割的历史》（*Global Shanghai，1850 - 2010：
History in Fragments*，Routledge，2009）。

　　除了珠三角和长三角外，中国经济发展的重心或城市化的目标还有很多，
学者关心的课题还可从以下的研究成果中反映出来，包括：（1）小岛丽逸编
《中国的都市化和农村建设》（中国の都市化と農村建設，東京龍溪書舍，
1978）；（2）《沿海、内陆、资源基地经济的动向》（沿海·内陸·資源基地経済の
動向，東京日本貿易振興会，1992）；（3）《中国内陆地域的经济开发和投资环
境》（中国内陸地域の経済開発と投資環境，東京日中経済協会，1996）；（4）提
斯德尔（Clement A. Tisdell）、蔡俊华（Joseph C. H. Chai）合编《中国的经济成
长和过渡——宏观经济学、环境论和社会地区性的角度》（*China's Economic
Growth and Transition：Macroeconomic，Environmental and Social/
Regional Dimensions*，Nova Science Publishers，1997）；（5）南亮进、牧野文夫

编著《像大河般流去——中国农村劳动力的流动》(流れゆく大河——中国農村労働の移動,東京日本評論社,1999);(6)大西康雄编《中国的西部大开发——内陆发展战略路向》(中国西部大開発——内陸発展戦略の行方,東京アジア経済研究所,2001);(7)李复屏著《中国经济改革与地域格差》(中国経済改革と地域格差,京都昭和堂,2004);(8)马德程(Laurence J. C. Ma)、吴缚龙(Fulong Wu)合编《重构中国城市——转变中的社会、经济和空间》(*Restructuring the Chinese City：Changing Society，Economy and Space*，Routledge，2005);(9)王在喆著《中国经济的地方结构》(中国経済の地域構造,慶應義塾大学出版会,2009)。

第六节　从统计来看中国经济

正如前文所述,研究中国经济可有不同的方法和角度,结果因而也不一样。值得注意的是,有不少日本学者利用统计的方法来进行对中国经济走向的分析。这种量化的统计方法,正好是建立于社会科学理论研究的一个良性补充。值得一提的是,日本学者们如何收集和建立这些数据,和中国学界或欧美学界利用的数据及统计方法有何异同,将是一个不错的研究课题。

有关这一方面的代表性研究,据笔者收集所得,有以下八种：(1)小岛丽逸编《中国经济统计、经济法解说》(中国経済統計・経済法解説,東京アジア経済研究所,1989);(2)田岛俊雄研究代表著《有关中国经济改革的统计的研究》(中国の経済改革に関する統計的研究,平成 6 年度科学研究費補助金[一般研究 C]研究成果報告書,1995);(3)久保亨著《中国经济展望 100 年——从统计资料来看的中国近现代经济史》(中国経済 100 年のあゆみよ——統計資料で見る中国近現代経済史,久留米創研出版,1995);(4)薛进军、前田比吕子、南亮进著《战后中国全国人口统计——对资料的选择和建立统计的尝试》(戦後中国の全国人口統計——資料の吟味と時系列統計の試み,一橋大学経済研究所中核的拠点形成プロジェクト,1998);(5)大西広、矢野刚编《中国经济的量化分析》(中国経済の数量分析,京都世界思想社,2003);(6)加藤弘之、上原一庆编著《(基于统计的)现代中国经济论》(現代中国経済論,京都ミネルヴァ書房,2011);(7)南亮进、牧野文夫编著《亚洲长期经济统计——中国》(アジア長期経済統計——中国,東京東洋経済新報社,2014);(8)南亮进

(Ryoshin Minami)等编《中国经济的刘易斯转折点——与东亚国家的比较（*Lewsian Turning Point in the Chinese Economy：Comparison with East Asian Countries*，Palgrave Macmillan，2014）。

　　中国是否具有中国特色的现代化模式，一直是国际学界追寻的重要问题。无可否认，日文和英文是目前中国经济研究最重要的外语，掌握这些外文研究成果将有助于了解国际学界对当代中国经济研究的课题、观点、研究方法和资料。除研究成果外，本章亦介绍了个别重要的研究学者，包括：中兼和津次、田岛俊雄、郭益耀、宋恩荣和叶嘉安，他们对相关课题均有长年累月的丰富研究经验，追踪他们的研究路向，有助于了解他们对中国经济问题的看法，在不同时代背景下所产生的问题意识。

　　综合而论，日本学界和欧美学界对中国经济发展存有不少异同处，可以肯定的是，大家都为解释中国经济的现象和难题而努力，方法包括进行实地调查和收集研究资料和数据。不过，日本学者对探索中国社会和经济的本质兴趣更大，成果也较多，对地域经济圈如华南经济圈的形成及香港对内地的经济贡献更为重视。中国自 2000 年起加入多个世界性的经济组织，中国经济的研究相对于 1978 年前后而言，已注入了全球化的新元素，令国际学界更加关心中国经济的未来走向。其实，本章讨论的国际研究成果已有中国学者的参与，相信今后将会陆续增加。

第九章　海外中国当代外交史研究动态

对于当代中国的外交及其外交史研究,国外主要集中在美国、日本、英国、法国、俄罗斯、加拿大、澳大利亚、新加坡等国家的大学和智库。其中,有关当代中国外交的研究主要集中在智库,主要是用于决策咨询,而考察时段相对较长的当代中国外交史研究则以大学为主,当然,两者之间也有交叉,一般讨论当代中国外交,有时也会回顾总结外交发展历程,而外交史的研究中也蕴含着对当代中国外交的政策建议。本章主要分三个部分:一是对美加地区、欧洲地区和其他国家当代中国外交史研究现状,即机构、人员和主要成果等做一综述。二是集中探讨国外当代中国外交史研究的主题,例如外交战略和思想、当代中国外交决策与政策、当代中国的对外关系等。三是对国外当代中国外交史研究做一个简单的评估。

第一节　研 究 现 状

一、美 加 地 区

国外对中国当代外交史的研究主要集中在美国,美国是当代中国外交及外交史研究方面力量最强的国家。在美国东部,哈佛大学费正清中国研究中心、政府系和哈佛燕京学社,作为美国最早的汉学研究机构之一而久负盛名,研究方向也扩展到当代中国外交。哥伦比亚大学东亚研究所、普林斯顿大学东亚系、康奈尔大学历史系、马里兰大学、约翰·霍布金斯大学高级国际研究学院、乔治·华盛顿大学艾略特国际事务学院也有学者开展相关研究。在美国西部,华盛顿大学历史系、加州大学伯克利分学校中国研究中心、加州大学圣地亚哥分校中国研究中心、斯坦福大学国际冲突与安全研究中心和胡佛研究所具有很强的当代中国外交史研究力量。在美国中东部,密歇根大学中国研究中心也是全美重要的中国问题研究中心之一,以现当代问题为主,其中包括中国当代外交和外交史。

除了高校,美国当代中国外交史研究的另一个重要集聚地就是智库。美国亚洲协会是全美国最大的关于亚洲问题研究协会组织,每年会召开年会,邀请各国有关亚洲问题的研究专家与会研讨。中国问题,特别是当代中国外交和外交史是其中最多和最主要的议题。美中关系全国委员会曾在中美建交过程中起了重要推动作用,同时对当代中国外交和外交史的研究也具有很高水平。布鲁金斯学会、兰德公司、传统基金会、对外关系委员会、战略与国际研究中心、国际经济研究所等智库在相关研究方面也各具特色。

美国研究当代中国外交史的学者众多,可谓群星璀璨。目前影响较大的如下:

戴维·兰普顿(David M. Lampton),现任美国约翰·霍普金斯大学高级国际研究学院院长及该院的中国研究系主任。他曾在大选期间担任奥巴马的中国政策高级顾问。他有关当代中国外交史的著作有《改革时代中国外交和安全政策的形成》《中国的全球存在:经济、政治和安全》《同床异梦:中美关系1989—2000》等。

江忆恩(Alastair Ian Johnston),美国哈佛大学政府系教授。有关当代中国外交史的代表作有《社会国家:中国与国际体系,1980—2000》《文化现实主义:中国历史中的战略文化与大战略》等,此外还发表《中国参与国际体制的思考》《中国与国际制度:来自外部的观察》《美国学者关于中国与国际组织关系研究概述》《国际结构与中国外交政策》《简论国际组织对国家行为的影响》《国际制度的社会化:东盟道路与国际关系理论》《中国是一个保持现状的国家吗?》《作为变量的身份认同》等有关社会化理论、战略文化理论、中国外交、中国与国际制度等方面的论文上百篇。

李侃如(Kenneth Lieberthal),美国布鲁金斯学会约翰·桑顿中国中心主任,以及外交政策项目和全球经济与发展项目资深研究员。他除了研究中国的政治、经济变革外,还研究中国和印度的跨国公司投资、中国外交决策、美国外交政策和亚洲安全问题。相关当代中国外交及外交史的著作包括《中国的能源探索及对美国政策的意义》等。特别是2012年与中国学者王缉思共同发表的《中美战略互疑:解析与应对》报告在两国学界和媒体引起关注。

沈大伟(David Shambaugh),美国乔治·华盛顿大学政治学和国际关系学教授,主管该校亚洲研究中心,并担任中心的中国政策研究项目主任。从 1998 年至今,一直是美国布鲁金斯学会外交政策研究项目的高级研究员。他是美国著名的中国问题专家,在中国政治和中美关系等领域都有深入的研究。在当代中国外交史方面著有《亚洲的国际关系》《中欧关系:政策、感觉与前景》《看中国:欧洲、日本和美国的视角》《权力转移:中国及亚洲的新动态》《中国认知美国,1972— 1991》等。

陆伯彬(Robert Ross),美国哈佛大学费正清中国研究中心研究员、波士顿学院政治学教授,主要研究当代中国的外交政策。陆伯彬先生出版了很多相关著述,如专著《习近平时代的中国:国内和外交挑战》,论文《从冷战到中国的崛起:美国对中国外交政策研究的变化与延续》《和平与稳定:中国外交基石》等。

加拿大的当代中国外交和外交史研究主要集中在不列颠哥伦比亚大学、亚洲研究协会和亚太基金会。不列颠哥伦比亚大学在人员或资料方面都名列前茅,亚洲研究所是该校最大的东方学机构。所里有一个中国学图书馆,藏书量在北美洲位居前列。亚洲研究协会成立于 1968 年,从国际发展研究中心得到大量资助。目前亚太研究协会中从事中国问题的有 43 人,绝大多数来自高校,其中与当代中国外交史相关的研究课题包括"加中关系""中国对外关系"等。亚太基金会是加拿大联邦议会于 1984 年设立的独立的、非营利的国家智囊机构,其目的是为加拿大公众,特别是商界、公共政策制定部门和学术研究机构提供信息、咨询和相互交流等服务,以帮助其更好地了解亚洲的发展,并更加有效地参与到亚太地区事务之中。基金会的专家学者数据库中收入约 400 名专家学者的资料,其中从事同中国有关的研究的有 174 位,其研究领域主要是当代中国的经济、政策、文化,也包括当代中国外交和外交史。此外,加拿大太平洋关系协会是近代亚洲研究的中心,其中中国问题占据了重要位置。协会的刊物《太平洋事务》是一本刊登有关亚洲事物的学术观点的正式刊物,有时也刊登当代中国外交史文章。

加拿大研究当代中国历史的学者不太多,专门研究当代中国外交史的学者就更少。不列颠哥伦比亚大学的卜正民(Timothy Brook)教授于 2000 年出版的《鸦片体制:中国、英国和日本,1839—1952》涉及一点当代中国外交。不列颠哥伦比亚大学的另一位教授保罗·埃文斯长期从事中国问题研究,2015

年针对中加关系的现状在加拿大最大的报纸《环球邮报》撰文指出，在中国的对外关系中，加拿大已从优先级别滑落到了第三线国家。[①] 亚太基金会近年来研究的当代中国外交和外交史课题有加中经济关系与战略（Canada-China Economic Relations）和亚太门户走廊（Asia Pacific Gateway and Corridor）。加拿大维多利亚大学胡永年（Ralph W. Huenemann）教授于 1984 年出版了《中国的开放政策：寻求外国资本和技术》。

二、欧洲地区

20 世纪 60 年代，英国开始重视当代中国史研究。伦敦大学于 1968 年成立了东方与非洲学院，并于 1986 年成立中国现代研究所，成为研究近现代中国问题的中心之一，1949 年以后的当代中国史是其研究的重点，其中自然也包括外交史。利兹大学在已故的拉铁摩尔教授带领下的团队曾长期进行中俄、中苏关系史的研究。1963 年又成立了中国研究部和中国研究联合中心，也涉及当代中国外交史研究。中国近代史是牛津大学主要研究的领域之一，1966 年曾得到福特基金会的资助以加强对当代中国问题，包括中国外交及外交史的研究。剑桥大学也历来重视中国问题研究，在国际问题研究中心下面设有专门的中国问题项目组。此外，达勒姆大学东方研究学院以研究中国文明和现代中国问题为主。爱丁堡大学、苏塞克大学、伯明翰大学也都设有中国问题的研究所，并从事相关研究。伦敦经济学院亚洲研究中心也从事区域研究、国际事务研究、发展研究、外交和宏伟战略研究，其中也包括当代中国外交和外交史。

除了高校，一些学会，如皇家亚洲学会、英国中国学研究会、英国东方联合会、中国学会等也有相关研究。英国学术院作为英国社会科学研究的中心机构，曾资助过许多有关中国外交著作的出版。剑桥大学出版的《近代亚洲研究》杂志（*Modern Asian Studies*）和伦敦大学东方与非洲研究院中国现代史研究所出版的《中国季刊》（*The China Quarterly*）是较突出的两个刊物。其中《中国季刊》是具有国际影响的学术刊物，也是欧美学者研究近现代中国史的主要刊物，1960 年创刊时曾是当时世界上唯一的一份刊登研究中国近现代史

---

① "若不是改朝换代，中国人差点把加拿大忘了"，http://news. hexun. com/2015-10-27/180156252. html。

论著的期刊。编辑部聘请了英国和各国知名的专家学者担任主编。该刊曾出过中共在东南亚等专刊、发表过一些有关中国当代外交史的论文。此外,现代中国研究所的另一份刊物《现代中国研究国际通讯》年刊、利兹大学的《太平洋季刊》、伦敦大学的《东方非洲研究学院通报》也都是刊登相关论著或有关信息的主要期刊。

还有英国的一些重要智库,如伦敦国际战略研究所不仅积极开展中国外交、安全研究,如"东北亚"研究项目小组主要集中研究中国台海和朝鲜半岛的安全动向以及中国外交政策,而且还从 2001 年发起组织了"香格里拉对话",成为亚太地区讨论安全和外交战略问题的重要平台。外交政策中心历来重视对亚洲和中国问题的研究,2004 年 5 月推出了一个主题为"中国与全球化"的中国研究项目。皇家三军防务研究所也将中国军事发展和中国外交及安全政策作为研究重点。

在英国,关于中国外交及外交史研究的学者和著作不算太多,但其中影响最大、成果最多的是伦敦国际战略研究所研究室主任杰拉德·西格尔。[①] 他终其一生都在研究中国人民解放军和中国对外政策,相继出版有《大国三角》《中国正在改变形象:地区主义与对外政策》《毛泽东时代以后的中苏关系》《解放军与中国外交的制定》《中国崛起:民族主义与相互依存》《共产党国家的开放与外交改革》《香港的命运:1997 年的来临以及意味》《事实中国:北京与大国》《中国重要吗?》等。

英国这一领域的另一位多产学者是剑桥大学国际问题研究中心高级研究员陈智宏(Gerald Chan)教授。进中心之前,他在新西兰惠灵顿维多利亚大学任教,来中心后负责协调中心与伦敦皇家国际事务研究所合作的中国研究项目。他相继出版有《21 世纪的中国国际关系:动力范式转变》《中国国际关系透视》《中国国际研究文献》《中国与国际组织》《中国参加全球治理:合作与问题》《中国参与全球治理:一个新的国际秩序在形成?》等。

此外,罗伯特·阿斯等主编的《亚洲的中国一体化》和《中国、香港和世界经济:全球化研究》、安德鲁·斯莫尔的《大事件——全球中国圆桌》、华大伟的《中国与世界贸易组织》等也有一定影响。

---

① 杰拉德·西格尔对中国当代外交史的研究,可进一步参见张昕:《杰拉德·西格尔与中国研究》,吉林大学硕士论文,2015 年。

法国是研究当代中国最早的国家之一,其中自然也包括了中国当代外交史。1958 年法国当代中国研究和文献中心成立,表明了法国当代中国研究的起步。研究范围涉及现代和当代中国的社会、经济、外交等,近期研究专题就有"1979 年以来中国外交政策的调整"等。

1964 年中法建交,为法国的当代中国研究注入了巨大的活力,随即出现了一些研究当代中国的机构,如东亚语言研究所(1970 年)、国立东方语言文化学院的中国研究中心(1975 年)等。国立东方语言文化学院设有中国现代史(1949—1981),讨论 20 世纪 80 年代之后中国实施改革开放政策带来的巨大变化。20 世纪 80 年代之后法国出现的与汉语教学和现代中国研究有关的机构有 1980 年成立的法国汉学协会、1984 年成立的法国汉语教师协会、1991 年成立的法国现代中国研究中心、1993 年成立的东亚学院等。现代中国研究中心白吉尔教授出版的《1949 年至今的中华人民共和国》等学术专著涉及当代中国外交史。

在法国,对当代中国外交及外交史的研究更多地集中在智库。法国国际关系研究所主要追踪中国参与亚太多边对话和中美关系。2001 年 9 月亚洲中心成立后,定期与中国的科研机构交流,同时还成立了中国战略观察所,深入分析中国的对外战略和中美关系等问题。中心主任弗郎索瓦·戈德曼著有《中国新政策》(2003)、《中国和美国》(2001)、《中国、日本、东盟:战略竞争还是合作?》(2001)。法国国际和战略关系研究所也积极开展相关研究,成立了东亚思考俱乐部。俱乐部主任瓦莱里·尼凯对中国对外战略文化颇有研究,著有《多极世界的"伐交"思想》。俱乐部另一位资深专家让-樊尚·布里塞著有《中国,一个被包围的强国?》

德国学术界汉学研究历史悠久,但对当代中国的研究相对薄弱,这也影响到了德国当代中国外交史的研究。德国中国学研究的渐进式变化,较为突出地表现为第二次世界大战后德国中国学研究的当代复兴和稳步发展。在德国中国学稳步发展的过程中,智库和专业教学机构发挥了重要作用。

在智库方面,德国一些专门的研究机构,如德国全球与地区研究所,对当代中国问题进行了广泛深入的研究,发挥着不可替代的重要作用。1956 年由联邦德国外交部和汉堡市牵头成立了亚洲研究所,办有《亚洲》和《当代中国》杂志,专门从事中国现实政治问题研究,其中包括外交问题和外交史的研究。

在高校方面,柏林自由大学东亚所是德国当代中国史,包括当代中国外交史研究的重镇。中德关系研究是其特色之一。曾于 1989 年和 1991 年两次主办了"中德关系国际学术讨论会"。郭恒钰教授由德国大众汽车公司资助,主持了"1897—1990 年中德关系史文献"重点研究课题,并由自由大学和洪堡大学共同承担,参与项目的研究人员达 12 人之多,编辑出版八卷本大型文献系列。郭恒钰和罗梅君教授还主编了《柏林中国研究》丛书,当代中德关系史的研究成果也大都收录在内。2003 年又出版了《中德关系》一书(德文版)。罗梅君还与柯兰君合编了为庆祝郭恒钰教授六十寿诞出版的中德关系史论文集《中国:远在咫尺》。此外,方伟纳著有《中国对外政策的大跃进——"文革"时期至尼克松访华前中国的对外安全政策》。[①]

柏林大学汉学所是德国当代中国史,包括当代中国外交史研究的另一个重镇。塞吉特副教授主要研究中国的现代化和当代中国经济与改革问题,著有《中国的现代化政策与对外贸易和经济关系》。此外,费路教授和塞吉特副教授主持洪堡大学的中德关系史的研究工作,主要研究领域为中国的经济改革和中国的外交政策。

俄国对中国的研究被统称为汉学或中国学,向来是东方学的一个重要组成部分,至今已有近 300 年的历史。俄罗斯科学院远东研究所、东方研究所、莫斯科大学亚非国家学院、圣彼得堡大学东方系等都是俄罗斯中国学研究重镇。俄国对当代中国,包括中国当代外交史的研究是俄国中国学的重要组成部分。自前苏联至俄罗斯,俄国对当代中国史的研究大体经历三个阶段:初始阶段,20 世纪 50—60 年代中期。1956 年曾创办中国学研究所,出版《苏联中国学》杂志,内容涉及中国现状和中国外交的介绍。但随着 1959—1960 年中苏关系恶化,这项研究即停顿下来。曲折阶段,20 世纪 60—80 年代初期。俄罗斯科学院于 1970 年出版《中国现代史(1917—1970)》,论及中华人民共和国成立后恢复国民经济和开展社会主义建设的历史,其中也部分涉及外交史内容。1978 年,齐赫文斯基出版了《1945—1977 年的远东国家关系史》,对中国当代东亚地区外交有所论及。发展阶段,20 世纪 80 年代初至今。俄罗斯科学院于 1980 年又出版了《中华人民共和国简史》,其中包括中国当代外交史。1982 年,齐赫文斯基发表了《反对歪曲俄中关系史》一文。1991 年苏联解体

---

① "柏林自由大学东亚所",http://www. hprc. org. cn/gsyj/guoshiyanjiu/201001/t20100125_42665. html。

后,俄罗斯克服了前苏联史学中的极端意识形态化的表现,使研究工作趋于正常发展的道路,中俄关系史成为一个研究重点,如巴札诺夫的《苏中关系的历史教训与现实》(《近现代史》杂志,1989 年第 2—3 期)、库利克的《苏中分裂的原因和后果》(莫斯科,2000 年)。特别是 1999 年远东研究所的集成《现代化和改革征途中的中国(1949—1999)一书,从文化、经济、社会、政治体制、科学、教育、国际关系等角度论述了中俄关系。2000 年,米亚斯尼科夫又出版了两卷本著作《20 世纪的俄中关系》。

三、其 他 国 家

日本高度重视对当代中国的研究,在中华人民共和国成立之前,日本就已成立了有关当代中国的研究机构、学会等,每年都有全国性的研究大会召开。20 世纪 80 年代后,日本的当代中国研究进入新的历史阶段,并得到日本政府的大力支持。在日本的现代中国研究领域里,有关近代、现代和当代中国的研究,在日本通称为"中国现代史研究",其中当代中国以及中国当代外交史也是其中的研究重点之一。

在日本的当代中国研究机构,位列第一和最具有代表性的当属"中国研究所"。它不仅开启了日本研究当代中国的先河,也是第一个将有关中国的研究称为"中国研究"的机构。从学会方面来看,日本有许多有关中国研究的学会组织,"日本现代中国学会"可以说是日本学界研究当代中国的代表性组织。

爱知大学是日本中国学研究的大本营之一。该校的前身是 1901 年由日本东亚同文会在上海建立的东亚同文书院(后改称东亚同文书院大学),1945年停办,1946 年以此为基础在日本爱知县创立了爱知大学。该校自建立以来一直坚持重视中国和亚洲的学术传统。1948 年创立的国际问题研究所也是以现代中国为中心。1991 年该校研究生院增设了日本第一个专门研究中国的中国学专业,1994 年设博士课程。1997 年 4 月该校正式成立现代中国学院,这是日本国内第一个以"中国"命名的院系。学院成立后组建了现代中国学会,开始出版《中国 21》杂志。爱知大学国际中国学研究中心旨在推进包括日本在内的各国学界与中国国内学界之间高水平的和真正平等的学术对话,在世界范围内确立对中国展开研究的独立学科——"现代中国学"。该中心与海外合作大学及研究机构的学者们共同组建了"现代中国学研究方法论""现代中国经济与亚洲经济圈""中国与亚洲·世界文化共生""现代中国政治和亚洲·世界和平""现代中国和亚洲·世界的人口环境"5 个专业领域的研究会,每年召开一次综合各领域的国际研讨会,采用远程会议(RMCS)方式与中心的海外基地同时进行学术讨论,然后将研讨会的成果用日文、英文、中文三种语言编辑成报告或文集出版。其中大量涉及中国当代外交及外交史。

日本当代中国外交及外交史研究,最为关注的是中国对日政策的研究,并取得了一系列成果。王伟彬撰写的《中国与日本的外交政策——看 1950 年代的邦交正常化过程》(米涅瓦书房,2004 年)是关于 20 世纪 50 年代中国对日政策和日本对华政策的综合性研究著作。王伟彬根据中国对日工作者的采访录和回忆录,力图说明 20 世纪 50 年代中国对日外交的决策机制。但是,此研究没有参考中国外交部档案等史料。大泽武司是利用中国外交部档案进行研究的代表性学者。他的一系列研究是把日侨和华侨的回国问题、战犯释放问题等作为案例,分析了中国对日人道外交,并对 20 世纪 50 年代中国对日外交战略加以说明。杉浦康之利用中国公开出版的常用资料,包括《人民日报》《世界知识》等报刊及中共中央领导层的各种年谱、选集、文选等资料撰写了《中国的"日本中立化"及对日本形势的认识——以第四次日中民间贸易协议交涉中的"日本长崎国旗事件"为中心》等论文,指出了 20 世纪 50 年代的日本国内政治动向与中国对日外交的互动性。廉舒的《中国对外战略中的对日政策——以1950 年代为中心》也分析了 20 世纪 50 年代的中国对外战略与对日外交的互动性,提出中国以"日本中立化"为主要目的,开展对日外交。

三宅康之有关中国外交的系列论文《中国的"邦交建立外交"(1945—1957年)》《中国的"邦交建立外交"(1958—1964 年)》《中国的"邦交建立外交"(1965—1971 年)》等除了使用中国公开出版的资料和二手文献以外,还参考了外交部档案,专门分析了中国对各国的邦交正常化外交的特色。他的研究范围还扩大到中国与苏联、西欧和第三世界国家的关系。山影统的论文《1960 年代前半期的中国对外政策:以对法国政策为中心》和《中国对西欧各国的政策——以 1964 年中国与西德的政府间会谈为中心》主要围绕中国和法国、中国和联邦德国邦交正常化外交,讨论了中国力图通过与这两国建交来分裂美国和这些西欧主要国家间的关系。就尼克松访华事件,增田雅之利用中国内地和香港公开出版的资料和二手文献,加上若干的内部资料,发表了《中国政治与美中和解——从"美苏勾结"论到"美苏矛盾"论的彻底反转(1969—

1970)》一文,从中美苏三大国关系的视角指出了中国对美国外交变化的原因。①

除了上述学者和著述外,近年来日本有关当代中国外交史研究较有影响的还有 2010 年松村史纪、森川裕二、徐显芬合著的《两个"战后"秩序与中国》,2012 年高原明生、服部龙二合著的《日中关系史,1972—2012:政治》,2013 年国分良成、添谷芳秀、高原明生、川岛真合著的《日中关系史》,2015 年青山瑠妙(陆明)、天儿慧合著的《超级大国·中国的走向(2):外交与国际秩序》,2016 年三船惠美的《中国外交战略　其根本处为何物》等。

韩国对中国的研究是区域研究的重要组成部分,其中自然就包括中国当代外交史。自 1971 年中国成为联合国常任理事国之后,随着国际环境和国家战略需要的变化,韩国的中国问题研究迎来了新的转机,改变了过去在收集国外信息及研究时依靠强国的结构。中国的改革开放政策以及韩国政府北方外交政策的变化使韩国的中国学研究开始逐渐活跃起来。进入 20 世纪 90 年代,与韩国政府的全球化政策及其提供对外援助的增加密切相关,韩国的区域研究正式开始。1992 年 8 月韩中建交后,韩国的中国学研究热情高涨,研究成果剧增。如今,在韩国从事区域研究的学者中,研究中国的人数最多。

1966 年,金河龙出版了《中国共产党的对外政策路线》一书,在中国当代外交史研究领域发挥了先导作用。此后,1979 年,韩国高丽大学亚洲问题研究所金俊烨教授发表了《中国与亚洲》。

1992 年中韩建交前后,韩国出现了一股对当代中国外交史研究的高潮。相关论著有建国大学宋永祐等合著的《韩中关系史》(1993)、外交安保研究院朴斗福等人的《最近中苏关系论》(1991)等。其中宋永祐的《韩中关系史》是在中韩建交一周年时出版的,在学术界影响很大,与冷战时期韩国中国学界所持的观点不同,比较客观地阐述了中国和朝鲜、韩国之间关系的变化。此外,中朝关系史也是韩国学术界比较重视的。2000 年后涉及这一领域的主要有 2001 年韩国世宗研究所李钟奭的《朝中关系(1945—2000)》《主体思想与毛泽东思想》,2002 年韩国外交安保研究院朴斗福的《中朝高层次交流恢复与中朝关系》等。②

---

① 杉浦康之:《日本当代中国外交史的研究动向》,《近现代国际关系史研究》,2014 年第 1 期。
② 何培忠主编:《当代国外中国学研究》,北京:商务印书馆 2006 年版,第 479 页。

澳大利亚的中国当代史,特别是中国当代外交史研究,随着 1972 年中澳两国建交、双方学术交流的加强而逐渐开展,一些大学的历史系开设了中国历史的课程,中国革命史、中国现代史被列入课程表,并招收中国史专业的本科生和研究生,其中也讲授中国当代外交。1979 年,澳大利亚第一份研究中国问题的刊物《澳大利亚中国事务杂志》(封面特书"澳中"两个汉字)应运而生,并普遍被认为是关于中国研究的高水平的国际性刊物。由于主办该刊的是澳大利亚国立大学当代中国中心。该中心的研究范围涉及当代中国的政治、经济、文化教育、军事、外交诸方面,因此其中发表的论文也有少量涉及当代中国外交史的研究。目前,该刊已更名为《中国研究》。

澳大利亚有关中国当代外交史的著作主要有 E. M. 安德诺斯的《澳大利亚与中国——朦胧的关系》,1985 年由墨尔本大学出版社出版。该书对自 19 世纪 40 年代至 1983 年弗雷泽政府倒台期间的澳中关系进行了全面论述,其中最后三章,即《解放与 50 年代的中国》《解放与 60 年代的中国》《怀特兰·弗雷泽时代的中澳关系》对当代中国和澳大利亚关系做了深入剖析。由于条件限制,书中引用的多是外文资料,中文资料的搜集与引证明显不足。尽管如此,作者还是尽量利用了从堪培拉、墨尔本和伦敦等地搜集到的资料;并将一些社会学者、公共时事评论员和社会活动家对中国及中澳关系的分析收入书中。[①]

加雷思、埃文斯和布鲁斯·格兰特编辑的《90 年代澳大利亚对外关系》虽然谈及澳大利亚对中国大陆、台湾地区、香港地区的外交政策,但同时也涉及中国对澳大利亚的政策。作者特别指出,即使冷战期间,中澳贸易和文化交流并没有因此而停滞。一个有意义的事例是澳大利亚帮助中国创办了大型英文报纸——《中国日报》。

费子智(Charles Patrick Fitzgerald)是澳大利亚国立大学教授,在该国中国学领域享有很高的学术声望。他的《1945 年以后的中国与东南亚》详细论述了中国与东南亚国家的关系变迁。

新西兰的当代中国史研究主要集中在大学,如奥克兰大学、维多利亚大学、怀卡托大学等,此外还有新西兰亚洲研究学会等团体,研究的重点主要是中国文学等,外交史极少。其中比较有影响的是张勇进于 1996 年出版的《新

---

① 梁怡:《国外研究中国革命史的历史考察——澳大利亚部分》,《北京联合大学学报》,1999 年第 2 期。

西兰与中国的现状和未来：新中关系问题》、2001 年叶宋曼瑛的《移居新西兰的华裔商人：跨国的投资者还是不成功的投资者？重新考察澳新关系中的中国跨国主义》等。①

新加坡由于处于独特的地位，近年来吸引了一大批华裔学者聚集，在中国当代史，包括中国当代外交史研究方面形成了自己的特色，并影响越来越大。其中，新加坡国立大学东亚研究所是研究重镇。它的由来和新加坡的中国研究进程密切相关。1992 年东亚哲学研究所改名为东亚政治经济研究所。在1992 年至 1996 年间，东亚政治经济研究所开始延聘第一批中国政治学专家，他们中有许多是来自新加坡政府和来自中国的学者。1997 年，东亚政治经济研究所易名为东亚研究所，东亚研究所尽管附属于新加坡国立大学，但在财政和科研方面是独立的。东亚研究所的宗旨是推动对东亚地区学术和政策层面的研究，特别是对当代中国（包括港台地区）的政治、经济和社会发展，以及中国与世界迅速发展的经济一体化态势及其在该地区的政治和安全问题。东亚研究所有两个任务：一个是为政府官员提供政策分析报告，另一个是从事学术研究。学者们根据各自的专业和兴趣开展研究，并在新加坡国立大学承担指导研究生的任务。此外，新加坡南洋理工大学也有相关的中国问题研究。

东亚研究所所长郑永年主要从事中国内部转型及其外部关系研究，主要兴趣或研究领域为民族主义与国际关系，东亚国际和地区安全，中国的外交政策，全球化、国家转型和社会正义，技术变革与政治转型，社会运动与民主化，比较中央地方关系，中国政治。目前已出版的涉及中国当代外交史的主要著作有《在中国发现中国民族主义：现代化、身份认同与国际关系》《中国和新世界秩序》等。

东亚所原所长黄明翰是位经济学家，出版了许多有关中国对外经济的专著，如《APEC 与中国的兴起》《推进中新经济关系》《中国与东盟关系：经济与法律面向》等。

东亚所所长助理黎良福具有政治学和历史学研究背景，其研究的一个重点领域就是中国与新加坡的关系以及中国与东盟关系。

越南的当代中国学研究主要有三个系统，即国家社会科学院系统的越南社会科学院中国研究所、高校系统的东方学系和中国研究中心以及政府系统

---

① 何培忠主编：《当代国外中国学研究》，北京：商务印书馆 2006 年版，第 388—389 页。

的相关院所,如外交部下属的国际关系学院等。其中,越南社会科学院中国研究所是越南目前研究中国当代外交及外交史力量最为雄厚、范围最为广泛的机构,专门设有中国对外政策研究室,对中国的外交政策和当代外交史,尤其是中越关系进行密切跟踪和研究。近 20 年来的相关著作有《开放时期的中国对外经济关系》(阮明恒,1996)、《中华人民共和国对外开放过程》(阮世曾,1997)、《越南——中国的经济文化关系:现状与展望(论文集,2001)、《越南中国关系:10 年回顾与展望》(论文集,2002)、《越南中国关系:1991—2000》(陈文度主编,2002)、《越南的对外关系与越中关系》(杜进森等主编,2003)、《越中关系:1956—1970 的事件》(2006)、《中华人民共和国:新背景外交》(黎文美,2007)、《20 世纪头十年中华人民共和国外交》(黎文美主编,2011)等。

此外,在蒙古、以色列、挪威等国也有当代中国外交史的研究。2009 年,蒙中友协主席扎·扎尔格勒塞罕出版了力作《中国外交政策》一书。此外,蒙古国立大学国际关系学院教授扎·巴雅萨呼著有《中华人民共和国外交政策的变迁》一文,认为 1949 年至 1962 年中国处于社会主义阵营之中,支持和认同社会主义阵营的外交政策,但从 1962 年的“三面红旗”未能成功到 1966 年,中国外交渐离了社会主义阵营。“文革”开始后,中国除了与阿尔巴尼亚、罗马尼亚等少数社会主义国家保持若即若离的外交关系外,几乎脱离了社会主义阵营,1972 年后,开始与美国、日本等西方国家建立外交关系。改革后,邓小平的“实用主义”外交路线代替了毛泽东的“三个世界”理论。[1] 以色列海法大学教授希霍尔于 1979 年出版了西方第一本有关中国中东外交的名著《中国外交政策中的中东:1949—1977》。他在书中指出,中国的中东政策也反映了中国对世界局势的总体判断,一旦国际局势紧张,中国也会加强对这一所谓“中间地带”的关注。[2] 挪威前外交官石海山等撰写的《挪威人在上海 150 年》一书,也涉及中国与挪威的关系。其中特别指出 1949 年夺取政权以后,大多数外国人相继撤离上海,而挪威是最后一个放弃其在上海领事存在的西方国家,总领事馆到 1966 年才关闭。[3]

---

[1] 何培忠主编:《国际视野中的研究——历史与现实》,北京:中国社会科学出版社 2013 年版,第 292—293 页。

[2] Yitzhak Shichor, *The Middle East in China's Foreign Policy, 1949 - 1977*, Cambridge: Cambridge University Press, 1979, pp. 3 - 4.

[3] 石海山等著:《挪威人在上海 150 年》,上海:上海译文出版社 2001 年版,第 143—144 页。

第二节　主要议题

国外当代中国外交史研究的主题，也是随着国外对当代中国认识的逐渐改变而发生变化。冷战时期，国外当代中国外交史研究主要集中在美国，并表现出以下几个研究路径。

一是历史文化路径，强调中国外交传统的继承性与连续性，其代表人物就是美国著名汉学家费正清。他于 1968 年出版了《中国的世界秩序》一书并于 1969 年在《外交杂志》上发表论文《历史视野中的中国外交》，从历史角度出发观察中国外交政策，认为中国外交政策与中国传统历史文化有关联性和继承性，当代中国的外交政策有自己独特的逻辑，不能以意识形态或美国自身的决策思路简单推演。在涉及中国当代外交政策的研究时，他的这一思路同样贯穿始终，如《中国的世界秩序》一书，即从历史角度出发观察中国外交政策的代表性学术成果，在观点上也侧重于强调中国外交政策与中国传统历史文化的关联性和继承性，更强调所谓"共产党中国"与传统中国的联系，认为中国的外交政策有自己独特的逻辑，不能以意识形态或美国自身的决策思路简单推演。马克·曼考尔（Mark Mancall）于 1963 年在《美国政治和社会科学学会会刊》发表的论文《中国外交中的连续性传统》，也强调中国外交观念与西方传统的歧异，认为根据传统的中国世界观，"世界秩序是等级制而非水平的"，而中国"是这一体系的中央权威"，并认为这种传统的世界观在东亚朝贡体系瓦解之后仍然保留了下来，并演变为中国现代的民族主义思想。曼考尔由此推断出中苏同盟将很难维持的结论。几年后，中苏关系全面破裂，既验证了曼考尔的预测，也成为历史主义取向在中国外交研究中具有优势的有力证明。[①] 此外，杰弗里·德享默于 1967 年出版的专著《中国看世界》、福伊尔沃克于 1972 年在《美国政治和社会科学学会会刊》发表的论文《中国历史与当代中国外交》、格兰莫-宾于 1973 年在《中国季刊》发表的论文《中国人眼中的世界位置：历史视角》等也都是这一研究路径的力作。1973 年，奥克森伯格主编出版了《龙与鹰：中美关系的过去与未来》，从历史角度对中美关系进行全面回顾总结。

二是意识形态路径，强调革命的或共产主义的意识形态决定了中国对外

---

① 王栋、李侃：《美国中国外交研究的流变：方法、议题与趋势》，《美国研究》，2013 年第 3 期。

政策。这主要来源于对中国参加抗美援朝的考察认识。其中比较具有代表性的著作包括：施瓦茨于 1968 年出版的《共产主义与中国：变化不定的意识形态》、内斯于 1970 年出版的《革命与中国外交政策》、梅斯纳于 1977 年出版的《毛泽东的中国：中华人民共和国史》、阿姆斯特朗于 1977 年出版的《革命外交：中国的外交政策和统一战线主义》等。①

三是现实主义或理性行为主义路径，认为中国与其他国家一样，其外交受到国际体系的影响和制约，目的是为了确保国家安全。艾伦·惠廷（Allen Whiting）于 1960 年出版了这一路径的经典之作《中国跨过鸭绿江：参加朝鲜战争的决定》，借鉴了国际关系理论中的现实主义和理性主义理论，通过对公开材料和政府声明的研究提出了"中国参加朝战的目的是为了维护国家安全"这一有别于当时普遍流行的"意识形态说"和"安全缓冲说"的观点。② 惠廷后来进一步发展了这种现实主义分析框架，在 1975 年出版的《中国的威慑计算》一书中，通过对中国对外使用武力的实例研究，他提出中国对外使用武力主要是反应性和防御性的，旨在对对手进行威慑。③ 总的来看，惠廷的研究体现了美国早期中国外交研究中历史学与国际关系理论相结合的努力，同时也反过来影响了美国中国外交研究的发展，影响了研究中国外交的主流。特别是随着中苏关系的恶化和中美关系的改善，利用现实主义的手法研究中美苏三角关系成为中国外交研究的热点。其中比较著名的有李侃如于 1978 年在兰德公司发表的《70 年代中苏冲突，战略三角的演变及其意义》。总之，在中国改革开放前，美国对中国外交史的研究都有一个共同的特点，即将中国当作一个单一的行为主体（monolithic unitary actor），要么受传统的影响，要么受共产主义思想的影响，要么受国际战略格局的制约而采取理性的计算制定。也正是由于其研究具有鲜明的理论取向，而且关注的是中国的战略行为特征这一中国外交研究的核心问题，因此惠廷与鲍大可一道，通常被视为严格意义上的美国的中国外交研究奠基人。

四是行为主义路径，主要是受到国际关系研究的行为主义影响，比较强调通过收集资料，对之量化，检验各种对外交政策的假设（hypothesis）。但是，这

① 张清敏：《美国对新中国外交研究近况》，《美国研究》，1999 年第 4 期。
② 胡菁菁：《境外中国外交决策机制研究综述》，《国际政治研究》（季刊），2010 年第 4 期。
③ Allen S. Whiting, *The Chinese Calculus of Deterrence*, Ann Arbor: University of Michigan Press, 1975.

一研究路径的学者主要依赖对美国外交的研究,较少对其他国家外交政策进行研究。尽管如此,也有一些学者试图将比较外交政策所常用的"行为主义(behaviorism)"的分析方法运用到对中国外交政策的研究中,如代尔于 1974年主编的《发展中和争论中的中国外交政策研究方法》和博罗于 1979 年主编的《理解外交政策决定:中国案例》等。但如前所述,由于这一时期对中国外交政策的研究普遍强调的是中国的个性,而外交政策分析理论更多是以美国外交为中心,因此这些研究没有受到应有的重视。

冷战结束以后,特别是 1978 年改革开放以后,中国重新走向世界,中国的外交引起了各国学界和智库的高度重视,除了美国继续保持研究领先地位外,其他各国的相关研究也紧紧跟上。国外有关当代中国外交及外交史的著作越来越多,对中国外交史的研究视野开始拓宽。这主要集中在以下几个方面:

其一,对中国外交思想和理论的总体研究。美国学者罗斌逊和沈大伟于 1993 年出版的《中国外交政策:理论与实践》和金淳基于 1989 年主编的《中国与世界》及其以后的多个版本不仅涵盖了中国与重要国家和地区的双边关系,而且对中国在联合国等国际组织的国际合作、谈判以及经济行为的特点、人权、军事、环境等都有研究。高龙江(John W. Garver)于 1993 年出版的《中华人民共和国对外关系》一书则从中国外交的历史与前景、中国与超级大国的关系,以及中国的革命外交与经济外交等角度研究中国的外交政策。1996 年,韩德(Michael H. Hunt)出版了《中国共产党对外政策的起源》一书,该书从中国近代历史,特别是中国共产党领导的革命历史,深入探讨了当代中国外交的历史根源。赵全胜于 1996 出版的《解释中国外交政策:微观与宏观的联系取向》则从国际、社会和个人三个层次上采取宏观和微观相联系的方法分析中国外交政策的变化与特点。1998 年罗伊出版了《中国对外关系》一书,通过一个聚焦于中国的国际关系政治学视角分析了决定中国外交行为的诸多因素。《论中国》是亨利·基辛格于 2011 年发表的新书,它记录了 40 年来基辛格与中国几代领导人的对话实录,还记录了包括中美建交中的互动、三次台海危机、改革开放和邓小平访美等历史节点上的重要细节,在某种程度上也是理解和研究中国外交政策发展历史的一部专著。

日本学者青山瑠妙(陆明)撰写的《当代中国外交》(庆应义塾大学出版会,2007 年)把从 1949 年中华人民共和国成立到 21 世纪初期的中国外交作为对象,从外交与外事两个概念分析了中华人民共和国外交的特色。青山瑠妙还分析了冷战时期中国对美国、西欧各国及非洲的外交案例,指出冷战时期中国外交一贯保持了现实主义外交性质。[1] 韩国高丽大学李映周的《中国的新外交战略和韩中关系》一书从中国外交战略的运作历程、中国新外交战略的背景与依据、中国新外交战略的内容和原则、中国新外交战略的基本特色、韩中建交与韩中关系的发展五个方面对中国外交思想和战略以及中韩关系做了分析。其中,他认为中国外交总体思想是和平的、全方位的、防御性的、能为世界的和平与发展做出贡献。中国在坚持把本国利益放在第一位的同时,一直注意不损害别国利益,反对霸权主义,奉行独立自主的外交。[2] 这表明韩国学者对中国的外交路线有了客观的认识和评价。

其二,关注中国的外交决策过程和国内政治对中国外交的影响。对于外交决策过程,1985 年,美国学者鲍大可(A. Doak Barnett)的专著《中国外交政策的制定》,采用了外交政策取向,并运用了访谈、实地调研和文献分析的研究手段,做出了富于开创性的研究,第一次描绘了中国外交的决策机构全图,包括党和政府机构,军队和情报机构,新闻、高校和研究机构等。他还第一次披露出中国外交的决策已经从政治局转移到书记处和国务院。[3] 赵全胜在《解释中国外交政策:微观与宏观的联系取向》一书中也对中国外交决策机制变化做了研究,提出随着中国老一辈领导人的去世,以及中国外交事务范围的扩大、参与决策机构的增多,中国外交决策的最高权威逐渐消失,中国的外交政策不再由一个最高领导人决定,而是由多个分散的有自己不同利益和观点的权力机构通过协调制定。外交政策的制定正在从一个上下的权威主义(vertical authoritarianism)变为平衡(horizontal authoritarianism)的权威主义。[4] 这些对中国外交决策的研究有一个共同的特点,那就是采取具体案例分析的方法来说明外交机制的运作和政策的制定。如布坎曼在 1998 年发表的《中国外交决策的结构与过程》一文中,运用中国派兵抗美援朝、20 世纪 60 年代初期关于"三和一少"的争论、20 世纪 70 年代发展对外贸易和三线建设的决

---

① 杉浦康之:《日本当代中国外交史的研究动向》,《近现代国际关系史研究》,2014 年第 1 期。

② 李映周:《中国的新外交战略和韩中关系》,北京:时事出版社 1997 年版。

③ Doak A. Barnett, *The Making of Foreign Policy in China*, Washington: The Brookings Institution Press, 1985.

④ 王栋、李侃:《美国中国外交研究的流变:方法、议题与趋势》,《美国研究》,2013 年第 3 期。

定以及 20 世纪 90 年代加入全面核禁试条约等决定案例，来研究中国外交决策不同机构的功能和运作。① 此外对一些外交史上重大决策，如中国派兵入朝的深入研究也涉及当时中国外交决策的制定过程。例如 1993 年冈恰诺夫、刘易斯和薛理泰合著的《不确定的伙伴：斯大林、毛泽东与朝鲜战争》、1994 年陈兼的《中国通往朝鲜战争之路》等。英国陈智宏教授在《21 世纪的中国国际关系：动力范式转变》一书中指出，中国的外交行为并不只是形成于日益增长的大国地位，同时也受到中国对全球化的认识和外部对华压力的影响。虽然中国领导人仍然坚持一些传统的外交价值，如主权、领土完整和祖国统一，但与国际经济的相互依存越来越大这一趋势也给中国外交动力范式转变提供了激励。②

至于国内政治对中国外交的影响，李侃如在研究中国内部政治时，将中国领导人划分为三个群体：本地主义者、有选择的现代化者和全面现代化者，并指出这三种意见之间的权力分配和转变会影响中国的国内政治，进而影响中国的对外政策，并于 1984 年撰写了相关论文《国内政治与外交政策，1980 年代的中国对外关系》。这一分析视角很快成为海外学者分析中国对外政策的惯用模式。③ 在其后于 1995 年出版的《治理中国：从革命到改革》一书中，李侃如延续了这一方法，对中国国内政治与对外决策的互动进行了更系统的分析。④ 史文在 1995 年发表的《中国：国内变化与外交政策》一文，也探讨了中国国内领导层、社会层和知识分子层次的发展变化对中国外交的影响。2007年收录在郝雨凡等主编的《中国外交决策：开放与多元的社会因素分析》一书中的美国华裔学者俞敏燕、赵全胜的论文《媒体在中国对外政策中的作用》与《知识分子和思想库对中国外交政策的影响》分别分析了媒体和思想库对中国外交决策的影响。⑤《中国季刊》于 2002 年 9 月还出版了一个专刊，沈大伟、史

① David Bachman，"Structureand Process in the Making of Chinese Foreign Policy"，in Samuel Kim（ed.），*China and the World：Chinese Foreign Policy Faces the New Millennium*，4th edition，Colorado：Westview Press，1998.

② Weixing R. Hu，Gerald Chan，Daojiong Zha，*China's International Relations in the 21st Century：Dynamics of Paradigm Shifts*，UPA，2000.

③ 王栋、李侃：《美国中国外交研究的流变：方法、议题与趋势》，《美国研究》，2013 年第 3 期。

④ 李侃如：《治理中国：从革命到改革》，北京：中国社会科学出版社 2011 年版。

⑤ 郝雨凡、林甦主编：《中国外交决策：开放与多元的社会因素分析》，北京：社会科学文献出版社 2007 年版。

文等讨论了中国人民解放军在中国外交决策制定中所扮演的角色。日本也非常关注中国外交决策机制。杉浦康之依据中国外交部档案、公开出版的各种资料以及当事者的回忆录撰写了《中国对外政策智库——以国际关系研究所的创立与发展为中心》，介绍了中华人民共和国最初专门的国际问题智库机构——国际问题研究所的活动内容。该论文着重介绍了在国际问题研究所的成立与发展过程中，时任中国外交部常务副部长张闻天所发挥的作用。冈部达于1983年的《中国外交：政策决定的结构》也分析了当代中国外交的决策机制。①

　　还有一些则从政治心理学和公众舆论的角度及理论框架来探讨中国人的看法对中国外交的影响。突出的代表是罗兹曼于1987年出版的《中国关于苏联社会主义的争论，1978—1989》、惠廷于1989年出版的《中国眼中的日本》以及沈大伟于1989年的《美丽的帝国主义：中国对美国的看法，1972—1990》。他们根据政治心理学家所提出的，如果不了解一个行为者对自我形象和对外界世界形象的认识，那么就不能理解，也不能判断其行为的主张。并以一些所谓的"内部材料"和对一些人物的采访为依托，探讨发掘中国知识界对对象国的看法。罗兹曼从中国学者自1978年到1985年有关苏联社会主义性质的辩论来分析中国对苏联认识的变化，以及这种变化对中国对苏政策的影响。沈大伟采取了同样的方式，利用在中国学习和工作的机会，采访了160多位中国学者，集中研究了中国的"美国观察家"（American watcher）及其在研究中构建的美国意象（image）。根据意识形态、学术思路乃至所在单位性质的不同，沈大伟对中国从事美国研究的专家及其偏好进行了归纳，指出中国的美国研究深受传统的马克思主义路径的影响，但也出现了多元主义的新倾向，并认为随着中国对美国的研究越来越侧重于国内政治的详细分析，对美国的解读将逐步改善，从而降低以错误知觉破坏中美关系的危险。② 惠廷则在中日两国进行了采访，探讨中国知识界和公众对日本的看法。他指出中国对日本有两种相互矛盾的看法：一是消极的看法，即日本在历史上曾对中国进行过野蛮的侵略，现在仍然是对手；另一个是积极的看法，即日本的发展模式可以学习，并希望成为经济大国后的日本能够帮助中国实现现代化。这两种互相矛盾的看法

---

① 杉浦康之：《日本当代中国外交史的研究动向》，《近现代国际关系史研究》，2014年第1期。
② 王栋、李侃：《美国中国外交研究的流变：方法、议题与趋势》，《美国研究》，2013年第3期。

一直没有完全或圆满地协调,加剧了中日两国间的紧张关系。惠廷还第一次把公众舆论,如中国主要城市的大学生们所表现出的舆论纳入到对中国外交政策决策的研究。①

其三,关注中国对全球事务的介入和参与,特别是中国崛起的研究。美国学者何汉理从宏观角度研究中国对外合作行为的论文《中国的合作行为》则将中国与其他国家的关系按实力差距及由此而来的相互地位差异划分为主顾型、客户型和参与型,并指出主顾型关系往往因中国政治精英担心这种关系可能损害其国内政治稳定性而难以维系,客户型关系则因为他国的政治精英也会有对主顾型关系的担忧而同样不稳定,鉴于这些弊端,同时也由于中国与外部世界的联系越来越紧密,中国在未来对外交往中可能会更倾向于建立参与型伙伴关系。这些研究在变量划分上凸显了国际关系理论和政策分析理论精致、条理化的特点,也是何汉理的宏观分析不至流于材料堆积的原因。② 进入20 世纪 80 年代后,美国学者奥格森伯格的学术兴趣开始转向中国在国际制度(国际组织)中的新身份和行为特点。他于 1990 年与雅各布森合作主编出版了《中国参与国际货币基金、世界银行和关税协议:走向全球经济秩序》,在积累大量案例的基础上,奥克森伯格对中国对国际制度态度的转变、在国际经济组织中的行为特征和可能带来的变化进行了基于数量统计的分析,从而开拓了中国与国际制度的互动这一新的研究领域,同时也对中国外交政策的量化研究进行了有益的探索。1999 年,他又与易明共同主编了《中国参与世界:进步与前景》,从中国与联合国、中国与军备控制、中国与国际人权体制、中国与国际贸易和投资体制、中国与国际金融体制、中国与信息革命、中国能源业的外交参与、中国与环境保护等角度探讨中国外交行为的演变和参与国际事务的进程。③ 江忆恩同年也在《东盟的秘密》一文中指出,中国在多边机构内的"社会化"使得中国更有责任忍受多边体制对其外交政策的影响。④

---

① 张清敏:《美国对新中国外交研究近况》,《美国研究》,1999 年第 4 期。

② 王栋、李侃:《美国中国外交研究的流变:方法、议题与趋势》,《美国研究》,2013 年第 3 期。

③ [美]伊丽莎白·埃克诺米、米歇尔·奥克森伯格主编:《中国参与世界》,北京:新华出版社 2001 年版。

④ Alastair Iain Johnston, "The Myth of the ASEAN Way? Explaining the Evolution of the ASEAN Regional Forum", In Haftendorn H, Keohane R, Wallander C Imperfect Unions (ed.), *Security Institutions in Time and Space*, Oxford University Press, 1999.

美国学者谢淑丽早在 1993 年、1994 年陆续出版的两本专著中对中国为何在 20 世纪 70 年代末加入国际经济体系并获得极大成功这一问题进行了探讨。她认为中国的体制制度化程度比苏联要低得多,分权化(decentralization)程度则更高,这就使得中国更容易通过渐进主义(gradualism)的方式推动经济改革。这一制度主义的研究对中国式改革的特点成因做出了富有新意的解释,也对中国加入国际体制做了分析。2007 年,她又出版了《中国:脆弱的超级大国》一书,书中指出,中国人个性中有"负责任"的一面,但也还有"情绪化"的另一面,在得不到解决的内部紧张局势的驱动下,仍有可能将中国推向军事对抗。尽管现在"中国的崛起"越来越受到国际社会关注,但中国仍是一个存在种种问题的"大国",中国领导人对本国国内安全问题的担忧也远远高于对外部世界的关注。[1]

对中国崛起持保守估计的学者还有哥伦比亚大学教授黎安友(Andrew Nathan)。1997 年,他出版了《长城与空城计:中国对安全的寻求》一书,指出中国的安全威胁不是来自美国,而是主要来自周边邻国甚至国内,因此尽管中国的经济和军事力量不断发展,但实际上中国仍存在种种困难。[2] 兰普顿在 2009 年出版的《中国力量的三面:军力、财力和智力》中也从军事、经济和文化三个视角分析了中国快速发展所取得的成就及所面临的困难和问题,客观分析了中国的发展给周边国家和世界带来的机遇和挑战。他认为中国在崛起进程中在强制性力量、经济力量及观念性力量等方面存在不均衡的发展,如何处理、协调本国国内的诸多问题是中国进一步崛起需要面对的挑战[3]。2009 年,美国知名智库战略与国际研究中心、彼得森国际经济研究所的一批知名学者,如伯格斯坦(Fred Bergsten)、弗里曼(Charles Freeman)、拉迪(Nicholas R. Lardy)和米切尔(Derek J. Mitchel)等就中国崛起对全球的挑战、中国崛起中的中央与地方关系、中国特色民主、内部腐败、中国未来发展、中国崛起与世界的关系等问题做了深入探讨,认为中国的崛起要比预期得快。没有中国的帮

---

[1] Susan L. Shirk, *China: Fragile Superpower: How China's Internal Politics Could Derail Its Peaceful Rise*, Oxford: Oxford University Press, 2007.

[2] [美]安德鲁·内森(Andrew J. Nathan)、罗伯特·罗斯(Robert S. Ross)著,柯雄等译:《长城与空城计:中国对安全的寻求》,北京:新华出版社 1997 年版。

[3] [美]兰普顿著,姚芸竹译:《中国力量的三面:军力、财力和智力》,北京:新华出版社 2009 年版。

助,那么任何重大国际问题都不会得到有效应对。①

与美国学者的相对谨慎不同,英国学者乔舒亚·库柏·拉莫对中国崛起并融入社会要乐观得多。作为英国外交政策中心"中国与全球化"的中国研究项目报告之一,他于2009年出版了《北京共识》。该报告指出中国通过艰苦努力、主动创新和大胆实践,摸索出一个适合本国国情的发展模式。他把这一模式称之为"北京共识",并认为其具有艰苦努力、主动创新和大胆实验(如设立经济特区),坚决捍卫国家主权和利益(如处理台湾问题)以及循序渐进(如"摸着石头过河"),积聚能量和具有不对称力量的工具(如积累4000亿美元外汇储备)等特点。它不仅关注经济发展,同样注重社会变化,也涉及政治、生活质量和全球力量平衡等诸多方面,体现了一种寻求公正与高质量增长的发展思路。②

伦敦经济学院高级客座研究员马丁·雅克也于2009年出版了《当中国统治世界:中国的崛起和西方世界的衰落》一书并指出:"中国绝对不会走上西方民主化的道路,只会选择一条不同于西方世界的发展模式;中国的崛起将改变的不仅仅是世界经济格局,还将彻底动摇我们的思维和生活方式。"他认为,如果说英国曾是海上霸主,美国是空中和经济霸主,那么中国将成为文化霸主。中国的崛起将改变全球,世界将由西方塑造走向更多的中国塑造。书中以相当的篇幅论述了中国的外交及其周边关系。③

其四,关注日益扩展的中国与其他国家和地区的关系,特别是中美关系和大三角关系。美国学者何汉理对当代中国外交史的研究主要侧重于中国对外关系尤其是中美关系,在1992年出版的《脆弱的关系:1972年以来的中美关系》一书中,他将分析对象划分为国际、地区(台湾)、国内和中美对彼此的看法四个层次。沈大伟在1993年发表的《中美关系的互动模式》一文中,对中美关系的研究从全球、社会和政府三个层次予以考察。陆伯彬于1995年出版了《谈判合作:美国与中国,1969—1989》一书,对中美关系的研究采取了"两个

---

① C. Fred Bergsten, Charles Freeman, Nicholas R. Lardy and Derek J. Mitchel, *China's Rise: Challenges and Opportunities*, The Center for Strategic and International Studies and The Peterson Institute for International Economics, 2009.

② Joshua Cooper Ramo, *The Beijing Consensus*, London: The Foreign Policy Center, March 2004, http://fpc.org.uk/fsblob/244.pdf.

③ [英]马丁·雅克:《当中国统治世界:中国的崛起和西方世界的衰落》,北京:中信出版社2010年版。

层次游戏"的方法,不仅研究两国关系的互动,而且将同样的力度放在中美双方各自国内因素对双边关系的影响。孔华润(Warren Cohen)教授的《美国对中国的反应:中美关系史》是公认的研究中美关系史的力作。

英国学者杰拉德·西格尔特的《大国三角》一书则透视了中、美、苏大三角关系,并认为这不是形成于学界一般认为的 20 世纪 70 年代中美关系正常化以后,而是起源于 20 世纪 60 年代的中苏关系恶化。① 他的这一观点使他在学术界脱颖而出,奠定了在中国外交史研究领域的地位。2000 年他英年早逝后,著名国际问题专家布赞等还主编出版了纪念文集。

在中国与其他国家和地区的研究方面,1970 年美国学者范乃思(Peter Van Ness)出版的《革命与中国外交政策:北京对民族解放战争的支持》比较全面地论述了中国支持民族解放运动的动因和历史。此后,陶涵的《中国与东南亚:北京与革命运动的关系》、托马斯·罗宾逊的《林彪论人民战争:中国再次关注越南》、戴维·莫金戈的《中国对印度尼西亚政策:1949—1967》都涉及中国与东南亚国家的关系史。另外,韦茨伯格专门研究了中国与巴基斯坦关系史,于 1983 年出版了《中国—巴基斯坦关系、贸易和援助的政治经济学1963—1982》。日本学者平岩俊司撰写的《朝鲜民主主义人民共和国与中华人民共和国——"唇齿关系"的结构与变貌》是对中朝关系的系统性研究成果。该书的讨论范围包括朝鲜战争停战至当代的中朝关系,分析了中国人民志愿军撤军问题与台湾海峡危机的相关性,还有中苏朝三国关系的历史与尼克松访华对中朝关系的影响,其涉及的范围比较广。2010 年,金伯柱在《中朝同盟签订动因考察》一文中,通过分析中国外交部外交档案和韩国外交部档案,指出了中国是为了确保对朝鲜的保护能力,从而决定签订《中朝友好合作互助条约》的。② 美国西佐治亚州立大学历史学教授、哈佛大学费正清东亚研究中心兼职研究员高斯坦(Jonathan Goldstein)主编的《中国与犹太——以色列关系100 年》全面勾勒了自 20 世纪初至 21 世纪初中国与犹太民族组织、以色列国,甚至与中东的关系,其中收入《中华民国、中华人民共和国与以色列(1911—2003)》《1948—1996 年中国与中东阿拉伯国家的关系:阿拉伯视角》《领导动机:中华人民共和国与中东,1949—1998》《以色列共产党的对华政策,1949—

---

① Gerald Segal, *The Great Power Triangle*, Macmillan Publishers Ltd, 1982.
② 杉浦康之:《日本当代中国外交史的研究动向》,《近现代国际关系史研究》,2014 年第 1 期。

1998》等论文。

在中国与苏联及东欧国家的关系史方面。1987 年，毛里和子主编的《现代中国与苏联》收录了许多有关论文。1989 年，毛里和子还出版了专著《中国与苏联》，论述了 1689 年中俄签订《尼布楚条约》后 300 年以来两国关系的发展。1990 年，石井明发表了《中苏关系史，1945—1950》，将中苏关系的研究又向前推进了一步。① 2004 年日本苏联问题专家下斗米升夫撰写的《中苏关系史》一书，是日本研究中苏关系史的权威性著作。下斗米依据苏联外交档案，就朝鲜战争中中国的参战过程、苏联对中华人民共和国的经济建设援助以及中苏冲突等问题，从苏联外交的视角阐述了一些新的历史事实。小林宏二的《全球化时代的中国当代史（1917—2005）——美国与苏联的协调和对立的轨迹》一书，从大国关系角度讨论了当代中国政治史与中苏关系和中美关系的互动性。该书除了参照中国公开出版的各种资料以外，还吸取了许多先行研究的成果。2012 年松村史纪的论文《中苏同盟的建立（1950）——"战后"与"冷战"的连结点》认为亚洲冷战体制始于中苏同盟的诞生。②

此外，美国阿拉巴马特洛伊大学助教玛格丽特·郭什卡撰写的《从 1956 年事件、中苏分裂和维护亚洲的和平努力看中波关系（1950—1970）》、罗马尼亚学者罗明（Romulus Ioan Budura）的《中国—罗马尼亚关系》、美国伍德罗·威尔逊国际中心资深学者贝恩德·舍费尔的《新东方正在与中苏对抗：中国的两德政策从东德向西德倾斜（1970—1970）》、保加利亚拉科夫斯基国防科学院世界当代史教授约尔旦·巴耶夫的《中苏分裂后保加利亚与东欧对华政策的协调（1960—1989）》、匈牙利科学院历史研究所研究员王俊逸（Vamos Peter）的《冷战后半期中匈关系的架构》、保加利亚科学院历史研究所副教授玛丽安娜·田（Mariana Malinova Tian）的《从保加利亚档案文件看中苏背景下的保中关系》、塞尔维亚近代史研究所助理研究员周万（Jovan Cavoski）的《意识形态和地缘政治之间的中南关系和广义的冷战（1950—1970）》以及阿尔巴尼亚冷战研究中心主任安娜·拉拉伊的《中国：阿尔巴尼亚最后的盟友》等论文，集中反映了国际学术界，特别是中东欧国家学者对当代中国与中东欧国家

---

① 何培忠主编：《国际视野中的研究——历史与现实》，北京：中国社会科学出版社 2013 年版，第 447 页。

② 杉浦康之：《日本当代中国外交史的研究动向》，《近现代国际关系史研究》，2014 年第 1 期。

外交关系史的研究水平和最新进展,突出了国际共产主义运动对中国与这些国家关系的影响。[①]

第三节 简 要 述 评

海外对中国外交史的研究虽然取得了一些新突破,但总体来说还存在不少问题。

第一,研究的分布不平衡,绝大多数集中在美国、英国、日本、俄罗斯等大国,特别是美国,几乎占据了全部相关研究的80%以上,而且其在研究范式和研究选题方面具有引领性质。这主要反映出这些国家,特别是美国与当代中国外交关系的紧密性,当代中国外交在这些国家对外战略中的重要性比较突出。当然,随着中国的崛起和世界各国交往的日益广泛和密切,各国对当代中国外交史研究的重视程度在提升,在一些发展中国家也出现了许多视角独特的研究成果。同时,美国以外的国家在研究议题设置方面也出现了新视野。例如,英国学者拉莫首先提出了"北京共识"。

第二,就是研究当代中国外交和当代中国外交史往往交织在一起。目前,研究当代中国外交史的还比较少,更多的是当代中国外交,虽然两者具有相关性,但如何将中华人民共和国的外交战略、外交实践予以沉淀积累,写出有历史厚度的当代中国外交史,确实是对国外中国研究的一个挑战。这一方面是由于关注中国当代外交的主要是一批国际问题专家,他们的写作范式与历史写作还有相当的距离。同时,也许由于历史跨度还不够长,当代中国外交史似乎也很少纳入西方史学主流学者的研究领域。可以这么说,虽然近年来有关当代中国外交史的研究有所增加,但真正有影响、有深度的当代中国外交史专著不多。

第三,对当代中国外交人物的研究明显不足。缺少对当代中国外交史推行主体当代中国外交官的论述。目前,在当代中国外交研究中,不仅缺少对周恩来、陈毅等中华人民共和国外交政策制定者的相关研究,而且对中华人民共和国的外交官群体的研究几乎是空白。既没有相关专著、传记,也缺乏相关的

---

① 黄立茀、王俊逸、李锐主编:《新史料、新发现:中国与苏东关系》,北京:中国社会科学出版社2014年版。

文集整理。

第四，对中国国内外交档案的利用明显不够。从目前国外已有的当代中国外交史研究来看，对中国国内外交档案及其相关资料的利用明显不足，很少有这方面的专著。其实，随着中国的对外开放，相关档案资料也已经开始逐步开放。另外，许多重要领导人的年谱、文集也不断出版。这对提升国外当代中国外交史研究是极其重要的学术资料。

第十章　海外中国当代思想文化史研究动态

　　20 世纪 60 年代后,围绕着"新政权本质及其对中国社会的影响"这一议题,海外当代中国思想文化的讨论变得较为活跃。在对创刊于 20 世纪 60 年代的海外当代中国研究的重要期刊《中国季刊》的研究中,有学者指出整个 20 世纪 60 年代《中国季刊》在社会文化研究方面,关注的热点是关于中国社会组织及其控制的变化、思想改造与灌输的技巧和程序、家庭和家族制度变化以及社会变迁等问题。具体说来,教育学研究者对教育如何被用来作为思想灌输的工具颇为重视,同时也对中国教育制度以及与教育有关的劳动力问题发生兴趣。心理学研究者则研究中国社会控制的特殊方法,如"思想改造""劳动改造"等问题。研究文学史与社会科学的学者则注重对中共与知识分子的冲突进行专题研究。[①]

　　在对中共政权下的意识形态的考察中,海外学界主要针对共产主义对于当代中国社会的文学、教育、宗教、意识形态等方面的影响展开研究。以费正清、史华慈为代表的学者坚持认为毛泽东是一位民族主义者(Chinese Nationalist),而非苏共斯大林的傀儡,而大部分学者则不可避免地受到狂热的麦卡锡主义的压制和影响,难以客观公正地认识中共政权领导下的中国社会,过于强调苏共对中共政权的影响。因此,这一时期对当代中国思想文化的研究进路主要从中国共产党的文化机构对中国人民生活和工作两大方面的负面影响切入,关注共产主义领导下的社会组织在意识形态控制下的变化以及思想改造的过程。

　　20 世纪 70 年代初,中国逐渐恢复与外部世界的联系,以"文化大革命"的

---

　　① 管永前:《文献计量学视角下的西方当代中国研究——以〈中国季刊〉(1960—1969)为个案》,《北京行政学院学报》,2012 年第 6 期。

结束和"四人帮"的倒台为标志,标志着中华人民共和国从政治、经济、社会到文化整体变动的开始。这一变动导致西方学界对于当代中国研究的兴趣点以及态度开始转向。早在1969年,中国思想史研究巨擘美国历史学家列文森在《中国季刊》的《时空中的中国共产党:根与无根》一文中指出,中国自始至终是最文明的国家。中国能够解决当代生活的压力,而其他国家(文明)则可能不会。他坚信四海一家的世界大同主义,认为这种精神本身联结的是人类,而不仅仅是个别民族实体。他在肯定儒教的普世价值的同时,着重分析20世纪早期中国知识分子为何向西方追寻新的普世价值,以及最终中国共产主义者为何信奉马克思主义的普救说。他不喜欢民族主义、地方主义,也不愿被迫为中国的"文化大革命"寻找流行的根源。同样,他也不喜欢"新左派"采取的立场。在文章结尾,他认为,"中国将再次加入世界大同主义的浪潮。文化仲裁者和文化革命者——将不再是搁浅的鲤科小鱼,也不是搁浅的鲸鱼"。再次表达了对中国大同主义、对中国回归世界文明(相对于"文革"期间的非正常状态而言)的坚定信念。① 列文森的论断表明,美国学界对于共产党领导下的中国社会及其文化的认识进一步加深,而并非此前一味强调"集权主义"的叙事模式。

　　1971年,美国学者约翰·林贝克(John Lindbeck)指出,冷战影响西方世界正确认识1949年后的中国(post-1949 China),东西方社会数十年来的隔绝导致西方学者对中国社会的无知,大量浮于表面的研究问世,缺乏数据,几乎没有能够掌握中英双语的学者,更不用说能用中文来进行写作,极少能够对中国社会做出判断和感觉。② 列文森、约翰·林贝克为代表的美国学者开始反思此前数十年中在当代中国研究中存有的成见。延续着这一理路,20世纪80年代美国有学者提出,在分析中国问题时存在美国中心主义并过于夸大西方世界对于中国的影响而忽略其本身的内在理路。③ 也有人认为,以美国价值观来衡量中国是不合适的。与此同时,日本学界对于当代中国的研究也受到这一外部环境的影响,这些变化促使日本学者重新审视他们过去关于当代中国"文

---

　　① 管永前:《文献计量学视角下的西方当代中国研究——以〈中国季刊〉(1960—1969)为个案》,《北京行政学院学报》,2012年第6期。

　　② Edited by David Shambaugh, *American Studies of Contemporary China*, New York: Woodrow Wilson Center Press, 1993.

　　③ 柯文:《在中国发现历史:中国中心观在美国的兴起》,北京:中华书局2002年版。

化革命"的图景和想象。首先体现在对研究方法的反思上,"文革"时期日本学界所盛行的"感性而充满理想主义的研究方法"受到批评,多角度、多视野地认识中国社会及其现状的研究方式受到越来越多学者的认可。[①]

列文森在其名著《儒教中国及其现代命运》中对共产主义领导下的当代中国思想文化进行界定,他认为"将共产主义历史学家对近代、现代和将来的研究连接起来看,他们关注的目标并不是要为中国寻找一个西方模式,而是要为长期受到西方剥削的各国建立起一个中国模式",列文森一并指出"中国人在使中国的传统文化走进自己的博物馆的过程中,在不妨碍变革的情况下,又保持传统文化的连续性,他们的现代革命——在反对这个世界的同时又加入这个世界,在抛弃中国过去的同时又使过去成为他们自己的过去——是一个建造他们自己的博物馆的长期奋斗的过程。"[②]列文森在 20 世纪 60 年代对当代中国思想文化的论断在今天看来仍有相当的意义,对于中国而言如何在保持传统文化延续性的同时加入到这个世界中去,这恐怕是当代中国思想文化界面临的一项重要议题,另一方面,1949 年以后,中国社会与海外长期以来因相互隔阂而产生的巨大鸿沟,随着改革开放的深化、经济发展的推进以及日益广泛的国际交流正在逐渐缩小,海外学界对于中共政权领导下中国社会文化的研究,在研究方法、研究视角和研究对象上也逐渐摒弃过去单一主观的思维,而显得更为深入和多元。下文将围绕教育、宗教、文化产业等方面,就海外当代中国思想文化史研究动态做进一步的梳理。

第一节　教育体制、教育思想的演变

针对中华人民共和国成立后中共政权对于教育体制的一系列改造,海外学者的研究兴趣主要集中在政权更迭以后教育政策、教育理论与实践、教育制度、教育思想、意识形态的演变这一系列问题上。

中华人民共和国成立初期中共政权对于大学院系调整这一当代中国教育史的重要事件,也成为海外学术界关注的热点,涌现出一批与之相关的博士论

---

① Kawai Shin'ichi, *Japanese Studies on Contemporary China*, *1973—1983*, Tokyo: Centre for East Asian Cultural Studies, 1986.

② 列文森:《儒教中国及其现代命运》,北京:中国社会科学出版社 2000 年版。

文与专著。① 其中有一些研究成果已翻译成中文,如日本学者大塚丰的《现代中国高等教育的形成》②,美国学者许美德的《中国大学(1895—1995):一个文化冲突的世纪》③(许杰英等译,教育科学出版社,2000 年)。总的来说,海外学者在这一问题上的研究路径和角度上,从中共政权建立后对思想文化领域的改造角度切入对中华人民共和国成立初期这场改革运动进行审视,更重视中国传统文化因素在这场改造中所起的作用。日本学者大塚丰在《现代中国高等教育的形成》一书中,从"本土性和外来性双重原因相互作用导致高等教育的形成"的基本观点出发,具体分析中国在 20 世纪 50 年代初期高等教育制度形成的经过和原因,对专业设置、办学体制、思想政治教育、高校招生统一考试、毕业生分配、助学金制度、大学生校内巨著等问题进行详细分析,同时将苏联因素、中国传统文化中的制度因素以及民国时期高校形成的新传统等因素纳入考量范围。值得一提的是,与国内关于这一问题的研究所不同,作者并不完全认同于中华人民共和国成立初期院系调整与改革是为学习苏联模式这一观点,而是认为中国本土性因素及近代以来在大学中形成的新传统在这一体制形成中发挥了独特的作用。在分析具体问题时,作者在谈到高校招生考试方面,认为研究中华人民共和国成立以后的高等教育制度的形成不能忽视传统因素,即中国传统文化在当代高等教育制度形成中的作用,中国长达千年的科举制度与之有密切关系,而学界以往所认为的苏联模式的影响在作者的分析中并不占据主导地位。

美国学者在 20 世纪 50 年代末便开始关注中华人民共和国成立以后中共政权对于教育制度的改造,剑桥大学的 J. C. Cheng 认为,1949 年以后共产党着手进行教育与无产阶级劳动人民的结合,在这样的背景下新的教育体系对

---

① Stewart Erskine Fraser 的博士论文 "Some Aspects of Higher Education in the People's Republic of China" (1962);Hu Shi Ming & Seifman Eli, *Toward a New World Outlook:A Documentary History of Education in the People's Republic of China*,1949—1976,New York:Pergamon Press,1981;Fred Herschede,"Chinese Education and Economic Development:An Analysis of Mao Tse-tung's Contributions",*The Journal of Developing Areas*,Vol. 14,No. 4,Jul. 1980;Rui Yang,"Tesions between the Globle and the Local:A Comparative Illustration of the Reorganization of China's Higher Education in the 1950's and 1990's",*Higher Education*,Vol. 39,No. 3,April. 2000。

② 大塚丰著,黄福涛译:《现代中国高等教育的形成》,北京:北京师范大学出版社 1998 年版。

③ 许美德著,许杰英等译:《中国大学(1895—1995):一个文化冲突的世纪》,北京:教育科学出版社 2000 年版。

自然科学技术学科的重视程度空前加强。①A. S. Chang 通过对中华人民共和国成立后在共产主义影响下发生变化的汉字语言的研究,同时比照此前受到日本以及西方世界的影响的背景,指出随着苏维埃的技术引进、俄国范式以及共产主义在中国的影响,中国的共产主义者对汉语进行革命性地改造,汉语开始"苏化"(Russianization),作者进而表达了对中国传统文化受到苏维埃政权影响而产生变化的忧虑。②

1966—1976 年"文革"期间的"教育革命"也是海外学界关注的热点,由于"文革"期间既往教育形态的打破,无论学制、教育内容、教育思想还是教育方法都被彻底颠覆,这引起海外学者的兴趣,他们从"教育革命"的渊源、目的和动机、毛泽东教育思想等讨论中国社会变动中的教育问题。茱莉亚(Julia Kwong)的著作《转型时期的中国教育:"文化大革命"的序幕》一书分为两部分:一是对 1949 年以来的中国教育思想、教育机构的变迁、经济社会内部结构及其关联进行描述,第二部分则主要叙述从"大跃进"到"文革"序幕拉开时的教育发展。作者试图对社会变动时期的教育和经济关系进行勾连,她主要讨论的是"文化大革命"前期中国社会的教育发展与社会主义经济制度之间的冲突和矛盾。根据作者的研究,共产主义的教育目标和方针与当时中国社会的经济现状产生根本矛盾,社会主义的教育目的无法在当时中国社会的经济基础上得以实现,因此,教育制度的变革遭到明显的阻力,毛泽东正是认识到这种变革的艰巨性,才强调提高人民的社会意识,发展社会主义教育,重塑革命精神。③

进入 20 世纪 80 年代以后,海外学者开始对 1949—1979 年中共领导下的教育政策以及教育制度进行研究和回顾,其中较有代表性的著作有 Jan-Igavar Lofstedt 的《中国教育政策:变迁和矛盾》④和陈锡恩(Theodore Hsi-en Chen)的《1949 年以来的中国教育:学术和革命范式》⑤。Jan-Igavar Lofstedt 认为

① J. C. Cheng, "The Educational System in Modern and Contemporary China", in edited by E. Stuwart Kirby, *Contemporary China*, Hong Kong: Hong Kong University Press, 1958—1959.

② Edited by E. Stuwart Kirby, *Contemporary China*, Hong Kong: Hong Kong University Press.

③ Julia Kwong, *Chinese Education in Transition: Prelude to the Culture Revolution*, Montreal: Macgill-Queen's University Press, 1979.

④ Jan-Igavar Lofstedt, *Chinese Educational Policy: Changes and Contradictions*, Stockholm: Almqvist & Wiksell International, 1980.

⑤ Theodore Hsi-en Chen, *Chinese Education Since 1949: Academic and Revolutionary Models*, New York: Pergamon Press, 1981.

研究 1949 年以来的中国教育,必须综合马克思理论、苏维埃的执政经验以及中国传统文化几方面因素进行全面的考量,因此他着重分析了马克思的教育理论以及社会主义的教育实践,在此基础上,记录和分析了中共执政 30 年内的教育实践的变化过程。与此同时,他还将研究视野放置于全球,把中国大陆与台湾地区及苏联的教育理论和实践进行对比,并认为从工业发展的层面来看中国的教育成就无疑是巨大的。南加州大学教授陈锡恩将"学术"和"革命"定义为贯穿全书的主线,以此来考察 1949 年以来的中国教育变革,他认为"学术"和"革命"的博弈和斗争始终存在于教育政策的制定以及教育思想的实施,1949 年以后的教育实践在任何阶段都是两者之间妥协的产物,毛泽东逝世以后,即后毛泽东时代则意味着学术模式将取代斗争模式。陈氏在否定革命模式的同时,寄望于当代中国教育能够实现学术和理性的回归。

也有不少学者对于教育内容、教育思想等方面进行细化研究。如斯图尔特·弗雷泽(Stewart Fraser)的《中国教育:革命与发展》一书对学制进行考察,他认为中国在 20 世纪 60 年代的教育特征是双轨制,而 70 年代教育制度的改革则体现了群众教育的单轨制特征,目的是为了打破原有教育制度中的不平等的双轨制,创造平等的教育机会。①台湾地区学者颜庆祥于 2003 年出版的《中国大陆教育研究:政策与制度》一书,通过对中国的基础教育到高等教育,包括中小学教育及课程改革、师资教育政策的发展与改革、高等教育政策、中小学的教育与意识形态等方面的分析,系统梳理当代中国教育的历史进程,特别是在新经济体制下的变动趋向。作者采用文本分析与实地调查访问相结合的方式,对中国大陆的教育决策与内涵做出解读。

第二节　多学科、多方法交叉的当代宗教史研究

1960 年匹兹堡大学社会学系教授杨庆堃(C. K. Yang)的名著《中国宗教与社会》②问世,这是第一部从宽阔的社会学角度论证中国宗教存在的形式、合理性以及历史传统的中国宗教社会的研究著作。按照杨氏本人的说法,此书

---

① 程晋宽:《"教育革命"的历史考察 1966—1976》,福州:福建教育出版社 2001 年版。

② C. K. Yang, *Religion in Chinese Society：A Study of Contemporary Social Functions of Religion and some of their Historical Factors*,Berkeley：University of California Press,1961.

试图回答"在中国社会生活和组织中,宗教承担了怎样的功能,成为社会生活与组织发展与存在的基础,而这些功能是以怎样的结构形式来实现的?"因此,作者表示"本书最基本的目的是对一些重要事实作功能性解释,以便展示宗教和社会秩序的关系模式"。① 杨氏在书中提出"分散性宗教"(Diffused Religion)和"制度性宗教"(Institutional Religion)的概念,论证宗教在中国社会中发挥的重要功能,并认为宗教始终是中国社会生活与组织存在的基础。这部著作以社会学范式对中国宗教进行全景式的概括和梳理,在西方学界产生重要影响,被誉为"中国宗教研究的圣经",成为半世纪以来西方学者研究中国本土宗教的必备参考书。② 这本著作在成为经典的同时,也引起不少争论,甚至在杨氏已经过世后的数年中,仍然有不少学者就此问题提出不同看法,学者们就杨氏建构的"分散性宗教"的理论是否能够足够准确地概括中国宗教的特质这一问题发表意见,而这些讨论的关键是能否用西方的理论来解释中国的宗教社会。金耀基和范丽珠在探讨杨氏的这部名著时也提出类似的困惑,他们指出,"这种困扰实际上是我们在研究中国宗教时面对各种来自西方名词所必须面对的一个问题","由于西方范式的世界化,这些概念本身就代表着某种价值。可是这种转嫁背景导致西方在理解中国时产生偏差,而西方对中国宗教的各种解释也正是伴随这些偏差而来⋯⋯以西方的价值来解释中国的宗教实践存在着很大的问题;而另一方面,在我们有意摆脱西方价值影响的过程中,也许会不自觉地落入另一种误区,其结果还是未能摆脱我们认为不恰当的东西"。③

来自加拿大的著名中国宗教研究学者欧大年(Daniel L. Overmyer)在讨论中国宗教研究的方法时指出,要发展出一套中国式的理论和方法,并从中国传统中发展而来不是从西方援引。当建构出一套以中国经验为基础的方法和原则后,才有可能传授给学生,继而开创一个学术传统。与此同时,也可以运用这些原则去修改和丰富西方的理论。欧大年特别指出,中国文明比欧洲的更为久远,至少也有相等的复杂程度,不需要为中国文明抱着自贬或自卫的态

① 金耀基、范丽珠:《研究中国宗教的社会学范式:杨庆堃眼中的中国社会宗教》,《社会》,2007年第1期。

② 黄剑波:《杨庆堃的(宗教)社会学研究》,《二十一世纪》。

③ 金耀基、范丽珠:《研究中国宗教的社会学范式:杨庆堃眼中的中国社会宗教》,《社会》,2007年第1期。

度。两者之间有相同的地方，但也有不同之处。差异仅仅是差异，并不意味着任何的缺失。欧大年特别提醒研究者们注意，用西方理论来解释中国宗教有其困难之处，主要原因是两者的历史背景迥异，西方宗教的主要形式和组织都是以教派为区分的，并不是建立在自然形成的农业乡村的基础之上。① 欧大年还指出，研究中国宗教，要自下而上，从乡村及城镇中的基础及主流仪式和信仰开始，无论什么时候都应该强调宗教与普通人生活及活动的关系。

无论是 20 世纪 60 年代的杨庆堃还是成长于七八十年代的欧大年，他们关于中国宗教的理论及其方法对海外中国宗教研究都具有相当的指向性。总体来说，海外学界对于中国当代宗教研究的热潮起于七八十年代。随着中国经济发展以及相对松弛的宗教政策，中国的宗教活动日益频繁，西方学者称之为"宗教复苏"，此前中共政权的宗教政策被评价为"一方面是激进的，形成对宗教传统的挑战，另一方面又为 80 年代以后的宗教复兴与改革提供契机"。② 这种复兴被视为伴随着经济飞速发展的社会自由的表征。③ 另一方面，宗教复苏同时被海外学者认为受到外部环境的刺激，包括台湾地区的寺庙、东南亚地区的佛教和伊斯兰教，但海外学者仍然认为其中占据主导因素的还是来自本土民众本身的信仰和动力。他们认为宗教信仰是考察当代中国社会的不可或缺的重要部分，对当代中国宗教的关注并不仅仅存在于思想文化层面，而是更多地和政治、社会、环境和生态联系起来。重视实证与调查，从直接接触中国社会的现实出发，着手宗教与社会互动关系的研究，成为 20 世纪 90 年代以来西方宗教学界研究当代中国宗教问题的主要趋势。越来越多的宗教学研究者从古代转向当代，考察"当代中国的宗教复兴与改革"，他们的研究视角逐渐从精英思辨转向大众实践，与此同时，原本不涉足宗教研究的社会学、经济学、政治学等领域的学者，以宗教理论与实证研究的进路推动当代中国宗教的研究。④ 在这一领域的学科发展中，逐渐打破单一学科的界限，结合社会学、人类

① 欧大年：《历史、文献和实地调查——研究中国宗教的综合方法》，《历史人类学学刊》第 2 卷第 1 期，2004 年 4 月。

② Edited by Adam Yuet Chau, *Religion in Contemporary China：Revitalization and Innovation*, New York：Routledge, 2011.

③ Edited by Daniel L. Overmyer, *Religion in China Today*, New York：Cambridge University Press, 2003.

④ 杨凤岗主编：《从书斋到田野——宗教社会科学高峰论坛论文集》，北京：中国社会科学出版社 2010 年版。

学、心理学、民族学形成交叉学科研究,并利用田野调查、抽样调查等实证方法开展研究,其研究内容更为多元,包括占卜、祖先崇拜、祭祀、通灵、教堂礼拜、丧葬、驱魔、朝圣、宗派主义等宗教形式及其实践。对当代中国宗教的研究有代表性的研究成果如下:

法国道教史研究学者、汉学家施舟人(Kristophe Schipe)及其领导下的团队。施舟人是法国当代道教研究巨擘,对法国乃至整个欧美地区的道教研究有着重要影响,并且培养了一批道教研究的团队,包括劳格文、高万桑都是他的学生。他认为道教是理解中国文化和社会的最重要的钥匙,他将文本与田野考察相结合的方法引入道教研究中,两者互为依托,方式是全面理解中国道教的途径,文本若是没有田野作为证据,则显得贫乏;而田野缺乏文本的支持,没有说服力。他称:"道教一直活在中国普通人的社会之中,根植于一个仍旧存活的、真实的,以及确切的仪式体系和思维模式中,并融入了人们的日常生活。道教之体不仅是物化之体,也是社会之体;不仅是身体成仙之道,也是道教的仪式、神话和神秘主义。道教有其官方和非官方的一面。作为非官方的道教,它是一直服务于普通人居住的非官方世界,是普通人的社会、地方文化、寺庙及其网络,这是真正的中国文化传统的血和肉。"在施舟人的影响下,法国以及北美一批在中国民间宗教研究领域的学者延续着他的理路进行研究。①

施舟人的学生法国学者、高等研究实践学院"道教史与中国宗教"讲席教授高万桑(Vincent Groossaert)也将研究兴趣从传统宗教转向明、清、民国以至当代中国宗教。2003 年,他发表《20 世纪中国宗教命运》一文,对晚清、民国以及中华人民共和国这三个阶段的中国宗教进行梳理和概括。此外,他撰写了一系列论文,如《近代中国的国家与宗教:宗教政策与学术典范》《1980 年后中国城市的寺庙与道士》《中国的宗教类别与宗教政策》《庙产办学:一个史学对象的构建》《1900—2008 年中国政府丧葬改革及宗教政策》等。② 胡锐认为,海外学界关于中国宗教的研究模式,大多将焦点集中于某单一的政治背景下(如晚清、民国、中华人民共和国等)的单一宗教传统(如佛教、道教)的研究。大多数的研究模式为衰退与复兴、政权压迫与民间抵抗、正与邪、宗教与迷信以及世俗化等。针对这些问题,高万桑以法国结构主义者莫斯(Marcelo Mauss)的

---

① 胡锐:《当前法国的道教研究:学者、源流、观点及方法》,《宗教学研究》,2014 年第 2 期。
② 胡锐:《当前法国的道教研究:学者、源流、观点及方法》,《宗教学研究》,2014 年第 2 期。

整体社会现象的理论为基础,将中国宗教景观作为一个正在发展的社会生态学系统来研究。在这个系统中,任何结构性要素都不能孤立对待,其内部各要素持续互动,其中一个要素的主要变化或者某个新要素的出现,都会引起该系统内其他要素的连锁反应。因此必须将中国宗教放在更为广阔的社会背景中,研究它与社会组织、经济、政权等其他结构性要素之间的动力关系以及宗教要素在这些结构中的作用,最终使宗教重返近当代中国历史的中心。在这个社会生态学进路中,高万桑希望能体现一种时间上和空间上的超越,以及更为全面的研究方法:第一,他希望超越历史分期的断裂,即 1949 年前后,中国社会主义者和非社会主义者之间出现的断裂,从而超越那种中国宗教的静止的观点,以便能清楚地看到宗教在民国时期的"衰退"和后毛泽东时代宗教的复兴之间的内在逻辑。第二,超越既往宗教与国家关系之间"衰退/复兴""政权压力/民间抵抗"等解读模式,将目光聚焦于宗教的变化——这不仅仅是在政策权力下的变化,更多的还是它与 20 世纪整个中国社会、文化和经济变化互动的过程。第三,超越中国宗教的地理分区,将华人世界看作一个时间和空间上的广泛概念,包括晚清、民国和中华人民共和国,曾在日本统治下的台湾地区、东北地区以及中国香港等地区,新加坡、马来西亚、法国、美国等国外的中国社团等。第四,超越学科间的界线,在研究中交织历史学、人类学和社会学的研究方法。①

英国剑桥大学学者周越(Adam Yuet Chau)在深入陕北地区 18 个月后,采用田野调查的方式,对这一地区的宗教寺庙进行研究,写成《不可思议的答案:关于当代中国的流行宗教研究》(*Miraculous Response*:*Doing Popular Religion in Contemporary China*)一书,这是一项中国乡村宗教的个案研究,对构成宗教活动的组织和文化特性的逻辑进行梳理。在此基础上作者指出当地人将寺庙和寺庙组织作为有价值的政治、经济、社会资源来利用,以及当地不同的代理人及其所对应的各宗教组织及其领导,以此揭示出宗教仪式背后的政治内涵。②

美国凯尼恩学院社会学和东亚研究系的孙教授(Anna Sun)在其著作《作

---

① 胡锐:《当前法国的道教研究:学者、源流、观点及方法》,《宗教学研究》,2014 年第 2 期。

② Adam Yuet Chau, *Miraculous Response*:*Doing Popular Religion in Contemporary China*,California:Stanford University Press,2006.

为世界宗教的儒教：充满争议的历史与多重当代现实》(*Confucianism as a World Religion：Contested Histories and Contemporary Realities*)一书中主要描述儒学作为一种宗教在当代中国的命运，其中包括儒学复兴以及对儒学作为一种宗教的社会学考察，与此同时作者对儒学是否为宗教的历史脉络进行梳理并据此做出判断。①此书获得了美国社会学协会宗教社会学分会的杰出书籍奖和美国宗教研究学协会的宗教历史最佳首作奖。

曹南来主要从事中国当代人类学、宗教、基督教奉献及跨国商人社区方面的研究，在其著作《创立中国的耶路撒冷：当代温州的基督徒、权力和地方》(*Constructing China's Jerusalem：Christians，Power，and Place in Contemporary Wenzhou*)②一书中考察沿海城市温州中基督新教不同群体的复兴；并展示了在改革的时代复兴和创新的基督教信仰和实践，揭示出在以市场为导向、走向现代化的中国，权力话语形成、地方性建构和道德建设的新兴模式。同时，曹南来在"散居华人的宗教、贸易和地方性：巴黎温州基督徒商人"的课题中，考察法国巴黎温州移民的成熟的教会社团，采用个人传记的方式描述这些跨国的宗教、文化和经济主体的空间和经济迁移、身份建构的途径以及社会网络的建立。作者试图通过巴黎温州基督徒商人的案例为了解作为基于全球性宗教基础之上的社会文化建构的"地方性"提供另一种解释途径。

此外，对中国民间宗教的研究也是海外学界的热点之一。1974年，欧大年在美国宗教研究院的中国宗教小组会议上倡议成立中国宗教研究会，次年，美国"中国宗教研究会"正式成立，标志着美国学者对中国宗教的研究走上了规范化的道路。1976年，国际佛教学术研究组织在美国威斯康星州的麦迪逊成立，中国的佛教是该组织关注的一个重要领域。这两个研究机构的成立也在很大程度上影响了美国关于中国民间宗教与民间信仰的研究，中国的宗教与民间宗教研究开始纳入国际交流的轨道。不单单是美国学者，甚至整个西方学者都开始对中国的宗教以及民间宗教表现出兴趣。美国的一些高等学府也造就了一批研究中国民间宗教的专家，例如斯坦福大学的韩书瑞、丁荷生，加州大学伯克利分校的薛爱华(Edward Hetzel Schafer)、卡西尔(Suzanne E.

①　Anna Sun, *Confucianism as a World Religion：Contested Histories and Contemporary Realities*，Princeton：Princeton University Press，2013.

②　Cao Nanlai, *Constructing China's Jerusalem：Christians，Power，and Place in Contemporary Wenzhou*，California：Stanford University Press，2011.

Cahill)、克利曼(Terry Kleeman),芝加哥大学的欧大年等,培养了不少以中国民间宗教为研究对象的汉学家。[①] 其中,丁荷生曾对福建道教的历史与现状进行专门研究,出版了专著《华南的道教科仪和民间崇拜》,他采用田野调查的方式记载了福建道教的历史和发展现状,内容涉及福建道教的历史传统、道教史料和地方崇拜、宋代福建道教典籍、明清福建道教典籍、福建道教的分布状况、福建道教科仪的特点等。这是第一部由西方人写的关于福建道教的历史与现状的专著。

2007 年,宗树人(David Palmer)、高万桑合著的《现代中国的宗教问题》[②]是近年来海外中国宗教史研究的力作,获得 2013 年美国列文森奖,被认为是"研究上世纪中国宗教问题的上乘之作"。该书涉及的区域甚广,包括中国大陆和台湾地区以及新加坡的新华人阶层、东南亚甚至更远的离散社群。这部著作分别从历史学和社会学的角度描述中国从 1898 年到 2008 年期间宗教、社会与国家的历史演变,内容包括晚清至中华人民共和国政权下的信仰传统和宗教运动以及世俗化和政治神圣运动,作者尝试通过对中国一百年宗教与社会全景式的叙述,对"宗教是否曾经或将再次成为中国社会的精神世界的重心?"这一问题的产生以及过程进行逐一的解答。作者提出的一些关键性问题,如"什么是中国的宗教? 什么是社会生态学形塑了宗教,宗教也反之形塑了社会生态? 从清朝到国民政府再到中华人民共和国,中国的国家和宗教实践、宗教社群之间的关系是什么?"宗教是中国现代政治的核心变量,特别是政治宗教信仰在国民政府和毛泽东时代的世俗化状况中所扮演的角色。作者特别提到在对中国宗教史的研究中,大部分成果是对某一宗教在某一特定时段、地区的研究,缺乏全景式的描绘,作者试图打破这种割裂的范式,并指出尝试超越历史叙述中以简单的共产主义与非共产主义对 1949 年以前以及 1949 年以后进行划分,并反对将中华人民共和国成立以后的宗教社会简单地视为"共和国时期的消减"以及后毛泽东时代的"复兴",强调对于宗教图景的过程研究,不仅需要考虑政策的影响,还应结合现代中国社会、文化、经济变动进行全面的考量,作者称超越简单的"消减""复兴""抵抗"等范式研究,将"中国世界"

---

① 刘平、冯彦杰:《近年美国有关中国民间宗教的研究》,《世界宗教文化》,2010 年第 5 期。

② Vincent Goossaert and David A. Palmer, *The Religion Question in Modern China*, Chicago: The University of Chicago Press, 2007.

置于长时段中进行考察,纳入中国文化影响下的所有人群,包括移民以及受到中国影响的少数民族。这项研究不仅是外国宗教与中国社会的相互影响,也包括中国宗教活动的输出实践以及对外部世界的影响。"让宗教重返现代中国历史中",深化对现代中国历史的研究,更进一步理解现代中国社会,而非单纯的宗教研究。揭示了宗教信仰、宗教活动和宗教组织在现代中国历史中的中心地位(centrality),将宗教带进了 20 世纪中国的综合研究。宗树人还编有《中国人的宗教生活》①,此书汇集海外宗教研究领域的知名学者,从社会科学的进路、从不同学科的视角概述中国城市、农村和少数民族的宗教生活,并探讨当今中国文化和社会中身体、性别、环境、公民社会、经济、政治和全球化趋势的宗教层面。编者称,全书的视角落实在两个方面,即"宗教在当代中国公共生活(文化、社会和政治)中的表现,以及不同社群的宗教实践如何影响其中的个人和家庭生活"。这部著作并没有辟出专门的篇幅讨论基督教、佛教、道教等具体的宗教传统,而是以宗教作为考察中国社会的视角,"通过宗教与文化、社会、政治等公共领域的关系来解读宗教实践的内涵"。

以宗教社会的进路来研究宗教问题是近年来海外学界的热点,美国普度大学社会学系的华裔学者杨凤岗近年来推动"宗教社会科学"(Sociological Study of Religious)在研究当代中国宗教方面的发展。他带领的团队美国普度大学中国宗教与社会研究中心和美国密西根大学中国信息研究中心在美国路思基金会的资助下合作开展"中国宗教与社会空间研究""中国基督教和天主教空间研究"等项目,对当代中国五大宗教(基督教、天主教、佛教、伊斯兰教和道教)进行系统的空间研究。其主要内容包括:对现有的中国五大宗教场所的空间地理数据进行整理、分析,并以互联网为基础提供研究服务;将宗教场所的空间数据与其他数据(如人口、收入、教育、性别等)进行集成,供社会大众、专业人士和研究人员免费共享;从事以理论驱动和实证研究为主的中国宗教空间研究。由美国约翰邓普顿基金会资助的"中国宗教的经验主义研究"(The Empirical Study of Religions in China),由普度大学杨凤岗(Fenggang Yang)、凯尼恩学院社会学系的孙教授、贝勒大学的罗德尼·斯塔克(Rodney Stark)、拜伦·约翰逊(Byron Johnson)、刘教授(Eric Liu)、卡森·门肯(Carson Mencken)等多位学者共同主持完成。这项研究的数据来自实地考

---

① 宗树人、魏克利、夏龙编:《中国人的宗教生活》,香港:香港大学出版社 2014 年版。

察,通过田野调查、访谈、填写调查表等方法,深入中国公民的宗教信仰以及精神生活,考察中国社会的宗教现状。

第三节　以"中国角度"作为进路的当代电影史研究

海外关于当代电影史的研究起步较晚,根据电影研究学者张英进教授的说法,20 世纪 80 年代初之前,中国电影在欧美还基本不构成一个学术领域。[①] 80 年代开始西方世界陆续出现一批中国电影的研究著作,其中有一批从政治史的角度对中国电影进行研究,如德国学者约格·洛瑟尔的《中华人民共和国故事片的政治功能(1949—1965)》和法国学者柏格森的三卷本《中国电影(1949—1983)》,这两本著作的着眼点都在政治方面,某种程度上存在政治大于艺术的局限,但仍属于欧美中国电影研究领域的重要成果。1988 年,保罗·克拉克的《中国电影：1949 年后的文化与政治》[②]一书出版,作者在书中称电影是当代中国最重要的媒介,却几乎没有一部相关的学术著作。事实上,这部著作一定程度上确有填补学术史空白的意义,它延续电影政治史的传统,对群众文化的传播、延安与上海的紧张对立以及中共政权、艺术家和观众之间的关系进行梳理,以此实现对中华人民共和国时期电影文化与政治的考察。与此同时,80 年代也陆续出现了一批高质量的论文集,跨学科的视野开始出现在当代中国电影研究中,如裴开瑞主编的《中国电影视角》,该论文集中的论文角度多种多样,其中包括文学史、艺术批评、电影理论和历史研究。

20 世纪 90 年代开始,随着中国经济实力的腾飞以及全球化进程的日益推进,中国电影代表着中国文化受到海外学界的密切关注,美国加州大学教授鲁晓鹏主编的《跨国的华语电影：身份、民族性与性别》一书将中国电影的覆盖面,远远扩展到了"民族电影"的界限之外,使之包括美国华裔人士拍的电影,鲁晓鹏表示"民族电影"应转向"跨国电影"的研究,并首次提出了"跨国华语电影"的概念。张英进在评价这本书中认为此书具有两个特点：第一,批评的视野越来越宽,超越中国大陆,覆盖了中国香港、台湾地区和海外华人社群。其

---

① 张英进：《简述中国电影研究在欧美的发展》,《电影艺术》,2005 年第 2 期；辛勤：《华语电影海外研究述评》,《长江论坛》,2015 年第 3 期。下文亦有多处参考,在此一并注释。

② Paul Clark, *Chinese Cinema：Culture and Politics Since 1949*, New York：Cambridge University Press, 1988.

次,身份和民族性似乎取代通俗剧,成为批评的两个焦点。华人学者中美国加州大学圣地亚哥分校教授张英进近年来活跃于海外学术界,他早期专注于向国内学界引介英语世界有关中国电影研究的理论与讯息,著有《影像中国:当代中国的批评介入,电影重构及跨国想象》①,该书以中国电影中所包含的复杂政治性为视角,透视"当代中国性",试图通过电影文化来考察当代中国的政治。

值得注意的是,在海外学界中国电影研究的阵营中,华裔学者扮演着非常重要的角色,而其中又因为对理论框架的不同解读而渐生分歧。在如何对待"理论"的这个问题上,电影研究中存在着两种相反的立场。第一种不妨称之为"唯理论"(pro-theory)立场,即认可一种建基于民族/国家之上的西方理论霸权。第二种是以大卫·波德威尔(David Bordwell)为代表的"后理论"(post-theory)立场,他们反对"理论"高低的等级秩序和"理论在先"的研究态度,强调从经验出发。根据张英进的归纳,中国电影研究的理论框架可分为两种:一是"去中国性"的唯理论范式,把中国电影纳入以西方为中心的全球视野加以理论化考量;一是"国族电影"范式,其理论的有效使用旨在为民族文化和国家政体提供正当性。在过去的中国电影研究中,学界习惯以西方理论为圭臬,一方面,海外学者在分析当代中国电影时,极少采用中国传统的艺术观念;另一方面,国内基于中国艺术观的电影研究则相反,走向文化民族主义的极端。以张英进为代表的华裔学者,主张"理论的全球化意识"(a global sense of theory),和"理论的本土化意识"(a local sense oftheory)相结合的方法,把非西方——而不仅仅是西方——纳入全球视野中的理论化考量,对理论的使用必须在本地的——或跨地的——范围内具有正当性和有效性。以周蕾为代表的华裔学者,受到西方学术界学术潮流的影响,被纳入西方学者"普世性"的理论话语之中,将中国电影描述成西方相关理论的实践范本,这一研究方法遭到不少海外华裔学者的反对,被认为这是屈从于"西方话语权力"之举,周蕾的《原初的激情:视觉、性爱、民族志与中国当代电影》被视为屈从于话语权力的集中呈现。该文极端西方化的视角以及对中华文化本体性的抹杀,汇同国内学界对其人其作的种种争议使该文在初版 20 年后的今天仍然极具典型性的

① 张英进:《影像中国:当代中国的批评介入,电影重构及跨国想象》,《南京师范大学文学院学报》,2012 年第 3 期。

意义,以上这一切构筑了海外研究"华语电影"的最初图景与理念源头——海外华人学者的"身份认同焦虑"。①

电影院作为电影艺术的一部分也受到一定的关注,如美国学者杰克·霍纳(Jake Werner)的《20 世纪 50 年代文化转型中的上海电影院》(*Shanghai's Movie Theaters in the Culture Transformation of the 1950s*),将上海电影院放置在 20 世纪 50 年代的社会语境进行论述,从大众社会、培养新观众、经济效益、电影的宣传实践等方面分析中华人民共和国成立初期的上海电影院变迁。作者认为,中华人民共和国成立初期的电影院业并不仅体现"政治性"而不关注"经济利益",强调"政治取代"并不全面,也不彻底,相较于 1949 年前,中华人民共和国成立初期的上海电影院在经济利益的需求方面,以一种更为深刻和全面的方式体出来,而这种体现方式需要借助意识形态才得以完成。张英进在研究中华人民共和国成立后的电影院时认为,进入 20 世纪 50 年代以后,电影院转向为工农、军人阶层服务,在中产阶级、知识分子接受改造的过程中,一种集体的、公共空间的概念代替个人领域和私人情感。

在中国电影艺术日益活跃的当下,中国电影在世界舞台上已经占据了极为重要的地位,这些因素都促成海外学界对中国当代电影史的关注和研究,在对电影艺术的解读和研究过程中,以中国的角度,而并非套用西方主流的理论和意识形态,成为目前中国当代电影史研究中的重要趋势。

第四节　范式转移与"中国中心"

在研究内容上,海外当代思想文化史的研究自 1949 年以后,受到"冷战思维""麦卡锡主义"等政治环境因素的影响,从 20 世纪 50 年代直至 70 年代末,海外当代中国思想文化的研究成果大多围绕"集权主义"为中心而展开,着重考察在共产党控制的意识形态下的中国社会与文化。改革开放以后,中国与西方国家的关系逐渐缓和,重新打开国门后开始与外部世界频繁联系,欧洲大学从事中国学研究的学生数量激增,中外学者交流广泛,这为海外学界进行中华人民共和国史的研究提供了便利,也为此后 30 年海外中华人民共和国史的蓬勃发展奠定基础。进入 80 年代以后,无论在教育史、宗教史抑或文化史研

---

① 辛勤:《华语电影海外研究述评》,《长江论坛》,2015 年第 3 期。

究中,海外汉学家更为注重当代中国思想文化的多元性与本土性。在研究范式上,海外当代思想文化史研究在 20 世纪五六十年代以费正清为首的汉学家所主张的"冲击—反应"模式逐渐转向 80 年代以后"以中国为中心"的研究路径,在研究中国问题时需要强调中国本国的主体性、中国传统因素的影响以及内在的力量,而非过去将中国作为客体以视为受到西方这一主体影响的对象。在研究方法上,对于当代思想文化史的研究也逐渐摆脱过去单一的概念化的叙述,转向多学科、多领域、多方法的交叉研究,这一现象在宗教史的研究上尤为明显。

参考文献

一、著作(按作者姓氏拼音排序)

[1] 程晋宽：《"教育革命"的历史考察 1966—1976》，福州：福建教育出版社 2001 年版。

[2] 仇华飞：《美国的中国学研究》，北京：中国社会科学出版社 2011 年版。

[3] 大塚丰著，黄福涛译：《现代中国高等教育的形成》，北京：北京师范大学出版社 1998 年版。

[4] 戴仁：《法国当代中国学》，北京：中国社会科学出版社 1998 年版。

[5] 韩铁：《福特基金会与美国的中国学：1950—1979 年》，北京：中国社会科学出版社 2004 年版。

[6] 何培忠：《当代俄罗斯中国学家访谈录》，北京：中国社会科学出版社 2015 年版。

[7] 何培忠：《当代国外中国学研究》，北京：商务印书馆 2006 年版。

[8] 黄长著、孙越生、王祖望主编：《欧洲中国学》，北京：社会科学文献出版社 2005 年版。

[9] 黄仁伟主编：《国外中国学研究前沿》，上海：上海社会科学院出版社 2010 年版。

[10] [美]沈大伟、[德]桑德施耐德、周弘主编，李靖堃等译：《中欧关系：观念、政策与前景》，北京：社会科学文献出版社 2010 年版。

[11] 沈崇麟主编：《欧洲中国学》，北京：社会科学文献出版社 2005 年版。

[12] 王爱云：《挑战与机遇并存——浅说近年来的海外当代中国研究》，《海外中国学研究》(第 1 辑)，北京：知识产权出版社 2013 年版。

[13] 许美德著，许杰英等译：《中国大学(1895—1995)：一个文化冲突的世纪》，北京：教育科学出版社 2000 年版。

[14] 杨凤岗主编：《从书斋到田野——宗教社会科学高峰论坛论文集》，北京：中国社会科学出版社 2010 年版。

[15] 张海惠主编：《北美中国学——研究概述与文献资源》，北京：中华书局 2010 年版。

[16] 中国社会科学院文献情报中心编：《俄苏中国学手册》，北京：中国社会科学出版社 1986 年版。

[17] 中国社会科学院文献信息中心，中国社会科学院外事局合编：《世界中国学家名录》，北京：社会科学文献出版社 1994 年版。

[18] 中国现代国际关系研究院编：《欧洲思想库及其对华研究》，北京：时事出版社 2004 年版。

[19] 朱达秋：《苏联解体之后的俄罗斯中国学研究》，哈尔滨：黑龙江大学出版社 2013 年版。

[20] 朱政惠、崔丕主编：《北美中国学的历史与现状》，上海：上海辞书出版社2013年版。
[21] 朱政惠：《美国学者论美国中国学》，上海：上海辞书出版社2009年版。
[22] 朱政惠：《美国中国学发展史专著：以历史学为中心》，上海：中西书局2014年版。
[23] 宗树人、魏克利、夏龙编：《中国人的宗教生活》，香港：香港大学出版社2014年版。

二、论文（按作者姓氏拼音排序）

[1] A.A.博格沙宁：《俄罗斯科学院东方学研究所的中国研究》，载《国外社会科学》，1993年第8期。
[2] 仇华飞：《当代美国的中国学研究》，《贵州师范大学学报（社会科学版）》，2006年第1期；《当代美国中国学研究特点论略》，《毛泽东邓小平理论研究》，2006年第12期。
[3] 管永前：《文献计量学视角下的西方当代中国研究——以〈中国季刊〉（1960—1969）为个案》，《北京行政学院学报》，2012年第6期。
[4] 胡锐：《当前法国的道教研究：学者、源流、观点及方法》，《宗教学研究》，2014年第2期。
[5] 黄剑波：《杨庆堃的（宗教）社会学研究》，《二十一世纪》。
[6] 加岛润著，薛轶群译：《中兼和津次著〈从历史的视角审视当代中国经济〉》，《当代日本中国研究》，2014年第2期。
[7] 金耀基、范丽珠：《研究中国宗教的社会学范式：杨庆堃眼中的中国社会宗教》，《社会》，2007年第1期。
[8] 李焯然：《从"汉学"到"中国学"》，《光明日报》，2015年4月14日。
[9] 梁怡：《国外研究中国革命史的历史考察——加拿大部分》，《北京联合大学学报》，2000年第2期。
[10] 刘平、冯彦杰：《近年美国有关中国民间宗教的研究》，《世界宗教文化》，2010年第5期。
[11] 刘晓云、梁怡：《俄罗斯对中国问题研究热点聚焦》，《北京联合大学学报》，2014年第1期。
[12] 罗燕明：《哈佛大学的当代中国研究》，《当代中国史研究》，2004年第3期。
[13] 欧大年：《历史、文献和实地调查——研究中国宗教的综合方法》，《历史人类学学刊》，第2卷第1期，2004年4月。
[14] 潘大渭：《转型的阵痛仍在持续》，《社会科学报》，2003年12月18日。
[15] 粟瑞雪编译：《中国当代俄罗斯学研究一览》，《俄罗斯东欧中亚研究》，2014年第2期。
[16] 滕仁：《新世纪的俄罗斯中国问题研究》，《中国社会科学在线》，2013年9月7日。
[17] 丸川知雄：《当代日本的中国经济研究》，《当代日本中国研究》，2014年第2期。
[18] 乌索夫（B.H.Ycob），慕丹、李俊升译：《俄罗斯学术界最近十年对新中国历史的研究》，《当代中国史研究》，2010年第2期。
[19] 乌索夫著，丁明译：《苏联与俄罗斯学者关于中华人民共和国史的研究》，《当代中国史研究》，2004年第5期。
[20] 辛勤：《华语电影海外研究述评》，《长江论坛》，2015年第3期。
[21] 于文兰：《从成果统计看俄罗斯中国学研究的主要方向和特点》，《国外社会科学》，2004年第3期。

［22］于文兰：《俄罗斯中国学研究机构——高校和图博系统》,《国外社会科学》,2003 年第 4 期。

［23］于文兰：《俄罗斯中国学研究机构——科学院系统》,《国外社会科学》,2003 年第 3 期。

［24］张帆：《日本学者田岛俊雄谈产业组织的比较制度分析》,《经济学动态》,1999 年第 6 期。

［25］张英进：《简述中国电影研究在欧美的发展》,《电影艺术》,2005 年第 2 期。

［26］张英进：《影像中国：当代中国的批评介入,电影重构及跨国想象》,《南京师范大学文学院学报》,2012 年第 3 期。

［27］中兼和津次、丸山伸郎、今井理之著,何培忠译：《中国经济研究的现状与课题》,《国外社会科学》,1999 年第 5 期。

［28］周晓虹：《美国当代中国研究的历史与现状》,《南京大学学报》,2002 年第 3 期。

［29］朱政惠：《美国主要的中国学研究机构》,《社会科学报》,2006 年 7 月 27 日。

后　记

　　本书系上海社会科学院哲学社会科学创新工程学术前沿丛书·第三辑之一。本书作者以上海社会科学院"中国当代史"创新学科团队为主体,同时邀请了香港大学的李培德研究员,中国社会科学院的洪军研究员,中山大学的贺碧霄副教授,上海社会科学院研究生胡晓亮、石瑞赟以及华东师范大学的研究生谭雅静共同参与。历史研究所所长、"中国当代史"创新学科团队首席专家王健研究员担任主编,张秀莉任副主编,负责全书的提纲设计与统稿。各章撰稿分工如下:

　　绪论:张秀莉;第一章:徐锋华;第二章:高俊;第三章:林超超;第四章:张生;第五章:金大陆、贺碧霄;第六章:德怀特·H.帕金斯(Dwight H. Perkins)著,胡晓亮、石瑞赟、谭雅静译,张秀莉校;第七章:张秀莉、胡晓亮;第八章:李培德;第九章:王健、洪军;第十章:饶玲一。

　　本书得以在一年时间内完成出版,离不开各方的大力支持,在此一并致以诚挚的感谢:感谢国内外相关作者的研究成果为我们提供了坚实的基础;感谢为我们提出中肯修改建议的领导和专家;感谢上海社会科学院创新工程和创新办、研究生院的大力支持;感谢上海社会科学院出版社及责任编辑为此付出的心血。

　　海外中国当代史研究时间跨度长、分布地域广、涉及语种多,再加上写作时间匆忙、众手成书,错漏之处在所难免,尚祈读者不吝赐教,以便在日后研究中不断改进,在此先行致谢!

图书在版编目(CIP)数据

海外中国当代史研究理论前沿 / 王健主编. —上海：
上海社会科学院出版社,2018
ISBN 978 - 7 - 5520 - 2461 - 6

Ⅰ.①海… Ⅱ.①王… Ⅲ.①中国历史—现代史—文
集 Ⅳ.①K260.7 - 53

中国版本图书馆 CIP 数据核字(2018)第 202099 号

海外中国当代史研究理论前沿

王健 主编 张秀莉 副主编
策划编辑：应韶荃
责任编辑：张 晶
封面设计：周清华
出版发行：上海社会科学院出版社
　　　　　上海顺昌路 622 号　邮编 200025
　　　　　电话总机 021 - 63315900　销售热线 021 - 53063735
　　　　　http://www.sassp.org.cn　E-mail：sassp@sass.org.cn
照　　排：南京前锦排版服务有限公司
印　　刷：上海颛辉印刷厂
开　　本：710×1010 毫米　1/16 开
印　　张：18.25
字　　数：292 千字
版　　次：2018 年 10 月第 1 版　　2018 年 10 月第 1 次印刷

ISBN 978 - 7 - 5520 - 2461 - 6/K · 467　　定价：78.00 元